地方公共団体における
公文書管理制度の形成

―現状と課題

中京大学社会科学研究所
アーカイブズ研究プロジェクト 編

刊行にあたって

檜山幸夫

　本書は、二〇一四年に刊行した『アーカイブズ学要論』に次ぐもので、現在に我が国の公文書管理についてもっとも現実的で大きな問題を抱えている地方自治体における公文書管理制度について、その現状と課題について論じたものである。

　周知の如く、日本経済の低迷により多くの地方自治体は財政的に逼迫し、住民の生活に直結する政策課題に取り組むのが精一杯な状態にある。それでなくとも、我が国の公文書文化が低調な上に、そもそも日本の公文書の質の低さともかかわり、公文書館の設置はもとより公文書管理について人件費を含め財政的負担を求めることは国民的理解を得る状況にはない。かかる状況の中で、どのようにしたら現状の中で最低限度のものができるのかを検討するため、本中京大学社会科学研究所は公文書プロジェクトを組織し、全国の自治体及び設置されている公文書館等の実態（制度とその運用状況）を調査し、さらに国際比較として、中国・台湾・ドイツ・イタリア・スペインにおける公文書管理制度とアーキビスト養成について実地に調査するとともに関係資料を収集してきた。その一端を記すと次のようになる。

　直接訪ねた地方自治体は、北海道から沖縄県までの全国二十有余の道府県の本庁と公文書館等及び夕張市から沖縄市までの市町村の本庁と公文書館等で、このなかで二〇一三年度以降に訪れたのは佐賀県庁・佐賀県公文書館・福岡共同公文書館・豊田市役所・太宰府市公文書館・北九州市立文書館・三重県立総合博物館・尼崎市立地域研究史料館であった。また、実地調査をした国は、二〇一三年以降では、ドイツがザールブリュッケン市公文書館・ザールラント州公文書館・ザクセン州政治教育センターシュタージ資料館・ザクセン州公文書館本部・ドレスデン市公文書館・ザクセン州シュタージ文書管理庁・DBM財団ドイツ鉱山アーカイブ・リッペ地方連合ヴェーヴェルスブルク資料館に、イタリアではイエズス会博物館・文書修復Frati&livi社・国立トリノ文書館・国

立ベッルーノ文書館・国立フィレンツェ文書館・トスカーナ文書保護局・国立プラート文書館・フィレンツェ孤児院アーカイブ・グッチャルディーニ=バルディ伯爵家文書館・コルシーニ伯爵家文書館・モンテ=デ=パスキ銀行文書館・ミゼリコルディア文書館・国立シエナ文書館・ヴィエッセウ図書館、バチカン市国では教皇庁枢密文書館・教理省文書館であった。これらの機関での調査は、担当者の説明（独伊では主にプレゼン形式）と聞き取り及び文書庫・閲覧室・展示室などの見学で、その際に関係資料の提供を受けた。

　さて、これらの現地における実地調査を踏まえて収集してきたデータを基に、各分野の専門家がそれぞれの分野・領域の立場から纏めたのが本書である。だが、本書の執筆に当たっては、敢えて用語を含めて内容の統一はしていない。本書で寄稿された早川和宏氏が、本書に掲載している論考のなかで、「公文書管理に係る法制度は、いまだ思考錯誤の段階にある」と指摘されているように、我が国の公文書管理制度は完成段階には達していない。それは、アーカイブズ学が未完成段階であるのと同じ状況にある。それであるが故に、模索段階にある現状を踏まえ、そのなかで実現可能性のある制度設計の考え方とそれを検討する材料を示すことができればと考えた。

　したがって、本書を刊行する目的は、本体としての我が国における公文書管理制度にもかかわるが、さまざまな困難な状況下で混迷的状態にありながらも必至に制度設計と運用に努めている地方公共団体の公文書管理の在り方について、もっとも実現可能性のある方法を考える素材を提供することにある。したがって、本書では地方公共団体の公文書管理制度についての提言を纏めたものではなく、飽くまでも検討するための材料を示すことに主眼を置いた。

　本書は三部からなる。Ⅰの公文書管理制度の現状と問題については、檜山幸夫「日本の公文書管理制度について」が、地方自治体の現状を踏まえて何が問題なのかについてと、どうあるべきかについてを論じ、早川和宏「地方公共団体における公文書管理条例制度の状況と特色」ではそもそも「公文書管理条約とは何か」を基に公文書管理制度の法制度上での問題について論じている。Ⅱでは、実際の地方自治体における公文書管理制度の取り組みについて、桑原英明論文が札幌市を事例に「札幌市における公文書管理制度の整備とその現状」を、佐藤正吾論文が相模原市を事例に「相模原市における公文書管理条例の制

定と意義」を、酒井恵美子・内藤千枝論文が「豊田市における公文書管理制度の現状分析」をもって明らかにしている。地方自治体等のおける公文書管理制度の運用実態は、法制度などだけでは理解できないことが多い。条例などの法令上の用語ですら統一性は図られていないように、国家としての体制ができてもいない。このような中で、地方自治体はそれぞれが独自で試行錯誤をくり返し自ら独自の管理制度を築いている実態を紹介した。Ⅲでは、諸外国における地方公文書管理制度の国際比較として、日本では余り知られていないものの、我が国でも大いに参考になる管理制度を持っているドイツ（上代庸平）、イタリア（湯上良）、スペイン（野口健格）、カナダ（手塚崇聡）、台湾（東山京子）についてその実態を事例として挙げた。

　本書は、中京大学特定研究助成（平成二五年度・二六年度・二七年度）による研究成果を纏めたものである。なお、本研究を遂行することに際して協力してくださった各機関の担当者ならびに、特にイタリアにおける文書館などの調査の手配をしていただいたトスカーナ文書保護局長のトッカホンジュ局長に紙面を借りて感謝の意を記しておきたい。

目　次

刊行にあたって　　　　　　　　　　　　　　　檜山幸夫（中京大学）

Ⅰ　公文書管理制度の現状
　1．日本の公文書管理制度について
　　　　　　　　　　　　　　　　　　　檜山幸夫（中京大学）……　3
　2．地方公共団体における公文書管理条例制定の状況と特色
　　　　　　　　　　　　　　　　　　　早川和宏（東洋大学）……　66

Ⅱ　地方自治体の制度形成のとりくみ
　1．札幌市における公文書管理
　　　　　　　　　　　　　　　　　　　桑原英明（中京大学）……　115
　2．相模原市公文書管理条例の制定
　　　　　　　　　　　　　　　　佐藤正五（相模原市立博物館）……　141
　3．豊田市の公文書管理制度と現状
　　　　　　　　　　　　　　　　　　酒井恵美子（中京大学）……　175
　　　　　　　　　　　　　　　　　　八木寛元（豊田市総務部）……　175
　　　　　　　　　　　　　　　　　　内藤千枝（豊田市総務部）……　175

Ⅲ　地方公文書管理制度の国際比較
　1．ドイツ　　　　　　　　　　上代庸平（武蔵野大学）……　193
　2．イタリア　　　　　　　　　湯上良（国文学研究資料館）……　210
　3．スペイン　　　　　　　　　野口健格（中央学院大学）……　227
　4．カナダ　　　　　　　　　　手塚崇聡（中京大学）……　244
　5．台湾　　　　　　　　　　　東山京子（中京大学）……　267

I
公文書管理制度の現状

１．日本の公文書管理制度について

檜山　幸夫

はじめに
一、日本の公文書管理の現状
二、地方自治体の公文書管理の現状
三、アーキビスト考
四、近代日本の公文書管理
まとめ

はじめに

　本稿は、国家及び国民の立場から現行の公文書管理法制度の何が問題でどのようにしていくべきなのかについての一つの考えを記すものである。
　アーカイブズの一つであるとともに、重要な存在が公文書である。勿論、私文書や非文字史料、金石資料といった史資料も重要な存在である。つまり、アーカイブズのなかにはさまざまな人類の記録があり、アーカイブズの課題の一つに、それをどのように守り保存し利用し継承していくのかがある。だが、このなかにあって、国家と国民の将来にかかわる最も重要な資料が、国家と国民の記録である公文書であることから、アーカイブズの問題は先ず公文書の管理を主題において論じられていくのである。
　現在の我が国における公文書をめぐる状況は、決して楽観視することができるような状態にはない。それは、公文書管理法が制定され運用されてきているにもかかわらず法の目的が充分に理解されていないどころかそれ以前の状態にまで陥っているという深刻な事態が起こっているからでもある。
　これは、公文書管理法で定められているものが守られていないことと、法への理解ができていないといった法治国家の根幹を脅かすような事態が起

こっているからでもある。この事態が語っているものは、筆者が著した『アーカイブズ学要論[1]』(以下、『要論』と略す) で述べたものよりさらに深刻な事柄でもあるからで、かかる状況を踏まえなければ我が国の公文書管理制度の問題を解決することはできないからにほかならない。如何に立派で新しい国立公文書館[2]を造ろうとも、さらにはアーキビストの公的資格制度を創設[3]しようが、現在我々が抱えている問題の解決にはならないからである。

その根本的な原因として考えられるのは、我が国における歴史的記録に対する国民的認識そのものに重大な欠陥が潜んでいるからではないかという点だ。ここで言う「歴史」とは、単純に「過ぎ去った過去」を指すのであって、選別された「過去」ではない。また、その「記録」とはそのような単純な「過去」を刻んだものという意味でもあることから文書に限定されてもいない。すなわち、ここでいう「重大な欠陥」とは、日本には歴史的記録を普遍的価値として認識し国民や社会などの共有財産として保存していくという文化が根付いていないのではないかという観点からのものである。

勿論、日本には古くから文化財を保存するという文化も伝統もある。だが、それらは文化財として認定されたり識別されたりして価値を付加された特定の「財」としての「もの」であって、それ以外の第三者的評価がなされていないものは含んではいない。ここで考えなければならないのは、戦後日本では、「捨てる文化」はあるが「残す文化」がないのかということにある。それは、昨年の暮れから問題になっている千葉県が行った法の誤用による公文書[4]の廃棄という愚行からも窺えよう。

さらに、現在、アーカイブズに係わっている専門家に対する危惧がある。前述の『読売新聞』の記事の中で新国立公文書館設置に伴い公文書を専門的に扱うアーキビストに関し、将来的に国家資格を付与する公的な認証制度の導入を考慮しているといったことが書かれているが、その背景として「民間機関による認証制度はすでにあるが、『認証時に求められる能力と実務がマッチしていない』(関係者) との指摘があった[5]」とあることにもかかわっている。この記事での関係者とは誰を指しその意図するところは判らないが、少なくとも筆者も指摘[6]した現行の非公式な資格認定とそこで提供されている知識及びそのレベル、さらに認定者の資格要件といった点においても考えなければならな

いのではないかと思う。その一例として、『要論』に対する東京大学文書館アシスタントアーキビスト白川栄美の書評[7]について若干の紙面を割くことにした。

かかる諸点を中心に、本稿では現在我が国が抱えている公文書管理の問題について、どのように考えていくべきであるのかを探っていく。

一、日本の公文書管理の現状

『朝日新聞』の紙面に、「原発事故対応　議事録なし」との見出しで、「東京電力福島第一原発事故を受けて政府がつくった原子力災害対策本部で、事務局の経済産業省原子力安全・保安院が会議の議事録を残していないことがわかった。昨年5月に議事録の不備がわかったのに『人繰りがつかない』と放置していた」とする記事と、「政府の公文書管理を担当する岡田克也副総理は24日の会見で、東日本大震災を受けてつくられた緊急災害対策本部でも『（議事録が）作成されていない疑いが濃厚だ』と話した」とする記事が載せられている[8]。

公文書管理法第四条では、行政機関の職員は「当該行政機関における経緯も含めた意思決定に至る過程」について事後に検証できるように記録する義務を課している。このため、経済産業省原子力安全・保安院も緊急災害対策本部も同罪ということになろう。しかし、岡田元副総理は、「作成を怠った関係者の処分はしない」（前同）と発言していた。

このように、公文書管理法が制定されていても、国家中枢機関においてすら実際的には法で定められているように運用されていないだけではなく、それを怠った職員に対しても何らの処分が科せられていないという、全くの杜撰な運用実態が垣間見られるのが我が国の現状であることを認識しておかなければならない。

さらに深刻なのは、『毎日新聞』二〇一五年九月二八日[9]の一面トップに、「憲法解釈変更　法制局、経緯公文書残さず　審査依頼翌日回答」と題する記事が載っていたことだ。その記事によると、「政府が昨年7月1日に閣議決定した集団的自衛権の行使容認に必要な憲法第9条の解釈変更について、内閣法制局が内部での検討過程を公文書として残していないことが分かったというも

のである。法制局によると、同6月30日に閣議決定案文の審査を依頼され、翌日『異見なし』と回答した。意思決定過程の記録を行政機関に義務づける公文書管理法の趣旨に反する」とある。さらに、記事によると、横畠裕介長官は今年6月の参院外交防衛委員会で、解釈変更を「法制局内で議論した」と答弁。衆院平和安全法制特別委では「局内に反対意見はなかったか」と問われ「ありません」と「答弁した」ともある。この件について、富岡秀男総務課長は同紙の取材に「必要に応じて記録を残す場合もあれば、ない場合もある。今回は必要なかったということ」とし、さらに公文書管理法との関連を問われると「法にのっとって文書は適正に作成・管理し、不十分との指摘は当たらない」と答えたという。

　だが、公文書管理法第四条は「行政機関の職員は、第一条の目的の達成に資するため、当該行政機関における経緯も含めた意思決定に至る過程並びに当該行政機関の事務及び事業の実績を合理的に跡付け、又は検証することができるよう、処理に係る事案が軽微なものである場合を除き、次に掲げる事項その他の事項について、文書を作成しなければならない」として、

1. 法令の制定又は改廃及びその経緯
2. 前号に定めるもののほか、閣議、関係行政機関の長で構成される会議又は省議（これらに準ずるものを含む。）の決定又は了解及びその経緯
3. 複数の行政機関による申合せ又は他の行政機関若しくは地方公共団体に対して示す基準の設定及びその経緯（以下略）

を掲げている。

　第一条とは、「この法律は、国及び独立行政法人等の諸活動や歴史的事実の記録である公文書等が、健全な民主主義の根幹を支える国民共有の知的資源として、主権者である国民が主体的に利用し得るものであることに鑑み、国民主権の理念にのっとり、公文書等の管理に関する基本的事項を定めること等により、行政文書等の適正な管理、歴史的公文書等の適切な保存及び利用等を図り、もって行政が適切かつ効率的に運営されるようにするとともに、国及び独立行政法人等の有するその諸活動を現在及び将来の国民に説明する責務が全うされるようにすることを目的とする」というものである。これに従うならば、前掲の富岡総務課長の「必要に応じて記録を残す場合もあれば、ない場合もある」

との返答はあり得ない。法の番人と自称していた内閣法制局の説明としては、余りにもお粗末だ。

　さらに、同じ『毎日新聞』の二〇一六年二月一四日[10]の一面に「９条解釈協議録残さず」と題した記事が載っている。その記事は、「集団的自衛権の行使容認に伴う憲法９条の解釈変更を巡り、内閣法制局の横畠裕介長官が国会議員との協議について、法律などで定める政官接触の記録を残していないことが分かった。法制局は、意思決定過程の記録を行政機関に義務付ける公文書管理法の趣旨にも反し、内部での検討経緯を残していない」としているが、これは、国家公務員制度改革基本法が国の官僚が国会議員と接触した際には、保存や公開を前提に記録を作ることを定めていることからしても、明らかに違法といえよう。

　ここで、敢えて関係法令の条文を長々と記載したのは、同法の基本的欠陥と法が前提としているものと現実とが余りにも乖離しているからである。日本におけるアーカイブズを論じるには、先ず現実を直視することからはじめなければならない。そこで見えてくるのは、事態の深刻さだ。この新聞記事にあるように、内閣法制局という法の番人すらが政治的問題については、現行法を遵守していないというのが現実だからだ。指摘するまでもなく、公文書管理法の第四条は、「経緯も含めた意思決定に至る過程」について、それを「検証することができるよう……文書を作成しなければならない」と規定している。この法を最終的に検証しゴーサインを出したのは、法制局ではなかったのか。

　次いで、同年二月一七日の『朝日新聞』の一面[11]には、「集団的自衛権　閣議決定巡る想定問答」「法制局、国会要求に非開示」との見出しで、「2014年7月の閣議決定に関連し、内閣法制局が国会審議に備えた想定問答を作成しながら、国会から文書開示要求があったのに開示していなかったことがわかった」とし、その想定問答集には内閣法制次長の了解記録が残されていたと指摘し、その事実を同社が問合せた事に対して法制局の菊地章参事官が「想定問答は個人が勉強で作ったのかもしれず、存じ上げない。行政文書としては残っていない」と回答しているという。同紙は「公文書管理法では、行政機関の職員が職務上作成または取得し、組織的に用いるために行政機関が保有する文書を『行政文書』と定めており、想定問答は整理、保存すべき行政文書にあたる」とし

ている。この想定問答とは、行政機関が法案を提出する際に予め組織としての解釈を纏め、議会での答弁などに際して用いられる重要な行政文書であることは異論を差し挟むことが出来ないほど基本的なものである。これは、国や地方自治体では一般的に見られるもので、日本的官僚制国家の特徴とでもいう通常の業務の一つであり勤務時間内業務として行われる周知の事でもある。それを、菊池参事官が「想定問答は個人が勉強で作ったかもしれず、存じ上げない」と言っていることは、大きな問題であろう。

　さらに問題になるのは、二月一九日の『朝日新聞』には「集団的自衛権を巡る『想定問答』　法制局長官存在認める[12]」と題した記事が載せらたことだ。この記事は、前日の一八日の参議院決算委員会において、横畠法制局長官が答弁資料としての想定問答案を受け取ったとし、さらに「私の段階で差し戻した」とその存在を認めたと報じていたことにある。そのなかで、横畠長官はこの想定問答文書は「できあがらなかったものであり、組織的に用いるものではない」と語っていた。この経緯と答弁に対して、同紙は、長官が「想定問答として使えないと判断したのなら、その判断が意思決定の過程だ」（同紙、一頁）としているが、指摘そのものは間違いではないが、それだけではなく、その想定問答が「使えない」とされただけであって、採用された「想定問答」があったことを否定することにはなっていないことを見逃すべきではない。次に、想定問答文書について、横畠長官は「法律上、保存すべき文書ではないとの見解を示した」（同紙、四頁）と語っているとしているが、もしこの発言が報道通りであったとすれば、長官は公文書管理法そのものを理解できていないと言うことになり、まさに自ら制定に係わった当事者としても無知を曝け出しているといわざるを得ないであろう。

　だが、この問題はこれで終わったわけではなかった。四月二日の『朝日新聞』に、「集団的自衛権巡る想定問答　法制局、情報公開応ぜず[13]」と題した記事が掲載されたからで、これは同紙が情報公開法に基づき法制局に「集団的自衛権に関する閣議決定に関し、保存している全ての文書」の開示請求を行ったが、特に指定した「想定問答」を「名指しした」にもかかわらず、想定問答は不開示の扱いにされたということで、その理由として、法制局の富岡総務課長は「情報公開法は行政文書に対象が限られるので、想定問答は開示の対象と

ならない」と述べたという。これら内閣法制局の解釈は、明らかに詭弁である。

さらに、この記事には、「想定問答は法制局のパソコン内の『共有フォルダー』に確認できるだけで約20あり、複数の職員が自由に見られる状態だった。また、法制局の参事官や次長が目を通したことを示す記述もあり、『職務上』『組織的に』作成、使用された可能性が高い」とある。明らかに、「想定問答」に該当するファイルが行政機関としての内閣法制局の職員が職務的にも用いられていた組織的な文書であったことになろう。

公文書管理法第二条第四項には、「行政文書」とは「行政機関の職員が職務上作成し、又は取得した文書であって、当該行政機関の職員が組織的に用いるものとして、当該行政機関が保有しているもの」としていることから、明らかに法制局の見解は間違いとなる。

法制局の動揺は続く。『朝日新聞』の四月五日の紙面には、「集団的自衛権巡る想定問答 法制局23問存在認める[14]」と題する記事が載せられていた。そもそも、公文書管理法第四条が「当該行政機関における経緯も含めた意思決定に至る過程並びに当該行政機関の事務及び事業の実績を合理的に跡付け、又は検証することができるよう……文書を作成しなければならない」とあるように、法制局の場合では解釈変更にかかわる意思決定過程を検証できるように文書を作成し残すことが求められている。朝日新聞社が入手した想定問答には「海外派兵は可能になるのか」や「法制局はきちんと意見を述べたのか」といった標題が付けられた記録があることから、「法制局内でどんな議論が行われていたのか」が判るという。なお、この記事の中に横畠長官が四日の参議院決算委員会において内閣法制次長が了解したものと了解前の想定問答が「存在したことを認めた」が、これらは「不要のものと認識していたが、消去しないまま放置していた」と述べたという[15]。明らかに、公文書管理法の考え方に抵触している。そのような考え方を国会の審議において公言するほど、公文書管理に対する理解度が低い実情が窺われよう。

いずれにせよ、想定問答という文書群は、「規程に照らせば『公開対象』[16]」であることは議論の余地はないが、そもそも法制局という機関の業務からすると、同局が我が国における法運用にかかわる法解釈に決定的な影響力を発揮していることから、法制局としての解釈に関する検討過程を記した記録は重要な

文書であり、それを記した想定問答はもとより局内で議論されたであろう内容は余すことなく記録していくべきである。しかし、気になる発言もある。ある法制局の参事官経験者が朝日新聞の記者に、局内には「記録する文化はない[17]」と語ったということだ。確かに、法制局の業務は従来の解釈や他の法律との整合性といった観点からの審査を行うと言うことからすると他の官庁のような実務的なものではないことから、記録を作成するという考え方を持っていないと言うことは理解できないことはないが、しかし法解釈が業務である法制局ではその解釈の検討過程が「業務」であること、況んや「歴史的な憲法解釈の変更」という重大な国家の意思にかかわる業務の「過程を記録するという意識が薄い」[18] というのは問題であろう。

さらに、この件について総務省の情報公開・個人情報保護審査会が二〇一七年一月一七日付で内閣法制局に、想定問答は情報公開法などが定めている行政文書に該当することから開示すべきであると通知したことから、翌一八日に法制局が朝日新聞社に文書を開示したことだ[19]。ここで問われるのは、同紙が「法の番人」と言われる法制局が「情報公開法や公文書管理法の解釈を誤り、公開すべき文書を長らく開示しなかった」ことにあるとの指摘をされているように、「法の番人」たるものがこの程度の法意識・法知識しか持ち合わせていなかったということもあるが、それ以上に重大なことは横畠長官が「自らが最終的に了解した想定問答でなければ、保存すべき公文書に当たらないと幾度も答弁」していただけではなく、さらに「了解しなかった想定問答は廃棄したと国会で答弁」していた[20] ことだ。文書の廃棄を平然と述べるという意識の低さに潜む、そもそも我が国における公文書管理に関する問題の根源が潜んでいることに気づくべきであろう。

ここで問題にしているのは、安保法制や集団的自衛権についてではない。いったい、この国は法の支配が貫徹されているのかといった根源的な問題に疑問符が付けられているからである。政策決定過程を詳らかにする文書記録を残すというのが法の趣旨であることからすると、法制局の行動と見解は明らかに法に反している。これは小池聖一が挙げた[21]、東日本大震災における原子力災害対策本部などでの議事録未作成問題とそれに対する公文書管理員会の対応から見えてくる問題の深刻さ以上の問題であろう。それは、三・一一東日本大震

災と、人為的でもあった福島原発事故という未曾有の大惨事に対する我が国の危機管理能力と体制そのものにもかかわっていることからだが、法制局の問題は平時下において意図的に記録を作成していないという政治的判断による行為が法に優先していたということにある。福田康夫元首相は、「民主主義国家では、国民が様々な判断をするために正しい事実を知っていなければいけない‥‥‥公文書を残すのは日本の歴史を正確に残すためだ[22]」として法制局の対応を批判しているが、事態は深刻である。なお、同紙は開示された文書について「憲法解釈の変更をめぐる過程の一端がうかがえるが、公開文書はまだ多くなく、法制局の公文書を巡る認識の誤りも露呈した。戦後日本の安全保障政策の大転換だけに、改めて歴史的検証に堪えられる公文書管理のあり方が求められる[23]」と記していた。

　法があってもそれが守られていないという現実のなかで、公文書管理法制度を構築していくためには、まず国家機関とその官僚が、公文書というものをどのように認識し扱ってきたのかを知り、その上で制度設計をしなければならないということになろう。だが、日本の公文書管理について、全てがこのように杜撰であったわけではない。少なくとも、戦前期の日本の行政機関とその官僚は真面であった。

　だが、それに背く事態が早くも起こった。それは、公文書管理法が充分に機能していないというもので、二〇一六年に起こった千葉県が歴史的公文書を大量に廃棄したという問題である。これに対して、日本アーカイブズ学会が千葉県知事や同県政策文書課長・県公文書館長に公開質問状を出していた。この公開質問状で問いた「文書館所蔵公文書・県史収集資料が、大幅に減少した理由は如何」に対する千葉県文書館長からの回答書のなかで注意しなければならないのは、①国において公文書管理法が施行されたことを受けて文書管理に関する規則を改正し、「長期」の保存区分を廃止して、「文書の保存期間を最長で30年とする」、②保存期間が満了となった文書のうち、歴史公文書に該当するものは文書館に移管する、③保存期間が満了となった文書について、職務の遂行上必要なものは、保存期間の延長を行うとし、これにより④「文書館がこれまで収蔵してきた『長期』保存文書は、保存区分が『30年』に切り替えられ、その結果、完結後30年を経過した長期保存文書は、保存期間満了となりました。

そこで、保存期間を延長して、文書事務の所管課（政策法務課）の書庫へ移動し、また、それ以外のものについては、歴史公文書の判定を行い、歴史公文書として判定されたものについて文書館へ受け入れるとともに、非該当のものについては廃棄の手続きを進めています」とし、さらに⑤「文書館では、保存期間が『5年』、『10年』などの有期限文書で、保存期間が満了し、廃棄が決定していたものについても、歴史的資料となる可能性があるものを一部収集してきましたが、これについても、歴史公文書の基準に照らして、改めて歴史公文書に該当するかの判定を進めています」とあることだ。

　この回答書が如何に重大な問題を含んでいるのかを、改めて考えていかなければならない。それは、かつて筆者が公文書管理法が成立した時に指摘したものであったからである。筆者が指摘したのは、①でいう「長期」の保存区分を廃止して「保存期間を最長で30年とする」という、永年や永久とされてきた文書の保存期間を「三〇年」にするのは誤解が生じる可能性が高いことから改めるべきだとしていたからだ。そもそも、法が「三〇年」としているのは、原課など主務省や主管課・主務課[24]などが「現用文書」として置ける期間を指したものであって、文書の保存期間を指すものではない。ここで使われる「現用」「非現用」という用語も、公文書館法の関係からで、公文書管理の考えからではない。公文書の管理からすれば、全ての文書はその記録されている内容に応じて定められている分類法に基づき保存期間に分けられそれに従って保存されていくもので、そこには、基本的に永久に保存されるべき文書と、有期間保存されその年限が経過した場合には廃棄される有期限保存文書とがあるだけで、現用も非現用も無関係である。現用と非現用という概念が必要になるのは、所管が異なる組織における移管という行為が加わるからで、その事案を主管する実施機関と公文書を管理する機関との関係性のなかで成立する概念である。特に、国の場合は主務省と国立公文書館とは組織が異なるため別の組織への移管という作業が大きな意味を持つが、地方自治体においては組織の壁が高くないことから移管という作業と現用・非現用という扱いとは公文書管理においてはそれほどの差はない（後述）。

　つまり、原課をどこに設定するかについてはその組織や機関によって異なるが、主管課を原課とする所と、主務省とする場合とがあるが、それは公文書を

保存管理する担当機関や部署へどの段階で移管するかの違いにある。もっとも、主管課で完結した文書は文書管理業務を主務とする部署に移管されるが、庁舎や職員の問題から原文書がそのまま主管課に置かれているのが現状である。

そもそも、移管とは文書管理の所管と文書管理を主管する部署に移すということをいうが、現実には多くの自治体では文書の移管ができないところがある。実は、多くの自治体は財政的に苦しんでいることもあるが、首長や議員などが文書管理に対する認識が低いこともあり、文書の保管に大きな問題を抱えている。とりわけ、庁舎の問題は深刻で、筆者が調査した自治体でもほとんどが文書庫のスペースに余裕がなく、某市では既存の文書庫が満杯（通路に文書を収めた段ボールが置かれていた）のため原課の棚の上や机の下に文書を納めた段ボールを置いてその場しのぎをしているといった状態にあった。勿論、廃校になった小学校などの建物を使っている自治体もあるが（某市の場合は、教育委員会所轄の市史編纂室が使っているが、行政文書の保管には不適切であるとして置いていないという）、そもそも学校建築と文書庫とは設計思想が異なることから、多くの場合保存管理（保安・防火と温度湿度調整）と利用（場所）などに問題を抱えている。

さらに現実的問題であるが、文書に対する認識と保存の文化にかかわるものもある。訪問調査をした某町では、数年前に新しい立派な庁舎を造ったものの、文書庫が設計段階で考えられていなかったため、急遽空き部屋を探し（会議室）てそれを文書庫にしたという。それでなくとも、新庁舎を建てるときに五〇年程度先を想定して文書庫を設計するという考え（増築を含め）は殆どないことから、このような有り得ないミスが起こった原因は文書管理のシステムが制度論的にも明確化されていなかったことにあろう。そのためか、応対してくれた文書担当責任者は、文書管理について殆ど専門的知識もなければ自らの役場の文書の実態も殆ど把握していなかった（もっとも担当になって半年程度であったこともあるが）。

いずれにせよ、「三〇年」原則は、主務省から国立公文書館へ文書を移管させるためのものであり、国立公文書館に移管された公文書は歴史的公文書として原則全面公開されるものである。つまり、④にあるように「文書館がこれまで収蔵してきた……30年を経過した長期保存文書は、保存期間満了」となっ

たことから「保存期間を延長して、文書事務の所管課（政策法務課）の書庫へ移動」するという千葉県政策法務課の解釈は間違っている。永久・永年保存といった従来の概念を変えたかのような誤解を生じる恐れのある規定は、意図的でも恣意的でも誤解でも、結果としては法が求めていることとは違っていた。これは、千葉県だけの問題ではない。公文書を残すという文化を捨ててしまったのが、戦後日本の官僚であったことを改めて考えるべきではなかろうか。

　日本の行政機関が文書管理規則制度上においてその根幹をなす改正を行ったのは、太平洋戦争の時であった。その理由は、行政職員の大量の出征による事務能力の低下と保存管理の困難さもあったが、さらに物資不足への対応という直面する現実的問題によるものであった。この公文書廃棄の制度を導入した事例を、台湾総督府でみていくと次のようなものであった。台湾総督府では、昭和一九年三月一二日訓令第四〇号により文書取扱規程を改正している。この改正とは、それまでの文書保存分類法である永久保存・一五年保存・五年保存・一年保存の四分類を、永久保存・一年保存という二分類に変えるというものであった。だが、戦前期の帝国官僚には公文書を安易に捨てるという考えはなかった。それを、改正条文でみていくと、改正された文書取扱規程第四〇条第一項は、

　　一　永久　法律又ハ命令ノ制定又ハ改廃ニ関スル文書、例規ノ基トナルヘキ文書、<u>法律又ハ命令ノ執行ニ関シ例証ヲ挙クル文書、訓令、内訓、指令、通牒等ニ関スル文書</u>ⓐ、職員ノ進退及歴史ノ徴考ト為ルヘキ文書、重大ナル工事ニ関スル文書、訴願裁決ニ関スル文書並ニ重要ナル処分ニ関スル文書其ノ他永久保存ノ必要アリト認ムルモノ

　　二　一年　前号ニ該当セサルモノ

であった。ここで、傍線を付したⓐが改正で加えられたもので、実はこれは改正により削除された規程の次の条項に該当するものであったからだ。

　　二　十五年　<u>法律、命令ノ執行ニ関シ例証ヲ挙クル内訓、指令、通牒又ハ回答ノ文書</u>及諸達、稟議、報告又ハ出納官吏ノ責任ニ関スル文書ニシテ五年以上保存ノ必要アリト認ムルモノ

　傍線部分を比較すると、改正がどのようなものであったかが判る。つまり、

十五年保存とされていた条文の中の傍線を付した個所に該当する事項が、改正条文に移されたもので、しかもそれはこの条項の主要な部分を規定していたものであった。つまり、十五年保存とされていた文書のなかから重要な文書を永久保存に格上げしただけのことで、台湾総督府官僚は文書廃棄には賛成せず、事実上永久保存文書と十五年保存文書は残されることになり、却って保存する文書量は増大することになった。なお、この十五年保存文書を残すという考え方は、台湾総督府文書のなかで特異な事例ともなっている、有期限保存文書である十五年保存文書が実際的には一五年で廃棄されることはなく、五〇年を経ても全て残されてきていた、という特異な事象と密接にかかわってもいる。

　さらに、この訓令によって第四五条も改正されている。それが、

　　文書ニシテ保存期間ヲ経過シタルトキ又ハ永久保存ノ文書ト雖モ文書課長ニ於テ保存ノ必要ナキモノト認メタルトキⓑハ文書課長ハ主務局部課長ニ合議ノ上総務長官ノ承認ヲ経テ之ヲ廃棄スベシ

であった。この改正により、それまでなかった永久保存とされていた文書の再選別が行われるという考え方が導入されたのである。台湾総督府の官僚は、改正条文により実質的に十五年保存文書を守ったが、改正理由である戦時下での非常時措置に対応するために「再選別」による廃棄処分という条項を入れて改正を取繕っていた。その後の経緯は判らないが、結果からすると敗戦後の社会的混乱期を経験する中で「保存する」「守る」との意識が失われていったとも考えることができよう。

　文書の廃棄が如何に大変なことであるかを、企業文書で見るとより判りやすい。これを、台湾総督府と同じ時期に、文書保存規程の改正が試みられていた台湾拓殖株式会社（以下、「台拓」と表記）での事例を見ていくことにする。総督府訓令第四〇号が公布されてから僅か四日後の三月一六日に、台拓法規課から秘法第三八号として社内各課係等に対して文書保存の実態に関する調査依頼が出され、それを踏まえて昭和一九年五月一二日付けで法規課から「文書編纂保存規程一部改正ノ件[25]」が各課に提案されていた。

　これは、「台拓決戦非常措置要綱第五、保存物資ノ積極的活用ノ趣旨ニ基キ、保存文書ノ保存年限ニ再検討ヲ加ヘ、保有物資ヲ供出シ之ガ利用更正ヲ図ルコトヲ目的」として、「文書ノ保存年限ヲ、永久及一年保存ノ二種ニ分ツ　但シ、

規程ノ建前上、永久保存ヲ必要トセザルモ、永久保存ト為シ得ル文書ニ関シテハ、其ノ必要ナシト認ムルトキニ之ガ廃棄ヲ為シ得ルヤウ規定ス」というものであった。これにより立案されたのが、次の改正案である（一部抜粋）。

　　第六条　文書ノ保存機関ハ左ノ二種ニ分チ文書保存期間標準ニ依リ之ヲ区分スベシ
　　　　　　第一種　永久保存
　　　　　　第二種　<u>一年保存</u>ⓐ
　　第七条　前条ノ文書保存期限標準ヲ左ノ通リ定ム
　　　　　　第一種　永久保存
　　　　　　　　⑴定款、例規、株主総会ノ決議録、営業報告書、貸借対照表、財産目録、損益計算書、株式及社債、<u>増資及借入金</u>ⓑ関係書類等永久例証トナルベキ文書
　　　　　　　　⑵官庁ノ命令又ハ官庁ニ対スル<u>許可、認可</u>ⓒ、指令等ノ文書
　　　　　　　　⑶役員会決議書及報告書
　　　　　　　　⑷登記並ニ訴願及訴訟ニ関スル文書
　　　　　　　　⑸役員ノ進退ニ関スル文書
　　　　　　　　⑹権利義務ニ関スル文書ニシテ永久例証トナルベキ文書
　　　　　　　　⑺<u>暗号台帳</u>ⓓ
　　　　　　　　⑻各年度予算及決算関係書類
　　　　　　　　⑼<u>会計元帳、日記帳及補助簿並ニ諸計表</u>ⓔ
　　　　　　　　⑽<u>証憑書類</u>ⓕ
　　　　　　　　⑾<u>事業関係調査書並ニ試験報告書</u>ⓖ
　　　　　　　　⑿<u>業務ニ関スル重要ナル照覆文書</u>ⓗ
　　　　　　　　⒀其ノ他永久保存ノ要アル重要ナル文書、帳簿及図表
　　　　　　第二種　一年保存
　　　　　　　　⑴職員ノ身分ニ関スル諸願届
　　　　　　　　⑵一時ノ処弁ニ止マル文書、帳簿及図表
　　　　　　　　⑶<u>其ノ他一年間保存ノ要アリト認ムルモノ</u>ⓘ

　この改正案を、台拓が施行していた現行規程と比較したもの（傍線を付した

ⓐからⓘ）を纏めると次のようになる。
　　ⓐは、第二種十年保存・第三種五年保存・第四種一年保存・第五種一覧後廃棄。
　　ⓑ・ⓓ・ⓖ・ⓘは、新たに追加。
　　ⓒは、文言の変更。
　　ⓔは、現行規則第二種(2)「会計元帳、日記帳及補助簿並ニ諸計表」。
　　ⓕは、現行規則第二種(3)「証憑書類」。
　　ⓗ一部に現行規則第二種(4)「営業ニ関スル往復文書」を修正。

　社内各課係に問合せをして得た情報を基にして立案した法規課の改正案では、それまでの十年保存文書と五年保存文書の区分を廃止したものの、実質的にはⓔ・ⓕ・ⓗにあるように、十年保存とされていた文書類の主な文書群は永久保存に組み替えられて保存させることになり、実質的に一年保存とされたのは、第三種(1)「満期又ハ解約トナリタル契約書但シ契約期間進行中ノモノ及契約期間更新セルモノハ本標準ニ依ラズ別ニ保存ス」とされた文書群だけであった。つまり、それ以外の文書については、選別段階において第一種(13)を適用して保存することが可能であることから、実質的には現行制度とほとんどかわらないものとなっていたことにある。それでも、実質の運用上この二者択一的な制度では組織としても大きな弊害があると考えられ、最終的にはこの改正案は廃案となり、現行制度のままに敗戦まで運用されていった[26]。台湾総督府という行政機関では文書保存規則の改正はできたが、日々変化する経済状況の中で企業として活動していくためには、文書を安易に廃棄することはできなかった。

　戦時下の日本は、深刻な紙不足に陥っていた。戦禍の熾烈化と戦局の悪化と相俟って、現実的な状況下への対応として文書管理制度に大きな変更がなされたが、それでも実質的な変更は避けようとしていた。だが、それまで保存していくというものが絶対的なものとして認識されていたものに大きな価値転換がなされたことによって、それが戦後の混乱と価値観の大転換とが加わり、その後に公文書を軽く扱う考え方が広がっていくことになったと考えることができよう。

二、自治体の現状

　地方自治体の公文書管理について、まず地方自治体の公文書館としてはかなり早い段階で開設された埼玉県立文書館（もんじょかん）を事例にみていく。同館は、昭和四四年四月一日に埼玉県立図書館の中に設置されたもので、同館のホームページによると所蔵している文書は「埼玉県地域の中近世から近現代に及ぶ古文書類、明治初年以来の県の行政文書（公文書）・行政刊行物のほか、県域を中心とした地図・航空写真、『新編埼玉県史』編さん時の収集資料、埼玉新聞社撮影の戦後報道写真など、130万点を超える記録資料を収蔵」していることから、「ぶんしょかん」ではなく「もんじょかん」と称し「記録遺産を未来に伝える人類の記憶装置」として位置付けている。なお、同館では、「アーカイブズ」を「文書館」「公文書館」「史料館」などの名称で呼ばれているとして、アーカイブズの定義をかなり広範囲に捉えているようだ[27]。

　さて、同館の現状を平成二七年度の利用者数[28]でみると、開館日数が二七八日で文書閲覧室の利用者（同館では、別に地図閲覧室があるが紙幅の関係で略す）が三七五八人であったことから、一日平均の閲覧室利用者は一三.五人とかなりの人数になる。その内訳をみると、一般が一九八三人、学生が三四八人、県職員が一四二七人であった。つまり、県職員が三七.九七パーセントと四割近くを占めていることになる。これを閲覧されたもので見ていくと、行政文書一六九六九点、古文書一三三六四点であることから、行政文書が五五.九四パーセントと半数以上を占めていた。このことから、同館は現用の行政機関公文書館的機能を有しているといえよう。

　平成二七年度の事業概要[29]をみていくと、同年度事業計画では第一の柱として「行政文書収集・整理・保存事業」で、そこには六つの事業計画が記されていた。その内の関係する三つを挙げると、(1)第一種文書の受け入れとして、「平成15・16年度完結文書について、知事部局及び企業局等から管理委任を受け、また、教育局等からは随時引継ぎを受け、整理を行うとともに、目録を作成する」（傍点筆者）、(2)有期限文書（歴史的資料）の選別・収集として、「歴史的に重要と認められるものを評価選別し、知事部局等から移管を、教育局等

から引継を受ける」、(3)有期限文書（歴史的資料）の利用の提供として、「移管又は引継ぎを受けた文書等の利用提供のため、主務課と公開の可否について協議を行う。また、完結後三〇年又は五〇年後に公開を予定して収集した歴史的資料について、主務課との利用協議を計画的に行い、閲覧公開を促進する」としている。

　埼玉県立文書館の注目すべき点は、通常の行政機関としての公文書保存管理の業務を担っていることにあるが、一部留意すべきことがある。まず、(1)にある「完結」文書であるが、これは埼玉県文書管理規則第二条第九号の定めにより「事案の処理が終了」した文書を指すが、それは同規則第八条で規定している文書保存期間に係わってくる。埼玉県では、文書の保存期間を六種[30]に分類しこれに基づいて文書が保存されていくが、それは会計年度に「完結した文書等」と「主務課において常時使用する必要がある文書等」は定められた保存期間中主務課長が「主務課の事務室内において保存」（第九条）し、次いで本庁では保存期間が過ぎた文書等は総務部文書課長に引き継がれ（第九条第二項）、文書課長はその文書を文書課の「文庫において保存」（第九条第三項）しなければならない。なお、この保存期間を超えて主務課で保存する必要がある場合は、主務課長は「文書課長と協議の上、その必要な期間当該文書を保存することができる」（第八条第五項）としている。

　このことから、埼玉県の保存期間の設定は完結文書をできるだけ主務課に置かず、文書を主管する文書課に引き継がせそこで管理することにあると判断される。しかし、事業計画(3)の有期限文書の利用と提供においては、「主務課と公開の可否について協議を行う」や「閲覧公開を促進する」とはいえ「公開を予定して収集した歴史的資料について、主務課との利用協議を計画的に行い」と、公開を原則とするといった文言がない点が気になる。

　いずれにせよ、同館の特徴は、平成二七年度事業計画では第一種文書の受け入れとして、「平成15・16年度完結文書」を知事部局や企業局等から「管理委任」を受け、また教育局から「随時引継ぎ」を受けるということにあった。つまり、一一年以上を経た文書が送られてきていることから、同館が事実上現用の行政機関公文書管理機能を果たしていることが判る。公文書の管理にとって重要なのは、主務課から如何に早く管理を文書管理を主管する部署に移管させ

るかにあり、その意味で埼玉県の事例は大いに参考になる。

　なお、埼玉県文書館の利用状況は例外的で、それは地理的な問題だけではなく、「文書館」や「史料館」と「公文書館」としての機能を兼ね備えた複合的施設であるということと、県職員が通常業務として文書の閲覧を行っているという、まさしく「現用[31]」の公文書館的機能を持っていることにある。つまり、公文書館とは完結した全ての公文書を一括管理する専門的機関であり、そこでは通常の行政事務に用いる文書と一定の年限を経過して全面的に公開する「歴史公文書」（公文書管理法）や「特定公文書」（札幌市公文書管理条例[32]）といった用語で分類される特定の文書、さらに全ての制限を解除して無条件で公開する文書の全てを所管している機関ということになろう。このため、これらの文書を分類するために専門的知識を有するアーキビストが必要になる。

　次に参考とすべきものとして、札幌市における公文書管理を挙げる。札幌市公文書管理条例第一条では、公文書の保存管理の目的を、「公文書が市民の知る権利を具体化するために必要な市民共有の財産である‥‥‥公文書の適正な管理並びに市政上重要な公文書の保存及び利用を図ることにより、市民との情報共有を進め‥‥‥現在及び将来にわたり市の説明責任を全うし、もって効率的で、公正かつ透明性の高い行政運営を確保」し、「市民が主体となったまちづくりの推進に寄与」することにあるとしている。つまり、市民の財産である公文書は市民の知る権利を担保するものでありそれを共有化することによって市民が主体的に「まちづくり」に参画できるようにするためのものと、憲法の国民主権の大原則に則ったものになっていることにある。

　札幌市の公文書規程の特徴は、誤解を生みやすい現行法の「歴史公文書」との表現を敢えて避けているところにあろう。条例第二条第四号で「重要公文書」と表記し、その用語を「公文書のうち、市政の重要事項に関わり、将来にわたって市の活動又は歴史を検証する上で重要な資料となるもの」と定義していた。公文書管理法が求めている「公文書」を「歴史公文書」としたことから、一般の行政職員はもとより文書担当者のなかでも「歴史」的文書としての理解に混乱が見られるが、事実、筆者は某町役場でこの文書は「歴史」的な価値はないとして廃棄した事例に遭遇したことがあった。行政文書は、作成・収受から公文書館に移管されるまでの期間、一般の行政職員がかかわっていくことか

ら、なおさら慎重であるべきだ。そもそも、公文書を残すという行為は、その記録が、所謂、「歴史」的価値があるからだけではない。その点でも、「重要」との表記は意味がある。なお、公文書館には、この「重要公文書のうち」で、市長が「保存期間が満了し‥‥特定重要公文書として引き続き保存」するとして「市長が引き続き保存の措置を採ったもの」と「市長に移管」された、重要公文書のうち札幌市地方独立行政法人が市長に重要公文書として移管した文書、法人・その他の団体や個人から市長に寄贈又は寄託を受けた文書で重要な資料を、「特定重要公文書」として保存されるという。

　文書の保存についても、札幌市では敢えて伝統的な簿冊（公文書管理規則[33]第二条第七号）方式が採り入れられている。それは、公文書管理条例第五条第一項「相互に密接な関連を有する公文書を一つの集合物（以下「簿冊」という。）にまとめなければならない」としているからで、これも注目したい。文書の整理方法には、利便性を重視したファイリング方式と、保管性を重視した簿冊方式とがある。イタリアの国立文書館でも、伝統的な簿冊方式からファイリングシステムに変えたことがあったが、保管の観点から危険性が問題になったため、元の簿冊方式に復したという。現代のように電子化した時代では、敢えて危険度の高いにファイリング方式に固執する必要はない。何を重視するかで、保管方法を考えるべきであろう。

　確かに、筆者が調査した自治体のなかでは、多くが公文書管理法に準拠して、簿冊方式から積極的にファイリングシステムに切り替えていた。問題は、何故に文書の保存方法をそれまでの簿冊方式からファイリングキャビネットによるファイリング方式に変えたのかという点にある。そもそも、文書の保存方法には簿冊方式とファイル方式とがあり、アメリカなどではファイル方式が、日本や中国やイタリア等多くの国では簿冊方式が用いられていたが、その違いは文書の取り扱いについての考え方の違いにあった。簿冊方式は、案件を年度毎に分類し整理して糸などを用いて束ねそれを簿冊に綴じるというもので、その主眼は紛失や紛れ込みなどを避けるという保管にあった。しかし、その欠点は紛失や紛れ込み等の文書のダメージは限りなく少なくすることはできるものの、利用が容易ではなく文書本体に傷を付けることや機能的な利用に適していないという点にある。一方、ファイリングシステムは利用するのには非常に便利で

あり、しかも効率性も高いが、紛失や紛れ込みといった危険性は高いという保管に欠陥がある。このため何を重視するかによって文書保存方法が決められるため、ファンリング方式と簿冊方式とが混在した状態にある。

　だが、問題は、アーカイブズに関心の高い且つ研修等に文書管理を担当する職員を送り出している自治体にファイリング方式を導入しているところが多いだけではなく、積極的に導入していることが先進的であるという意識を持っていることにある。純粋で熱心に公文書保存に取り組み専門意識や問題意識が高いことが、却って自己を見失わせている。基本は、自らの機関の実情と歴史性、地域的特徴といった、自らの文書管理の伝統的制度と経験、文書文化に立脚しその発展的形態として選択すべきであろう。

　ファイリング方式は利用する際に威力を発揮するが、この考えは電子化で対応することができる。紙媒体の文書を電子情報化（スキャニング）してそれを利用するか、文書目録検索システムを充実させることにより利便性を飛躍的に向上させることができるからである。なお、起案文書から決裁文書までを電子データー化する電子文書を如何に保存するのかという点についてであるが、中国の重慶档案館での聞き取りで、電子化の進んでいる中国ではあっても電子情報化資料の不安定さから、保存は紙媒体に変換するべきであると語っていたことは考慮する必要がある。電子情報化文書は、確かに利便性は極めて高い。しかし、安全性と保管という意味ではもっとも危険性の高いものである。長期保存を前提にするならば、文書に記録されている情報は、やはり紙媒体にして保存すべきであろう。記録情報は、残っていることが重要であり、消え去ったものには何らの価値もない。

　さて、財政的にも人的にも単独で公文書を管理することができな地方自治体では、隣接するか同じ地域で共同して管理するという方法もある。ドイツでも類似のものがあるが、我が国では平成二四年一一月一八日に開館した福岡共同公文書館がそれにあたる。

　福岡共同公文書館は、「公文書等を住民の共通の財産として継続的に後世へ伝えるため‥‥体系的に選別・保存し、一般の利用に供するとともに‥‥行政に活用することにより、効果的な行政運営に寄与すること」を目的に、福岡県と県内市町村が共同で設置したもので、第一に「後世へ伝える」こと、第二

に「一般の利用に供する」こと、第三に「行政に活用」して「行政運営に寄与」することを柱としていた。設置の背景には、福岡県内の市町村合併による文書の散逸への危惧と各市町村の財政的問題があった。このため、各自治体の公文書を共同で保存管理することにし、運営は福岡県と福岡県市町村自治振興組合が主体となっている[34]。同館が管掌している範囲は、福岡県の知事部局が管理している公文書とそれ以外の行政委員会・議会事務局・公益企業の歴史的公文書に、福岡県内市町村から移管された文書というが、それ以外に県及び県内市町村等が作成した刊行物や広報誌といった行政資料も収集対象としている[35]。ここで、保存されている文書は、非現用文書のみで現用文書は作成元が保管するため、中間書庫的な機能は持っていない。

　実際の機能実態をみていくと、平成二七年度における歴史公文書等の保存状態は、総数で八五七六冊でこのなかで県文書が五七二一冊と全体の六六.七パーセントを占め、市町村文書は二八五五冊（三三.三パーセントである[36]。文書の利用状況を閲覧室の利用状況でみると、平成二七年四月から二八年三月の一年間で、開館日が二九一日、利用者は一五七三人、一日平均五.四人であった[37]。その内訳を見てみると、閲覧された特定歴史公文書は、県文書が一般請求で一八件の一七七冊・簡易閲覧が六件で一五冊であり、市町村文書は一般請求が八件の三八冊、簡易閲覧が三件の七冊で、このうち自治体の利用は二件・六冊であった。行政利用では、県文書が一〇件・七九冊、市町村文書が一四件・一七四冊であった。これらを合計すると、県文書が三四件・二七一冊、市町村文書が二五件・二一九冊であったことになる[38]。同館の立地状況が、筑紫野市上古賀で、しかも最寄り駅から徒歩で一五分程度はかかるという、必ずしも利便性がいいとは言えないところを踏まえるならば、利用者数が一日平均五.四人というのは必ずしも少なくはないが、このなかに行政利用も含まれているため施設の規模と予算規模からすると充分に機能しているとは言い難い。

　これともかかわるであろうが、組織体としての問題もある。福岡県の共同公文書館とはいえ、福岡県内の全ての市町村の文書がここに集められたわけではなく、政令市と太宰府市が入っていない。つまり、福岡県内の全ての地方自治体による共同公文書館ではない（故に福岡県共同公文書館ではない）。制度的には、福岡県の福岡県立公文書館と福岡県内の市町村が設置する福岡県市町村

公文書館による共同事業体的なものであるため、職員も県職員・振興組合職員がそれぞれ三名と両者は対等的にはなっているが、館長人事等を見ると県の主導性が強い。業務としては、青焼き文書のマイクロフィルム化や文書の補修・製本といった専門的業務のほかに、常設展・企画展の開催・講演会・公開講座・研修会など幅の広い社会文化活動も行い、公文書館文化の普及に努め、かなりの成果をあげているようだ。

　だが、問題もある。一つは、公文書に関する考え方である。確かに、文書の保存・管理・利用という観点からすると、鉄筋コンクリート建築様式で且つ定温定湿に保たれた文書保存庫を備えた施設設備と潤沢な事業予算という理想的なものではあるが、公文書という史料の特性からすると本質的な問題がある。それは、該館の設置目的にかかわっていよう。該館は、「長期にわたり重要な価値を有する公文書等を住民の共通の財産として継続的に後世へ伝えるため[39]」に設置したとある。これは、福岡県及び市町村の考え方に従ったものであると思えるが、福岡県立公文書館条例第一条には「歴史資料として重要な公文書を適切に保存し、一般の利用に供するために」設置するとある[40]からで、それは公文書館の設置目的の第一が公文書の適切な保存であり、第二が一般の利用にあることにかかわっている。つまり、公文書館を設置するのは飽くまでも公文書等を劣化や散逸などから守り「適切に保存」することにあるからにほかならない。勿論、その考えの根柢にある「歴史資料として重要な公文書」との定義は間違いではない。だが、公文書を保存するのは「歴史資料として重要」な史料乃至は文化財であるからなのか。

　これを考える材料として、前述した札幌市の公文書管理の考え方が参考になろう。札幌市公文書管理条例第一条では、「公文書が市民の知る権利を具体化するために必要な市民共有の財産」であり、「市政上重要」な記録でもあることから、その「保存及び利用」を図り「市民との情報共有」を進めることによって、「市民が主体となったまちづくりの推進に寄与」するために、公文書を保存していくと定めている。その前提にあるのは、第一に市民が市政情報たる公文書を共有化することによって主体的に「まちづくり」かかわること、第二にそのために公文書の「適正な管理」と「保存及び利用」を図るという考え方である。

公文書を管理し保存し公開する第一義的理由は、憲法が定めている主権者たる国民の知る権利を担保することと、国民・市民の意思決定に必要な判断材料・資料を確保し提供することにある。つまり、公文書を管理し保存するのは、文化財としての「歴史資料」であるからだけではなく、そこに記されている情報（同時に記されていない情報）が「現在の政策」を国民乃至市民として判断するためのものであるからで、そこでの公開とはそのためのものでなければならない。ここでの「現在の政策」とは、現時点というだけではなく過去の反省や将来の構想という時間軸でのものであるため、例えば「歴史的検証」もこの概念に含まれる。いずれにせよ、公文書の保存とは国民的・市民的観点からのものでなければならない。

　もっとも、ここでの公文書とは、法が「歴史的公文書」という曖昧な用語を用いたことから誤解が生じているが、そもそも「公文書」は広義の「現用文書」であることを見落とすべきではない。現在用いられている「現用」の概念は極めて狭義の概念であり現実的政治状況に即したものではあるとはいえ、本来的にはより広義の概念で用いるべきものではなかろうか。「公文書」を、現在の国家体制下における国家の記録と定義すると判りやすい。例えば、我々は明治政府以降の「日本」という国家の記録とそれ以前の「徳川幕藩体制下の国」の記録との違いをみれば、前者は「公文書」、後者は「古文書」という用語の枠で区別している。そこでの境界は何であろうか。戦前期の記録は、大日本帝国の公文書として多くが公開されているが、それらは「歴史公文書」という概念が生まれる前から国立公文書館や外務省外交史料館・防衛庁防衛研修所で公開されていた。そこでの理解は、歴史史料化した公文書といった認識ではなかったろうか。しからば、戦前期の公文書の全てが公開されているのかというと、旧大蔵省文書や外務省文書のように広く一般に公開され提供されていないものもある。したがって、我が国における「歴史的」という概念も、必ずしも普遍的な概念として用いられているとは言い切れない。

　国家体制の変更に伴うものとしては、シュタージ文書の公開と言うことから旧東ドイツの国家機密文書の扱いが思い浮かぶが、それであるならばソヴィエト連邦という消滅し新たな国家として誕生したロシア共和国との関係でいうならば、旧ソ連又はソヴィエト共産党の文書は消滅した国家の文書として歴史資

料化して公開の対象となっているのであろうか。少なくとも、スターリン時代に行ったポーランド軍将校を大量に虐殺したカチンの森関係資料の公開問題を見る限り、必ずしも歴史資料化しているようには思われない。一方、現在もそのまま国家として継続している台湾ではこれとは異なっている。台湾は、現在においても辛亥革命によって誕生した中華民国という国家が統治支配しており（中華民国憲法下）、その意味では国家体制としては継続しているといってよい。そこで、国史館が所蔵し公開している国民政府檔案や蒋介石檔案、国民党檔案の位置づけが事例となろう。勿論、対日戦争の戦利品として接収した台湾総督府文書は台湾にとって単なる歴史的史料であるが、台湾と無関係な一九四五年までの国民政府と中国国民党の檔案は、現国家の檔案であり歴史史料ではない。日本の公文書管理法の定義で言うと特定歴史公文書や歴史公文書に当て嵌まるとは言え、その扱いは「古文書」的である。

　いずれにせよ、公文書を保存する最も重要な目的は主権者たる国民が、国家や地方自治体などが行っている行為や将来にむけてのあるべき姿を築いていくための参考材料として記録されてきた情報を用いるためであることから、保存の第一義は将来に残すためではなく現在の「利用」にある。それであるならば、市町村文書はそれぞれの生活圏内に置かれ保存され公開され提供されるべきではなかろうか。確かに、共同公文書館であることから、行政利用として移管元の自治体に対しては簡易な手続きにより閲覧及び借覧できる[41]ようなシステムが組まれているが、行政事務においては手元に置く場合と比べると機能性に大きな違いがある。移管文書が、長期文書と保存期間が満了する有期限文書であることから、行政利用としての利用頻度は左程多くはないとはいえ、平成二七年度における市町村の行政利用数では、一四件で、市町村の利用件数の五六パーセントにあたっており、市町村のほうが移管文書の需要が高いことが判る。

　それでも、現実的には大きな問題はある。疲弊する地方自治体の財政状況からして、将来に継承すべき公文書を完全に保存したり、保存していくことが困難であるからだ。福岡共同公文書館は、その「保存」「継承」を重視し、完璧な保存を目的として設置されたものであろう。しかし、それでは「公文書」を自らのものとして自覚しそれを用いて「まちづくり」をするという共同体的意識形成と「公文書」を自らの共同体の財産として残していくという文化の形成

という課題には応えることはできない。この、相反する命題に如何に答えていくかが課題であり、福岡共同公文書館はその一つの回答として、「保存」「継承」を重視するという考えを示したものであった。このため、住民の財産と共同体意識形成の象徴的な存在であり精神的支柱でもある「公文書」が、自らの生活空間からまったく異なる場所に置かれるという乖離性をどのように解消していくのかが課題となっていくであろう。

　さらに全国的にも共通することであるが、公文書館そのものの存在意義に関する問題がある。地方自治体設置の公文書館としては代表的な存在でもある宮城県公文書館の事例でも判るように、通常、公文書館は図書館と違って一般の利用者は多くはない。その理由の一つが、日本の社会や文化の中に公文書館というものの存在が理解されても認識されてもいないことがある。このため、国立公文書館を含む多くの公文書館では、積極的に国民や市民の理解と関心を高めるためにさまざまな工夫を凝らした活動を行っており、福岡共同公文書館でもさまざまな事業が企画されていた。

　平成二七年度に同館が行った事業としては、「利用者の利便性の向上と特定歴史公文書の普及促進を図る」ために、デジタルアーカイブとして収蔵文書のなかで利用が見込まれる文書を中心に電子化しホームページから閲覧できるように公開[42]するだけではなく、さまざまな普及活動も行われていた。展示としては、常設展と企画展とがあり、常設展では「公文書にみる福岡140年のあゆみ―福岡県の誕生と市町村合併―」、企画展としては「百道松風園―終戦と子供たち―」と「昭和の主基斎田―福岡県の記録から―」が催され、観覧者は二五六四名にものぼっている[43]。講演会では、「終戦と子供たち―聖福寮と松風園―」「戦後70年目の証言―未来へのメッセージ―」「近代における大嘗祭」が参加者二〇二名[44]で、公開講座としては「ふるさとの結婚―福岡県内市町村合併史―」「和綴じ講座」が開かれ、五五名の参加者を得ていた[45]。

　基本的には公文書を材料に行われたものであるが、これらの事業は広く県民や市町村民に公文書館をアピールするためには必要なものではあるが、これらは従来の歴史資料館や郷土資料館、さらには図書館とどのような違いがあるのかを考えなければならない。例えば、福岡県には『福岡県史』を編纂するために収集してきた古文書などの歴史史料を収蔵している九州歴史資料館がある。

県史編纂のなかで収集したりした文書は、必らずしも私文書だけではない。このため、同資料館にも数は少ないが公文書として友枝村役場文書や矢山村史料さらに糟屋郡・宗像郡戸長役場関係資料が、役場史料として御笠郡土木資料、さらには役場史料と家史料からなる渡辺（半）文書などが所蔵されており、共同公文書館との重なりがみられる。九州歴史資料館も、福岡県史編纂において収集した史料を保存しているということは極めて重要なことで、しかもそれを一般に公開していることは福岡県の文化的水準の高さを示すもので、大いに評価されるべきであろう。

　しかし、地方財政が窮迫している状況下においては、整理統合や機能分割という考え方をもっと積極的に取り入れるべきではなかろうか。確かに、公文書館と資料館・史料館・博物館・図書館などは全て性格を異にし、その歴史も異なり、さらにそれぞれ地域による事情もあることから容易ではない。だが、このように重なりのあるものについては、持ち方の工夫が必要ではなかろうか。

　ここで、福岡共同公文書館に入っていない太宰府市について見ていきたい。実は、太宰府市には平成二六年四月一日に太宰府市公文書館が設置されていた。それは、太宰府市史編纂事業の過程で公文書館設置構想が生まれそれを時の市長の判断で設置を決定したという[46]。

　太宰府市公文書館は、「行政文書を残す[47]」ということを目的としたものであったが、太宰府市公文書館条例第一条には「歴史的及び文化的価値並びに行政経営上の観点から価値を有する非現用文書、市が発行した行政刊行物、地域資料及びその他の記録を収集し、保存し、又は広く利用に供することにより、地域文化の発展に寄与することを目的[48]」と定めている。実は、太宰府市が注目されるのは、市としての公文書の生成から公開利用という公文書のライフサイクルを一つに纏めている所にある。

　太宰府市の公文書管理の特徴は、理想的な文書管理方式を採っていると言ってよいであろう。太宰府市文書管理規程[49]第八条により、文書の管理に関する事務は基本的に文書情報課長が総括していることにあり、所管の課には事案が結了した完結文書の「完結した日が属する年度の翌年度の末日まで保管」（規程第三九条第一項）することができるが、この保管期間が経過した完結文書は、「原則として文書情報課が指定する保存箱」に収納し、「保存文書引継書

を作成して、文書情報課に引き継がなければならない」(同上第二項) とされ、引継を受けた文書情報課長は「公文書館長と協議の上、保存年限満了後に太宰府市公文書館に移管すべきか否かを決定する」(同上第三項) ことになる。文書情報課長に移管する前の主管課には、その課の長を文書責任者とし (第九条)、実際の文書を扱う文書担当者が置かれる (第一〇条) ことにより、文書保管の責任体制を整えている。

　このように、太宰府市の文書管理の特徴は、第一にそれを主務とする文書情報課長が一切を担っていることにあり、第二に本庁(主管課)→文書主務者(文書情報課)→公文書館というように公文書の作成・受領から結了・完結、そして保存、公開といった文書の流れをひとつの完璧なシステムの中で構築しているところにあった。従来、公文書が保存されてこなかった原因の一つが、文書管理に対する責任の所在の曖昧さと複流性にあったことから、このような統括的で一貫的な文書管理システムを構築したことは高く評価されるべきであろう。なお、文書は主管課で編集され文書情報課が書庫で保存するが、「常用的に必要とされる文書」については文書情報課長と協議の上で「主管課において、保管することができる」(第三五条)とし、原則として完結した文書は文書情報課の管理下に置かれている。なお、「書庫」も文書情報課長の管理下に置かれている (第四〇条)。

　次に評価すべき特徴は、文書を保存する書庫での保管方法にある。同市でも、かつては現用文書の収納は「棚が課ごとに割り振られていた[50]」という。この主管課毎に収納の書庫に置かれた棚が分けられているのは、筆者が調査に行った自治体等では多く見る一般的なものでもある。それは、通常業務の延長上に文書の保管という作業工程が組み込まれているからで、その限りでは合理的であり効率的であった。しかし、行政機関は業務の内容により絶えず組織の改編が行われることから、結果として主管課ごとの文書管理は杜撰にならざるを得なくなる。そのことから、書庫での現用文書の管理は文書情報課に一括され、そこで統制された管理が施されることは、文書の保存だけではなく文書を効率よく利用するためにも必要なことであろう。これは、同公文書館が「行政経営上の観点から」(公文書館条例第一条) 非現用文書を収集するとしていることともかかわっていよう。つまり、公文書館における文書の保存は「歴史的及び

文化的価値」にだけあるのではなく、通常の行政事務上においても必要であるからで、公文書館条例中に「行政経営上」の文言が入っていることは、極めて重要な意味を持っている。そもそも、一般的な認識では、公文書を保存しそのために公文書館を設けるのは、それが貴重な文化資産であるからと説明されるが、通常の歴史史料と異なり公文書は行政事務記録であることを踏まえる必要がある。

　この現用文書を文書情報課がかなり強い権限をもって管理するのは、主管課の職員が「自分たちの文書という認識[51]」を抱いているなかでそれを払拭するという意識改革をも意味しているからにほかならない。そもそも、この「自分たちの文書」という意識が強いことから、完結した文書でも原課に置きたがるのであり、それが公文書館への移管の妨げの原因の一つにもなっている。本来的には、完結文書を原課に置かなければならない積極的な理由は殆どない。仮に必要になるとはいえ、主管課で常備しておかなければならないほどものは決して多くはない。したがって、基本的には完結した段階で文書は文書管理を主務とする機関に移管すべきであろう。

　このように太宰府市の文書管理制度と公文書館の事例は、これからの地方自治体における公文書管理制度を築いていくためには有力な参考例となろう。それは、通常の行政事務と公文書館業務とを一つの文書管理システムの中で位置付けるという点からも大きな意味を持つ。福岡共同公文書館は設備も職員のレベルも意識も非常に高いが、そこに置かれている文書類は、移管元の共同体とは切り離され、従って保存されている文書には日常性がなくなり、当該文書の世界と保存されている文書の世界とに全くの繋がりがなくなった、無言の文化財的な歴史的文書となっている。つまり、公文書と地域社会とが断絶し、生活と文書との循環が失われていく。もっとも、現在の太宰府市公文書館として整えられたのは、国士舘大学太宰府キャンパス跡地問題という偶然的条件があったことが幸いしたものであった。その限りでは、どこの自治体でも太宰府市のようなことができるということではない。だが、公文書と地域社会、公文書の日常性、公文書とそれを作成した職員との関係性の中でこそ公文書の存在性があるということを前提として、実現可能な方法を考えていくべきであろう。

　公文書館が、現用文書を保管するシステムを導入している機関として、佐賀

県公文書館を見ていく。佐賀県公文書館は、平成二四年四月にそれまでの歴史的文書閲覧室を拡充して設置された[52]。佐賀県では、永年保存・一〇年保存・五年保存・三年保存・一年保存（佐賀県文書規程第四四条、以下規程）の五段階分類法であるが、保存期間が一〇年に満たない完結文書は「主務課又は所の主務課において保管」（規程第四三条第一項）するが、保存期間が一〇年以上の完結文書は「佐賀県公文書館長が保存する」（同上第二項）ものとされていることから、重要な文書は基本的に公文書館で保存されることになる。制度上では、主務課長及び所長は「完結年月日の属する年度の翌年度の７月31日までに……公文書館長に引き継がなければならない」（同第四五条第一項）とされている。このため、完結文書を閲覧乃至借用しようとするときは、「公文書館長の承認」（同第四六条第一項）を受けなければならず、その借用期間は原則として「一週間以内」（同条第二項）とされている。実際の作業としては、現用文書のままに公文書館に預けられるが、それはもともとが県の書庫であったことから兼用という状態で、しかも「現用」を外さないで引き継がれるという。しかも、管轄と運用は公文書館にある。完結から一〇年間は原課が保管しているため、毎年初めに公文書館長から当該の長に通知を出し、原課の職員が文書を持ってくるという[53]。なお、保存期間が満了した文書については、主務課長又は所長に「保存期間を延長しない旨の確認を得」（同第四九条第一項）るとともに、「歴史的文書として選別したもの」以外の文書は「速やかに廃棄」（同条第二項）しなければならない。文書管理規則は、保存規定であるとともに廃棄規程でもあることを確認しておく必要がある。それは、選別も同様で、それを担おうとするアーキビストの責務は重い。

　ここでは、数例の自治体と公文書館をみることによって、自治体が抱えている問題とその解決法に対する考え方を示した。ここでの原則は、それぞれの自治体が置かれている状況を踏まえて制度設計をすることで、身の丈を超えたことは避けることにある。アーカイブズにかかわっている者にとって守るべきことは、過度の要求をしないことであり、理想を追いすぎないことだ。少なくとも、栃木県芳賀町のような過ちは犯すべきではない。

三、アーキビスト考

　この章では、日本のアーキビスト養成について考えていく。

　前述の『読売新聞』の記事にある民間機関によるアーキビスト認証制度により育成された「アーキビスト」なる者の危うさや、任意団体である日本アーカイブス学会登録アーキビスト資格認証制度による同様の者の危うさといった現実的問題[54]だけではない。それは、アーキビストに課せられている職務の重さにかかわっているからで、そこに白川栄美の指摘（後述）から見えてくる見識の未熟さが語る危うさにほかならない。

　アーキビストが担う領域は広い。況んや、電子情報化が急速に発展してきている現代社会においては、習得しなければならない専門的知識と技術は質量共に膨大なものになっているが、それだけではない。アーキビストとして担う範囲は、基礎自治体の行政文書だけではないからで、そこには外交や軍事や警察といったような高度に機密性の高い情報から個人の秘密といった国民の権利にかかわる情報までもが含まれるからである。日本の現状では外交・軍事・警察などにかかわる業務に従事する可能性は少ないとはいえ、本来的には全ての業務にかかわることは踏まえておかなければならない。だが、それであっても司法関係文書や医療関係文書、福祉関係文書や学校関係文書といったような個人のプライバシーにかかわる情報を取り扱うことはある。この場合に問われるのは、プライバシー保護と文書の公開・提供という関係性だろう。そこでは、基本的人権と国民の権利との関係性で、それであるが故に高度で専門的な知識が求められる。

　アーキビストに託されている業務の中で最も重い業務は、選別により文書の廃棄を決定することと、非公開を決断することである。前者は、当該文書の史料的・記録的価値の選別であり、後者は国家及び国民の機密又は秘密（privacy）と国民の権利にかかわる情報の公開という公文書管理制度の根幹をなす業務であるからだ。文書の廃棄と情報の公開という重大な業務に携わるからこそ、アーキビストの高度な専門性と資質、そして専門職としての高い地位の確保と文書の取り扱いに対する強い権限が求められる[55]。

それを考えるときに、アーキビストとしての立場から論じた白川栄美の『要論』に対する書評[56]（以下、「書評」と表記）については、看過することはできない。そもそも、筆者が『要論』のなかで、我が国においては「アーカイブズarchives」を母国語に翻訳することもできないでいるとし、日本社会には未だに「アーカイブズ文化」が定着していないと指摘した[57]ように、現状況に大きな危機感を感じている。それであるが故に、『要論』を著したのであった。そこでは、「アーカイブズ学」は「未完の体系」（『要論』、ⅰ頁）であり、それであるからこそ「それぞれの視点からの「アーカイブズ学」像を説きおこすこと」（『要論』、ⅰ頁）が必要であり、さらに外国の制度と考え方を学ぶことも重要であるが、単に米豪といった「英米法系」に傾倒するのではなく日本に近い文化を持った独伊といった「大陸法系」をも参考にする必要があることと、日本には中国文化の影響を受けた伝統的な管理法があることから台湾や中国の文書管理法をも参考するべきであるとしたのである。少なくとも、独伊にも、台湾や中国にも、無造作に公文書を捨てるという考えも文化もない。

　さて、「書評」の問題であるが、評者は、第一に「アーキビストの役割」について、「アーカイブズを利用する研究者の視点から捉えたものになっている」（「書評」、九九頁）とし、上代庸平がドイツにおけるアーキビスト論を記した点に対して、「アーキビストは『仲介する』ことを役割とする単なる『翻訳者』として理解されている。これは、筆者が利用者の観点からのみアーキビストの役割を捉えているからであろう」（「書評」、一〇〇頁）と見当違いの判断を下してもいる。上代が記した「翻訳者」とは、ドイツにおけるアーキビストの理解（「歴史の番人であり翻訳者」）を指すもので、そこで求められているものは、アーキビストは「番人Hüterに徹して文書に不当な力を行使することなく、法と職業的良心に従って資料の収集や編纂を行うこと」と「翻訳者Übersetzerとして歴史的重要性を有する資料と現在それを利用する人々とのつながりを担保し続けることをその任務とする専門職集団をアーキビストと呼ぶ」（『要論』、五六頁）としたものであって、決して上代の個人的見解でもなければ研究者の視点からの定義でもない。

　第二に、評者は「アーカイブズは、後世の人々へ、組織・個人が活動した過程および結果としてうまれた記録の中から、そのときの社会そのものを伝える

ために必要なものを保存管理することを主目的とする機関、もしくは記録そのものであると評者は理解している」(「書評」、一〇〇頁、文中傍点筆者)と、特段に記すほどの内容ではないものを示しながら、「記録としてのアーカイブズは、媒体を特定せず」に、東山京子の言うような「『史料の価値』をその記録の伝来や内容如何で決めることはしない。アーカイブズはすべて平等であり、限られた活動の記録だけを遺すことを目的としない。歴史を編むことと記録を遺すことはイコールではない……アーキビストの役割の根幹は、アーカイブズと利用者の「仲介」を行うことにあるのではなく、常に、遺すために残すこと、すなわち、後世に遺すために、各時代の社会の営みを反映する記録を残すことにあるのではないかと評者は考える」(「書評」、一〇〇頁)とピントの外れた意味のない批判を書いている。評者が指摘した個所は、東山が「歴史学とアーカイブズ学との関係を史料研究」(『要論』、一四四頁)という立場から論じたもので、残されてきた史料の信憑性を検証するという歴史学研究においては基本的な、史料考証・史料批判の必要性を述べているに過ぎない。

　さらに問題なのは、評者がここで記している論理的矛盾と内容の空虚さだ。そもそも、「アーキビストの役割」は、「残す」ことなのか、それとも「捨てる」ことなのか。「遺すために残すこと」ということは、「遺すために」「必要なものを」選別し、それから外れたものを「捨てる」ことを意味するのではないのか。つまり、「アーキビスト」と「アーカイブズの機関」は、「後世に遺す」ために「捨てる」という責務を背負っていることを見落とすべきではない。だが、歴史学には、「残す」論理はあるが「捨てる」論理はない。アーキビストには、歴史研究者にはない歴史史料を「捨てる」という重大な責務を担っている。これをどのような視点と価値判断で選択するのかという、最も重要な課題を示していかなければならない。評者の「アーカイブズはすべて平等であり」以下の文章から、アーキビストとしての白川の苦悩は読み取れない。単純に、教科書的な文言の羅列的文章の中に、空虚さと軽薄さすら感じる。このような者が、アーキビストとして文書の選別に携わり文書を「捨てる」という作業を担うと考えると、日本のアーカイブズの未来に危うささえ感じるのは筆者だけであろうか。

　アーキビストには、残されてきた記録の価値を判断し、それから残すものと

捨てるものとを選別し、廃棄という作業を行うことの重大な責務を負っていることから、それを担えるだけの優れた資質と高い知識と豊かな経験とが求められる。アーキビストの役割とは、「捨てる」ことに意味づけをし正当性を認証することにある、ということを自覚しなければならない。それが、「必要なものを保存管理」することに繋がるのではないのか。評者に理解して欲しいことは、借り物の論理を振り回すのではなく、自分の頭で考え自分の論理を組み立て自分の言葉で語ることだ。それであれば、このような空虚な言葉の羅列と論理的矛盾に満ちた文章を書くことはなかったのではなかろうか。

　評者は、自ら「評者の読解力に問題があったかもしれない」（「書評」、一〇〇頁）と書いているが、確かに問題がある。その一つが「アーカイブズの定義」についての記述で、『要論』が敢えてそれぞれの専門的分野からの定義を示しながら統一性を求めなかった意図がまったく理解できていない。評者自らが、「変化し続けるアーカイブズの意味や定義」があるが故に、「より広範に偏見なく解放される必要」がある（「書評」、九八頁）としているように、分野や領域などにより様々な捉えられ方があり、さらに未だ全体像が掴めないでいる状況にあるなかでは、それにかかわっている人々の間でも合意形成はできていないという現実を踏まえ、『要論』では敢えて纏めた見解を出さなかった。

　そもそも、『要論』は現在の我が国における公文書管理と歴史史資料の保存状態に対する危機感からの取り組みの一つであり、アーキビスト用に編んだものではない。敢えていうならば、公文書にかかわる主権者たる日本国民に対するものである。筆者が日本のアーカイブズの問題について取り組んだのは、近代公文書としての台湾総督府の文書管理についての研究から判ってきた、危機的状況にある我が国の公文書管理（作成から保存・管理・利用）の実態を知ったことにある。これを、如何に日本国民の一人として取り組むかとして先ず実践したのが東アジア近代史学会での問題提起[58]であり、次が中京大学社会科学研究所における公文書管理についての研究であった。後者では、歴史学・法学・政治学・社会学・行政学・史料学・哲学・言語学などを専門とする研究員が日本の公文書管理に危機感を抱きプロジェクトを組んで、実態把握に努めた。地方自治体における公文書管理の現状を調査するとともに、ドイツ・イタリア・中国・台湾などにおける公文書管理の実情を悉に調べることにより得た情

報を基に、それぞれの立場からの考えを纏めたのが『要論』であった。このため、『要論』の執筆者は様々な学問領域や専門分野に跨がることから、アーカイブズの捉え方はそれぞれ異なり、日々成長を遂げ変容し続けてきているアーカイブズという「未完の学問」としての「アーカイブズ学」については、アーカイブズを日本語に翻訳できない現状を踏まえ、これらを包含する概念を構築するための合意形成ができていないこともあり、敢えて統一しない方がよりベターであると考えたことにある（『要論』、三頁）。いずれにせよ、最大公約数的に纏めることには意味がない。

問題は、『要論』の「アーカイブズ像」に「違和感を覚える」（「書評」、九九頁）であろう。評者は、『要論』が「アーカイブズを保存管理する視点」からではなく「アーカイブズを利用する立場のみからの一方的な視点でアーカイブズ学の構築を試みている」（「書評」、九九頁）とするが、これは「アーキビスト」を自称する評者の思い上がった意識の問題ではなかろうか。残されてきた記録は、何のために「保存管理」するのか、さらに国家と国民の財産である公文書は何故に「保存管理」するのか。そもそも、所有者たる国民は自ら「利用」する目的で残そうとするのではないのか。然らば、アーカイブズ学は「利用」のための「保存管理」学でなければならない。言い換えれば、「アーカイブズ学」は「アーキビスト」のためにあるのではなく、「国民」や「市民」のためにあると考えるべきである。

意味不明な表現も目立つが、その一つに「記録は、それを利用する者によって、その解釈も利用の目的も変化するが、記録としてのアーカイブズの本質は不変、かつ不偏的であると評者は考える」（「書評」、九九頁）とあるが、何を言わんとするのか判らない。取り分け判らないのは、「アーカイブズの本質は不変、かつ不偏的」というが、「記録」はその記録されている内容に対する解釈には様々なものがあるが、「記録」そのものは「不変」であり「不偏的」ではないのか。そもそも、「アーカイブズの本質」とはいったい何かを自らが説明すべきであろう。

確かに、評者の理解力の問題のように思えるが、次の一文はさらに理解が困難だ。評者は、「現代のアーカイブズ学は、その記録を必要とする人ならびに社会」に、「より良い状態で提供できるよう」にするために「いかに保存し、

管理するか」と、「利用者が必要な記録」を探し出せるかを、「概念的かつ理論的、実践的に研究し、発展してきた学問」(「書評」、九九頁)であるとし、それであるが故に、「アーカイブズが『人民を効率的に支配する道具』として利用されてきたがために発達した」との主張や、「アーカイブズ学を『歴史補助科学』であるとする結論には、同意しがたい」(「書評」、九九頁)と論じている点だ。『要論』での記述内容を、どのように読めばこのような結論になるのかが判らないが、筆者への批判でもある「人民を効率的に支配する道具」は、文脈からすればこれがアーカイブズが果たしてきた負の側面にも目を向ける必要があることを指摘したものであって、アーカイブズ全体を語ったものではないことは判る筈だ。ここでの危惧は、評者の読解力の低さと言うより、評者があまりにアーカイブズを知らな過ぎることの深刻さにある。

　アーカイブズを安藤正人や青木英幸のいう「記録史料」とするとしても、その記録史料には様々なものがある。一般の行政記録(公文書の領域)から人々の生きてきた記録(私文書の領域)までその幅は広いが、それだけではない。警察記録や裁判記録はもとより、公安警察記録から秘密警察の記録、さらにはCIAやKGBの記録といったものまである。そこに記されている記録の齎すものは、明るい未来を照らすものから権力や国家暴力による恐怖といったものまで、まさに明暗の世界をなしている。アーキビストは、その全てにかかわるのであって、特定の領域にかかわるというものではない。

　この権力による恐怖支配において、記録が果たした役割は決して軽いものではないことは歴史的知識を持っていれば容易に理解できることだろう。ナチスがユダヤ人を連行し殺害する際には、ユダヤ人のリストが不可欠であった。旧東ドイツやフランコ政権下で犠牲となった人々は、密偵や密告などにより収集されたデーターを基に探し出され処刑されていった。そこに、アーカイブズが果たした負の作用は極めて重いものがある。かかる権力者にとっての情報の管理は、最も先進的なアーカイブズを必要としている。これらは、決して過ぎ去った過去の物語ではない。現代の中国では、人民を完璧に監視するために個人檔案の電子化をすすめているという。つまり、アーキビストには恐怖政治を担う役割もある。しかも、そのような情報管理システムは、シュタージを見る限りでも機能的にも最高度のものであった。したがって、筆者が述べたのは

アーカイブズを特定の偏ったものだけで理解することの危険性であって、評者はそれが理解できていないということになろう。

　これが深刻な問題であるというのは、アーキビストになるために何を学んできたのかということと、日本の公文書管理の偏りにあると思えるからにほかならない。前者は言うまでもなく、アーカイブズ学にかかわる問題で、アーカイブズという学問は国民の知る権利と知られない権利の保障という（ここでの「国民」とは、人民・市民・公民といったような、広い意味での「人としての権利を有するもの」といったものを指す）観点から「記録史料」に関する専門的知識の全てを指すもので、そこでは憲法から史資料学までの広範囲な学問的知識が求められる。後者は、日本の公文書管理の特徴であるが、一部の例外を除き特定の個人に関する資料を所蔵していないことにある。例えば、中国では結婚するときや就職するときなどで必要になる書類は地元の档案館に行かなければならない。筆者が調査した中国の地方の档案館では、午前中ではあったが十名近くの人が来ており書類を申請していた。また、二重国籍が認められているイタリアでは、国立トリエステ文書館には南米に移民した人で先祖がイタリア人であったことを証明をするために訪れる人がいるという。このように、多くの国では文書館が少なからず生活に密着している。これが、通常の行政文書記録しか保存していない我が国の公文書館との大きな違いである。国史館台湾文献館でも、先祖を知るためではなく、恩給などの関係から旧台湾総督府の官吏であった者やその遺族がその記録を求め訪れたり問合せをしてきたりして、台湾総督府時代の官吏に関する文書（進退文書）に記されている情報を収集していた。つまり、公文書館（文書館）は活用される機関なのだ。しかし、日本の公文書館はそうなっていない。その理由を考えなければならない。

　さらに、評者が『要論』は「アーカイブズを利用する研究者の視点から捉えたもの」との批判も問題であろう。そもそも、『要論』で多くの執筆者が論じたのは、国家統治論的観点からのアーカイブズ論であって、アーキビストのアーカイブズ論ではないからだ。このため、主題は、如何に国家と国民の記録たる公文書を残し国民に公開し利用するようにするのかにあった。したがって、そこでの視点は国家権力と国民の基本的権利との関係にあり、国家が残してきた記録を如何に保存し管理し利用に供するかではない。それは、国民の基本権

を行使する際に必要な環境条件ではあるが、それよりも重要なのは国民が必要とする国家が行った行為を記録しそれを如何に残すか、残された記録を如何に公開し国民に提供させるか、国民はそれを知ることによって現在及び将来の国政への判断の参考にすることだ。したがって、アーカイブズ学という学問は、評者の論理に限ってみても「より良い状態で提供できるよう」にするために「いかに保存し、管理」し利用者のためにいかに利用できるようにするかを「概念的かつ理論的、実践的に研究」する（「書評」、九九頁）という領域とともに、如何に国家の行為を記録しその記録を残しそれを国民に公開させ提供させていくのかを法制度の運用と法意識を含めて概念的・理論的に研究するという、二つの異なった領域によって構成されていることになろう。つまり、アーカイブズ学をアーキビストのための学問とするような評者の認識は間違いである。

　筆者が憂慮するのは、アーキビストを自称する評者が現在の我が国のアーカイブズが抱えている根本的問題が理解できていないのではないかと思われるからである。確かに、残されてきた記録を如何に保存し管理し提供していくのかという技術的問題も重要ではあるが、それよりも重要なのは記録の「内容と質」（『要論』、一八頁）にある。国立公文書館が所蔵している公文書群に対して、伊藤隆元東京大学教授が二〇〇八年六月二二日に行われた東アジア近代史学会研究大会[59]での報告の中で語ったように、現代における歴史学研究における史料的価値としては遙かに公文書より私文書の方が優っているとの指摘で、実はこれを真剣に受け止めなければならない問題でもある。そこには、国立公文書館よりも国立国会図書館憲政資料室のほうが遙かに重要な記録が保存されているという歴史研究者としての常識的な評価があるからだ。事実として、日本近代政治史の研究論文の中で、公文書史料がどれだけ使われているか（使われていないか）を見れば判る。極論ではあるが、政治史研究にとって最も重要な政策決定過程の検証には、国立公文書館が所蔵している公文書は殆ど役に立っていない。したがって、公文書は歴史の検証には役に立っていないと言うことになろう[60]。

　この問題は、国立公文書館の存在意義にかかわった問題でもあると同時に、その文書管理にかかわっているアーキビストの問題でもある。前者は、主務省

から移管される文書のレベルであり、後者は管理している文書に関する問題である。もっとも、前者はアーキビストにはかかわらない問題で、国民と市民の意識にかかわることで、どれだけのものを記録させていくか（会議録を含めて）、それを主管課など起案段階の素案から主務省などとの協議記録や検討に用いられた参考資料、さらにメモを含む全ての記録といったような、主管課や主務省などが業務上残しておくレベルまでの記録を残させ移管させるかについてである。往々にして、「全ての文書を残すのは現実的ではない」とか「そのスペースや予算がない」という議論があるが、それらは全て国民や市民が決めることだ。つまり、それだけの膨大な記録を残していくことに国民や市民がどれだけの価値を見出せるのかにかかわっている。それであるが故に、残していく記録の質が問われていく。

　後者は、アーキビストとしての問題であるが、所蔵している文書の保存にかかわる業務を担うのは当然として、さらには、保存していない文書についても関心を持ち市民などの問いに答えられるようにしておくべきであろう。つまり、アーキビストに課せられているのは、その機関の業務にかかわる全ての記録の保存についてであるからだ。勿論、直接的には移管されていないものについての法的責務はないが、何故、移管されていないのか、または何故、存在していないのかについて、その事実を確認することは必要である。つまり、保存するという責務には、保存していないことについても含まれると言うことで、それは、保存していないことの正確な原因を知りそれを国民なり市民に説明できるようにしておくということを意味する。アーキビストの職域のなかに、文書に関する研究という領域があるのはそれを指す。例えば、神奈川県公文書館には戦後の昭和天皇の行幸記録が所蔵されていないが、それは何故移管されていないのか、現在はどこが保管しているのかを市民に説明する必要がある。公文書館はもとよりアーキビストも、保存している文書だけではなく保存されていない文書（移管されていない文書）の所在や理由を国民や市民の問いに答えられるようにすべきであろう。

　アーキビストに課せられている責務は大きい。それだけに、公的な資格を制度として定めることと、公務員としての地位と身分を保障し文書担当者としての権限を強化していかなければならない。だが、これを通常の行政機関で導入

するのは極めて難しい。

　台湾総督府文書は、昭和二〇年一〇月の段階で凍結されそっくり中華民国に接収されたため、日本が台湾を統治していた明治二八年から昭和二〇年までの五一年間の行政記録（公文書）が地方行政機関文書や裁判所文書、各企業文書等と共に、永久保存文書から一年保存文書まで（現行制度でいう、現用から非現用の文書も含めて）全てが残されており、それを見るならば私家文書のレベルをはるかに超えた詳細な記録（起案・決済文書から電報文・書簡まで）から事案の裏事情までもが具に知ることができることができる、質の高い且つ内容の濃い文書群である。一年保存と五年保存文書が残されていたのは偶然のことではあるが、十五年保存文書が保管されていた理由は、有期保存ではあっても文書の内容が永久保存文書に準じていたからである。つまり、永久保存と十五年保存の文書は、先例を後世に伝えるという目的だけではなく、当該事案に対する責任の所在を明確にしていくことから残されていたことを示している。このことは、日本近代政治史研究者の間で常識化していた公文書だけでは論文は書けないというのは間違いで、実は国立公文書館に移管された文書からは殆ど知ることはできないというだけのことであった。勿論、歴史史料としての公文書の限界はある。

　台湾総督府という外地統治機関が本国政府と同じような文書運用を行っていたことから、実は、日本の公文書（国家行政機関文書）は他の国と同様に重要で貴重で詳細な記録が綴られているということになろう。それが、国民に提供される段階でほとんど歴史の検証に供することができないほどの内容のないものになっているのは、本来、保存していた文書が移管される段階で消失（物理的な消失を意味していない）していたからである。つまり、現行の文書管理制度下では法が求めているレベルの文書は残されない又は移管されていないということになろう。

　そもそも、筆者がわが国の公文書史料の保存・管理・公開・利用に対する危機感を抱き、これについて歴史学界に警鐘を鳴らす目的で検討を企画したのが、二〇〇〇年六月二四日に早稲田大学で行われた東アジア近代史学会大会におけるシンポジウム「東アジアにおける歴史資料の相互利用と活用」であった[61]。もっとも、このシンポジウムでの狙いの一つには、東アジア諸国間における歴

史史料ネットワークの構築にあったが、同時に日本の研究者やアーカイブズの関係者に共通していた日本の先進性や優越性に警鐘を鳴らすことと、難航していた村山内閣による戦後五〇年記念事業である平和友好交流計画の早期実現を支援することにあった。それは、国立公文書館や外務省外交史料館・防衛庁防衛研修所図書館などの機関における史料の公開と利用の自由さを近隣諸国に訴え、これを基準にした近代史資料環境のグローバル化を目指すというものであったからだ。

　だが、そこでの認識は、歴史研究者やアーカイブズ関係者によるものであったがため、飽くまでも「歴史化」した史資料にあり、「歴史化」する前の文書や資料についての関心は低かった。この「歴史化」する前の文書や資料が、「現用文書」と言われる文書で、これに強い関心が持たれたのが、当時話題となった政治の腐敗、すなわち官官接待を初めとする政治家や官僚による「税金」の使われ方の問題であった。それが、情報公開法と個人情報保護法の制定に繋がっていくが、両者が対象としているものが「公文書」という大きな枠の中に括られる一つの文書類であったにもかかわらず、両者は殆ど関係することなくそれぞれの当面する課題に取り組んでいくことになる。もっとも、前者はアジア歴史資料センターとして実現し、後者は情報公開法の制定とその運用として実現していく。

　しかし、そこで大きな問題が起こった。日本の国家としての政府機関である省庁が、情報公開法の施行を前に、それまで省庁が保管してきた大量の公文書を組織的に廃棄したという、平成の焚書事件ともいうべき事態を起こしていたからであった。このため、東アジア近代史学会ではかかる事態による公文書類の大量廃棄を阻止すべく、歴史史料セッションにおいてシンポジウムを行ったが、ここで分かったことが歴史研究者もアーカイブズ関係者も「現用文書」について殆ど関心を持っていないということであった。その大きな理由は、歴史研究者もアーカイブズ関係者も、近代国家としての近代官僚が国家を運営していくために如何なる文書を作成し記録し保存してきたのかを、殆ど知らなかったことにある。日本のアーカイブズ学のもっとも大きな欠陥は、それを担当している研究者や専門家が国家中枢の政府機関文書を完全に把握できていないということにある。

国民の知る権利としての公文書の公開であることは、現在及び将来を考えるための過去の検証が不可欠であるという基本原則に則っている。したがって、そこでは検証に必要な情報を漏れなく残し提供するというシステムが作動していなければならない。そのためには、日本の近代公文書学を完成させることと、それを踏まえた法体系と制度の設計とが必要になる。前者は、まさしく日本の公文書アーカイブズにとっての基盤になるものであり、後者は日本の特徴を前提として諸外国などの事例を参考にする応用的なものとなる。現在の日本におけるアーカイブズ研究の欠陥は、前者が充分ではないことであろう。

　勿論、日本近代史の研究者が公文書を用いて論文を書かないというのは、決して怠慢であるからではない。そもそも、国立公文書館が所蔵している公文書が、多くの近代史研究にとって、取り分け政治史研究にとっては、欠かすことのできない重要な史料ではないからだ。これを知っているからこそ、研究者の多くは国立国会図書館憲政資料室に行くのであり、テーマによっては外務省外交史料館や防衛省防衛研究所図書館に行くのである。それは、政策決定過程を分析するのに不可欠な主務省とそのなかの担当部課の文書が国立公文書館に移管されていないからにほかならない。かかる実態を承知しているからこそ、多くの研究者は国立公文書館には行かないのである。つまり、政策決定過程を公文書の上で検証するためには、その案件を担当していた部課局の文書や記録が保存され移管され一般に提供されなければならない。それが殆どないということが、わが国の現状であるとするならば、そのことを前提に公文書管理制度を考えなければならないということを意味する。だが、果たしてわが国のアーカイブズの関係者の何人がこれを理解しているのであろうか。

　評者がいみじくも指摘しているように、現在、大学院のアーカイブズ学の講義などで用いられているテキストの多くが「他言語」のものを使っている（「書評」、九八頁）という状況下では、まっとうなアーキビストが育つことはない。何故ならば、我々が目指していかなければならないのは、世界的水準に達する日本のアーカイブズを担える日本のアーキビストであって、国際的アーキビストではないからだ。それには、先ず日本のアーキビストとして求められる最低限度の基礎的知識として、明治以降現代までの国家機関（省庁から裁判所・警察等）と地方行政機関の全ての文書を体系的に捉えた近代日本公文書学と、国

民の基本的権利と人権かかわる憲法学に行政法と行政学を学ぶ必要があろう。それを基礎に、歴史学や史資料学・古文書学を含むアーカイブズにかかわる高度な専門的知識と国際比較論を学ぶべきである。アーキビストの資格を授与するには、かかる知識と、現場における一定の年限の実践（実習ではない）の経験を踏ませ、その上で国家試験を受けて合格させる必要があろう。

　もっとも、ここでの国家試験科目は、前述のアーキビストとしての専門的知識だけではなく、国家公務員試験に準じたものである必要がある。それは、中国の人民大学での調査と南京の国家第二档案館における調査の際に、それまで档案館の職員には公務員の資格を求めていなかったが、数年前から国家の重要な檔案を管理するのに公務員の資格を持っていない者に委ねるということは責任の所在を含めて不適当であるため、全て公務員の試験を受けさせ合格した者のみを採用しているとの説明を受けたからである。そのとき、当然にして沖縄県公文書館が話題に上り、何故、県政と県民にかかわる公文書を扱う機関が、県の機関ではなく外部の民間機関なのか、その民間人に委ねるのか、といった当然の疑問が出された。実は、この点について、筆者もかねてから疑問になっていた。それは、独立行政法人国立公文書館も同様であるからで、何故、国家の公文書を扱う機関が国家機関でないのか、さらに国家公務員でない者が国家の文書を扱えるのかである。ここで問題になるのは、機密保護と人権保護、公文書保存にかかわる法的責任の取り方であり、公文書を扱う業務に対する考え方であり、果たして公務員という身分を保障していない者に公務員と同様の責任を負わせることが法的に正しいのかということへの疑問からだ。つまり、非公務員乃至外部機関に公文書の取扱業務を委託することの可否だけではなく、公的機関や公務員と同等の責任を課すことができるとする法的根拠についてである。

　このため、指定管理者制度を用いて公文書館を運営している沖縄県について、先ず沖縄県庁で公文書館を管轄している担当課の職員に聞いたところまったく答えられなかったことから、改めて沖縄公文書館で法務担当者に聞いたが、ここでも納得できる答えは得られなかった。そもそも、責任と待遇は、職権と同様に一体でなければならない。公務員としての身分保障とそれに応じた待遇が確保されていてはじめて、それに伴う責任を課すことができるのであって、身

分保障も雇用条件も待遇も公務員に比べて格段の差がある民間人に課すというのは、労働法的に誤りではないかと思うからでもある。いずれにせよ、責任と待遇は対等関係でなければならない。

四、近代日本の公文書管理

　ここで、日本のアーキビストを目差す者のために、改めて近代日本の公文書管理の方法について見ていきたいが、国立公文書館が所蔵している文書類からはその全貌を俯瞰することもできない。全体を理解するには、一年保存文書から永久保存文書までを一つの纏まりとして把握することと、永久保存文書でも起案から結了までの全ての文書（主務課文書から関係課との往復文書、財務関係では計算書類を含む）を把握しなければならないからだ。さらに、近代国家としての公的記録という観点から、明治国家成立より平成の現代の国家における国家の文書を知る必要もある。

　だが、現実的には記録を作成するといった文化も記録を残すといった文化もない日本では、それを望むことはできない。したがって、例外的に残った台湾総督府の文書を事例としてみていかざるを得ない。

　ここで、如何に公文書の保存が重要であるかをみていく。事実関係は不明であるが、ショッキングな報道記事があった。『毎日新聞』二〇一七年一月一九日の紙面に、「沖縄副知事口利き疑惑　教員採用試験、県教委に」と題する記事が載ったからだ。これは安慶田光男副知事が、公立学校教員採用試験において特定の受験者を合格させるために県教委に働きかけたというもので、その真意は分からない。これが公文書管理とかかわるのは、『要論』でも書いたように、人事案件の文書管理に係わっているからである。台湾総督府では、教員免許に関する試験結果は、問題用紙・模範解答・採点基準・受験者の答案用紙と採点結果・評価結果・採択結果が、全て原本で、しかも永久保存文書として一括して残され保管されていたからであった。戦前期の日本では、教員免許について、免許申請者に関する情報とそれを認定した試験官・判定官の評価、免許交付にかかわる判定といったものも、全て原本（実際の答案用紙など）が残されていた。したがって、そこでの不正は検証が可能であることから起こり得な

い。また、高等官の任命についても、正規の手続きを経ない者については、その人事にかかわった者の証拠となるものが当該人事書類に添付され永久保存扱いになっていた。

　今回の沖縄県の問題も、教員採用に関わる疑惑は、受験生の答案用紙と採点結果や評価結果の記録が全て保存されていれば、担当の県教委学校人事課はそれらの疑惑に対して速やかに適切な対応が可能になるため、「疑惑」にとどまることなく速やかに明確な回答が出せる。説明責任を果すためにも、身の潔白を証明するためにも、自らを守るためにも、公文書の保存が不可欠なのだ。大分県で起こった教員採用に係わる不正事件では、不正発覚後においても容疑者が内規で定められていた文書保存期間に違反して廃棄していたことから、不当にも不合格不採用とされた者の復活ができなかったというもので、法の遵守が求められた。確かに、疑惑が出た沖縄県での試験でも、受験者四四〇四人・合格者四五一人であることから、保管するべき関係資料の分量は多い。保存するにしても、保管庫の問題がある。その解決法としては、電子情報化して保存するという方法もあるが、いずれにせよ問題が起こった際に検証することができる体制を取っておけばすむことだ。逆に言えば、そのようなシステムができあがっていれば、不正はできないと言うことになる（但し、不正がなくなることを意味しない）。結果に対する記録を残すと言うことは、検証ができるという客観的な環境を整備しておくことを意味する。我々は、ここで問わなければならないのは、かつてこのような検証可能な優れた制度を持っていたにもかかわらず、何故、現在のような不完全な状態にさせたのかである。そこには、如何なる論理と理由とがあったのか、といったことを明らかにしていく必要があろう。

　ここで、一つの参考事例として、かつての文書管理の一端を大正四年台湾総督府公文類纂永久保存文書から見ていく。「大正四年台湾総督府公文類纂永久保存」の簿冊群は、本編が第一巻～第一〇三巻の一〇二冊（第七二巻欠）、人事書類である進退関係が、高等官進退が第一巻～第一〇巻の一〇冊、判任官進退が第一巻～第一二巻の二〇冊（内容により甲乙乃至甲一から三に細分割されている）、追加文書が追加第一巻～追加第三巻の三冊、特殊文書で財務関係書類として特殊財務部第一巻の一冊からなっており、総簿冊数は一三五簿冊であ

る[62]。このなかの、『大正四年台湾総督府公文類纂第一巻[63]』を例に文書の編綴法を見ていくと、この簿冊は対象年度の事案となる大正四年分の文書で記載されている公文類纂が概ね完結した大正九年九月二二日に簿冊に纏められたものである。この簿冊（第一巻）の文書束は、構造的には、第一門のなかの第二類官制官規・第三類進退・第五類服務・第六類位勲褒賞・第八類恩給及賜金の文書、二二件から構成されている。

　類別件数は、第二類官制官規が第一件から第八乙件の九件（八は甲と乙とに分けられている）、第三類進退が第九件の一件、第五類服務が第一〇件と第一一件の二件、第六類位勲褒賞は第一二件の一件、第八類恩給及賜金が第一三件から第二二件の一〇件で、合計で二三件となっている。このなかで、主な文書の件名を挙げると、

　　一　休職官吏ニシテ洋行中ノ者ヲ復職セシメ直ニ留学生ヲ命シタル場合ニ於ケル俸給支給方ニ関スル件
　　　　　　　　　　　　大正三年一二月一六日・大正四年一月一二日
　　二　大正四年七月勅令第一二九号ヲ以テ台湾総督府官制改正ニ伴ヒ勅令第一七一号ヲ以テ大正二年勅令第二八二号台湾総督府警察官服制中改正ノ件　　　　　　　　　大正四年七月二九日・大正四年一〇月四日
　　五　大正四年度予算ニ伴フ官制改正ニ依リ勅令第一二九号台湾総督府官制中改正（七月二二日付）、勅令第一三四号高等官官等俸給令中改正（七月二二日付）、勅令第一三二号台湾総督府地方官官制中改正（七月二二日付）、勅令第一三三号明治四二年勅令第二九一号中改正（七月二二日付）、勅令第一二八号台湾総督府郵便局官制中改正（七月二一日付）、勅令第一三一号台湾総督府営林局官制ノ件（七月二二日付）、勅令第一三五号台湾総督府蕃務警視特別任用ニ関スル件（七月二二日付）、勅令第一三九号台湾総督府官制中改正（七月二一日付）ノ件一括（総参第七号）
　　　　　　　大正四年三月一〇日・大正四年五月一日・<u>大正四年七月二二日</u>
　一一　台湾総督府医院医長基隆医院長築山揆一ヨリ大正三年一一月一九日カラ一二月三日迄東京及京都ヘ出張ヲ命セラレ北里柴三郎博士設立ニ係ル養生園細菌試験室ニテ飯匙蛇毒溶ノ研究ニ従事シ次テ出張期間ヲ

延長シ京都帝国医科大学医化学教室ニテ右試験参考ニ資スル諸種ノ事項ヲ調査シタルヲ以テ復命書ヲ提出シタル件并ニ別冊『飯匙蛇毒溶血素ノ実験的研究』（台湾医学会雑誌第一五四号別刷）提出ノ件（官秘第一〇一八号）　大正四年四月八日・大正四年九月九日

　　第六類　位勲褒賞

一二　内閣書記官長江木翼ヨリ今回ノ戦役タル大正三、四年日独戦役ニ関シ軍資金軍用品ヲ献納シタル者恤兵金品又ハ従軍者家族遺族賑恤金品ヲ寄附シタル者等ニ対シテハ明治二十七八年戦役同三十三年事変並同三十七八年戦役ニ際シ施行セラレタル例ニ倣ヒ明治十六年第一号布告同年第十七号達金銀木杯金円賜与手続及同四十四年閣令第十三号ニ依リ行賞スル等ノ取扱決定シタル旨佐久間左馬太台湾総督ヘ大正四年二月二日付通牒ノ件、堀田貢内務大臣官房文書課長ヨリ今回ノ戦役ニ関スル褒賞ニ付大正四年三月二四日付通牒ノ件、今回ノ戦役ニ関シ軍資金軍用品ヲ献納シタル者恤兵金品又ハ従軍者家族遺族賑恤金品ヲ寄附シタル者ニ対シ明治三十七八年戦役ニ際シ施行セラレタル例ニ倣ヒ明治一六年第一号布告同年第一七号達金銀木杯金円賜与手続ニヨリ取扱方民政長官ヨリ各庁長ヘ大正四年四月二九日付通牒ノ件、今回ノ戦役ニ関シ金品ヲ献納又ハ寄附シタル者ニ対スル行賞ノ件ニ付内閣書記官長江木翼ヨリ安東総督ヘ大正四年一二月二七日付通牒ノ件、今回ノ戦役タル大正三、四年日独戦役ニ関シ軍資金軍用品ヲ献納シタル者恤兵金品又ハ従軍者家族遺族賑恤金品ヲ寄附シタル者等ニ対シテハ明治二十七八年戦役同三十三年事変並同三十七八年戦役ニ際シ施行セラレタル例ニ倣ヒ明治十六年第一号布告同年第十七号達金銀木杯金円賜与手続及同四十四年閣令第十三号ニ準拠シ賞与施行方台湾総督安東貞美ヨリ上申シタル処今回ノ戦役ニ関シ金品ヲ寄附シタル者等ニ対シ授与スヘキ賞杯ノ題字及辞令書式ニ付裁可ノ旨賞勲局総裁正親町実正ヨリ大正五年一月六日付通牒ノ件、前田内務大臣官房文書課長ヨリ台湾総督府民政長官下村宏宛今回ノ戦役ニ関スル褒賞ノ件ニ付大正五年一月一二日付通牒ノ件、今回ノ戦役ニ関シ金品ヲ献納又ハ寄附シタル者ニ対スル褒賞方ノ義ニ付辞令書式及指定期日ニ付各庁長ヘ大正五年一月二

四日付通達ノ件（官秘第三九〇号）並ニ今回ノ戦役ニ関スル献納者又
　　　ハ寄附者行賞ノ件ニ付其筋ヨリ樺太庁並北海道庁府県ヘ通牒方承知ノ
　　　為メ各庁長ヘ通牒ノ件等一括
　　　　　　　　　　　　　　　　大正四年二月二日・大正五年三月二二日
一四　疾病職ニ堪ヘスヲ以テ大正三年一〇月三〇日付ニテ退官シタル元阿
　　　緱庁長ヨリ請求ノ恩給下賜願ニ依リ同人ヘ恩給証書送付ノ件（官秘第
　　　一九号）　　　　　大正三年一二月二五日・大正四年二月一八日
一六　麻刺里亜ニ罹リ職ニ堪ヘザルヲ以テ大正三年五月二七日付ニテ退官
　　　シタル元台湾総督府通信属新竹州郵便局新埔出張所勤務ヘ恩給証書送
　　　付ノ件（官秘第二四号）
　　　　　　　　　　　　　　　　大正三年一二月二六日・大正四年二月一九日
ここで、第二件文書を事例に編綴方法を見ていくと、
　①大正四年九月二六日着電在京片山参事官高田長官代理宛勅令第二八二号
　　中改正本日公布したる旨通知電報訳文（大正四年一〇月四日閲了）
　②受信人ソウトクフタカタテウカンタイリ・発信人カタヤマ・発局シンバ
　　シ局二三日・セ十時二十分受付・著局4．9．28（電文略）
　③警察官服制別表中改正ノ件・立案大正四年七月三一日・決裁大正四年八
　　月五日
　③-1．勅令案
　③-2．理由書
　④大正四年七月二九日付警察本署長事務取扱内田嘉吉より台湾総督官房秘
　　書課長宛勅令改正方照会
といったように、結了文書①②・本府決裁③・起案書④の順に綴られている。この結了文書を先頭に起案文書を末尾に置くという考え方は、原本文書目録の記載が結了日を基軸としていることにもかかわっている。いずれにせよ、①から④の各文書を一つの案件文書として纏めそれを紙縒りなどで綴じて一旦保存し、それを一定の年限まで仮置きしてから、門類別に整理され（下げ札等で分類表記）てから年度毎に集約され、三〇〇枚から四〇〇枚を目安（技術的条件により五〇〇枚程度になる場合もある）に束ねられ、それらを永久保存用のものとして四孔糸綴じの簿冊単位に本綴じされ和綴文書簿冊として纏められる。

つまり、現在、各自治体で行われている文書管理の方法と、原則的には何ら変わることがなく、保存の仕方に若干の違いがあるだけでしかない。したがって、各機関の文書管理法は明治以降に蓄積してきたものに加工を加えれば済むということになろう。

通常は、編年式に纏められていく一般行政文書ではあるが、実務的にはそれだけではうまく活用しきれない場合もある。このため、小さな一件文書として綴じるという方法が用いられるものもある。『大正四年台湾総督府公文類纂第一九巻』の第一件文書[64]がそれで、この簿冊は大正九年九月二二日に簿冊として纏められ、第三門警察の第二類行政警察に分類されててから綴じられた。この簿冊には、九件の文書が綴じられている。

さて、この第一件文書に収録されている文書とは、大正二年一一月二七日に厦門駐箚の菊池義郎が厦門領事から、厦門に在住又は往復したりする台湾籍民などで犯罪者にかかわる案件に関する照会から起案したものである。ここでは、厦門に居住している浮浪者にして殆ど一定の職業もなく常に種々の非行を行っている者、厦門の日本領事館が要視察人として取り締まりの対象者としているだけではなくその多くが台湾へ密航している者、又は、旅券を持参するものの未だ居留民登録なき者として指名手配している者などの取り扱いについて、台湾総督府へ照会してきた案件が纏められている。ここで菊池領事が求めてきたのは、前科として匪徒容疑の者九名以下、匪徒被逃囚二名、強盗殺人四名、窃盗犯五名、横領四名、関税違反三名、浮浪者殴打官吏二名、暴行容疑の浮浪者一名、暴行容疑の無頼漢二六名、無頼漢六名、匪徒二名、横領一名について、台湾籍民の確認と素行・経歴・その他警察上参考になる事項についての調査依頼であった。

このため、台湾総督府は各地方庁長に調査を命じ、各地方庁長から報告された結果を纏めて厦門領事に照覆するというもので、綴られている文書は、本府と地方庁との往復書簡、別件の台北庁長井村大吉より外国旅券交付方照会に関する厦門領事との照覆文書、中国官憲との往復文書といったように台湾籍民に関して厦門領事との間で交わされた往復文書が一括して綴じられている。すなわち、ここでの編纂方法は全てが案件別に整理されて纏められたものではなかった。それは、一つの文書に複数の関係者に関する情報が入っていたりしている

ために、事案別にすると却って作業効率が悪くなるための処置であった。
　さらに、通常の一般行政文書としてはあまりない綴じ方をしている文書としては、大正四年に起こった大規模な武装暴動事件である噍吧哖事件（余清芳事件や西来庵事件とも呼ばれる）の関係者に関する文書がある。この事件は、漢族系台湾人による武装抵抗運動の一つでこれが漢族系台湾人による抗日運動の分水嶺となったが、この事件で逮捕された一九五七人が匪徒刑罰令で告発され、その内の一四一三人が起訴され、八六六人に死刑、四五三人に有期徒刑の判決が下されたものの、本国政府や議会から判決が厳しすぎるとの批判を受け、結局、九五名が処刑された[65]というものであった。
　この事件に関する文書は、『大正四年台湾総督府公文類纂』の第三八巻第六門司法第二類刑事の第一件「革命陰謀事件報告一括　覆審法院検察官」から第五七巻までの二〇簿冊に纏められている[66]。このなかの第三八巻を事例に綴じ方を見ると、原本目次には、

　一　民法一九八　革命陰謀事件報告　　　　覆審法院検察官
　　　　　　　　　　　　　　　　以下民法二六二号迄本冊中ニ在リ
　　　　　　自民法一九八号　至民法二九六号　一括ス

と記されている。この目次からすると、民法第一九八号文書から同二九六号文書までが番号順に綴られているように思われるが、実際にはそうなっていない。
　実際に綴られているのは、民法第一九九号文書からで、民法第一九八号文書はこの文書の後の一三枚目からである。文書の概要は、

1．大正四年六月八日立案・六月廿一日決裁、「台中地方法院管内革命陰謀事件ニ付覆審法院検察官長ヨリ別紙ノ通報告有之候ニ付供高覧」起案書
2．六月五日付安東貞美総督宛覆審法院検察官長手島兵次郎の台中地方法院検察官長よりの革命陰謀事件に関する報告書写の送付状
3．六月四日付覆審法院検察官長宛台中地方法院検察官長土屋達太郎より台中庁長よりの報告書の送付状
4．六月三日付台中地方法院検察官長土屋達太郎宛枝徳二台中庁長よりの革命陰謀に関する報告書写

であった。これに続き、次の民法第一九八号文書が綴られているが、これから

I　公文書管理制度の現状　　51

文書の入れ替えの理由が分かる。文書の概要は、
1．大正四年六月八日立案・六月廿一日決裁、「台南地方法院管内革命陰謀事件ニ付別紙ノ通覆審法院検察官長ヨリ報告有之候ニ付供高覧」起案書
2．六月七日付安東貞美総督宛手島覆審法院検察官長の台中地方法院検察官長より革命陰謀に関する報告書写の送付状
3．六月五日付覆審法院検察官長宛台南地方法院検察官長松井栄堯の台南庁長よりの重要犯罪に関する報告書の送付状
4．六月五日付台南地方法院検察官長宛台南庁長松木茂俊よりの匪徒刑罰例違犯に関する報告書写

である。つまり、文書の綴り方は、案件となる報告書の日付を基準に整理したものであった。このため、報告書を総督に提出するという府内での行政処理の順番とは異なることになる。すなわち、行政処理と文書編纂とは考え方に違いがあったことになろう。

このように、文書の整理から保存という行程における方法は、当該機関の考え方により引き継がれてきたものであることと、それらは極めて実務的で実践的なものであることから、どの方法が正しいというわけではない。したがって、文書の管理の方法を統一するという考え方もあるが、それは決して絶対的なものであってはならない。

特殊な事案の文書保存法とは異なり、通常業務における案件別文書保存法が用いられているものもある。それが、外務省における外交文書の保存方法である。外交文書の保存法は一件文書法に基づくものであるが、その事例を若干挙げると次のようになる。

普仏戦争では「仏独両国開戦ニ付本邦ニ於テ局外中立施行一件」（明治三年七月－四年三月）が、台湾出兵関係では「自明治六年一一月至同年一二月　清国視察福島・黒岡両氏台湾事務ノ儀ニ付建白書」「台湾征討関係一件」・「別冊外交史料台湾征討事件」のように、シリーズ的に一件書類として一括化して纏めて綴るという文書管理がなされていた。

つまり、外務省における外交文書の分類法は、一件書類方式で、それは関係する文書をシリーズに分けそれを「一件書類」として纏め、各文書を小項目に

分けるのではなく単純に時系列的に並べ、それを束ねて一定の文書数に合わせて簿冊化（バインダー式）するというもので、綴った文書の枚数に応じた物理的条件に基づき（綴れる枚数と利用する際の便宜性という実務的条件）分冊され簿冊として編綴されている。

　この綴り方を「明治自二七年六月至二七年一〇月　東学党変乱ノ際韓国保護ニ関スル日清交渉関係一件」（三分冊）で見ていく。分量が多いため、この中の一部を抜き出して日清戦争開戦直前の列国との外交経緯に関する数例の外交文書を示すと、

①陸奥宗光外相より日本軍撤退に付露国政府の勧告に対する我国政府の回答の要点案を西徳二郎駐箚露国公使へ電報（『日本外交文書』明治二七年・第六三四号文書）
　　　在露西公使ヘノ電信訳文　廿七年六月三十日発（原本は暗号文）
　　　在日本露国公使ハ六月三十日左ノ公文ヲ齎シ本大臣へ交付セリ（以下略）
②陸奥外相より露国政府の撤兵勧告に対する態度に付青木周蔵駐箚英国公使への電報（同、第六三五文書）
　　　在英青木公使へ電信訳　　廿七年七月一日前三時発
　　　　露公使ノ公文（以下略）
③在清仏国公使が齎した清国軍の動静及び朝鮮問題に対する仏国政府の基本的な態度に関する陸奥外相宛小村寿太郎清国駐箚臨時代理公使よりの電報（同、第六三八号）
　　　電信訳文　廿七年七月一日後八時十分発（原本暗号文）・二日前十時接
　　　東京陸奥大臣　　　　　　　　　　　北京小村臨時代理公使
　　　在清仏国公使ハ天津ヨリ左ノ如キ報知ヲ得タリ（以下略）
④在日露国公使ヒトロヴォーへの回答（同、第六三九号）
　　　廿七年七月一日・同月二日【七月一日外務大臣ハ此回答案ヲ臨時閣議ニ提出セラレ閣議決定ノ上翌日上奏裁可ヲ経テ之ヲ露国公使ニ送附セリ】
　　　六月三十日ノ来文ニ対スル露国公使江回答案（回答案文略）
⑤駐日英国臨時代理公使パゼットが外務省に持参し陸奥外相に手交した英国政府の仲裁に関する覚書（同、第六〇四号）

覚書　　廿七年七月十九日在日英国臨時代理公使持参
　　在清英国公使ヨリ電報ニヨレハ清国政府ハ左ノ基礎ニ因リ談判スヘシト
　　（訳文省略）
　　　　【廿七年七月十九日英国代理公使来省之ヲ交付ス】
⑥同上英国政府の仲介に対して陸奥外相より駐日英国臨時代理公使に交付し
　た清国政府への期限付最後通牒文（同、第六〇五号）
　　覚書　　廿七年七月十九日在日本英国臨時代理公使ヘ交付（覚書略）
　　　　【上奏・各大臣・枢長　廿二日夕】
⑦各国政府に対清交戦通告書を在欧米各国公使館へ通知（同、第六八八号）
　　明治二十七年八月一日発
　　在露西公使　　　　　　　　　　　　　　　　陸奥外務大臣
　　第五号　本月三十一日在東京各国代表者ヘ左ノ通リ通告ヲ与ヘタリ
　　　　日本国政府ハ日清両国間ニ存スル紛議ヲ永久至当ノ終局ニ至ラシメン
　　　　トシテ公明正大ノ手段ノ有ン限リヲ尽シ其ノ尽力全ク無効ニ属シタル
　　　　ヲ以テ下名ハ其ノ職務上日清両国間ニ於テ戦争ノ状況存スル旨該代表
　　　　者ヘ通告スルノ光栄ヲ有ス
　　　<u>此趣在欧米ノ各国公使館ヘ通知セラルヘシ但シ在英公使館ヲ除ク</u>
となる。
　ここで、外務省の外交文書の編纂方法の特徴を見ていくと次のようになる。
　⑴文書の綴り方は、ここに示した順番であることから、文書は時系列的に綴られている。
　⑵だが、各件名の後に括弧で括って記したものは、外務省が編纂している『日本外交文書』に翻刻して載せられた文書の番号を指している。この番号を注意してみると、時間と番号とが異なっていることが判る。つまり、日本外交文書の編纂者がより細かに案件毎に分類して編纂し直していることから、文書が載せられた個所が異なった。
　⑶当時の外交文書の多くは電報文であることから、原本は暗号文又は外国語文となり翻訳文などは二次的文書となる。だが、政策を決定する際に用いられるのは原本ではなく二次的文書であることから、原本と翻訳文とが重要文書となる。

(4)電報文は、全て暗号化されて送受信される。このため、外務省では電信課とともに暗号の解読と外国語の翻訳が必要になり、それにかかわる職員が置かれる。解読されたり翻訳された文書は、大臣や次官など省内の会議に提出されるが、重大な案件の文書は、⑥の【　】で記したように、天皇に上奏されるとともに内閣総理大臣と各大臣等（この事案では枢密院議長）に通知されその記録が朱筆などで記されている（行政記録）。なお、ここでの通知文は蒟蒻版で提供されたものと思われる。

(5)原本とは何かについてであるが、①と②は陸奥外相が西駐露公使と青木駐英公使に送った訓令電報であることから、実際に送られた電報文（暗号）ではなく訓令案文が原本になる。これは、外交文書に限らない。なお、暗号電報文も外交文書や陸海軍文書だけではなく、内閣や内務省なども通常業務で使うことがある。現在、電子文書における原本とは何かといった議論があるが、それは近代文書の特徴といえよう。

(6)⑦は列国政府に対する対清交戦通告書であるが、この文書は国際法的には宣戦布告文と同等の意味を持つものである。ここで示したのは、明治二七年八月一日に西公使に送付した露国政府に対する交戦通告書であるが、この文書綴りにはこれしか収録されていない。その代わり、傍線を付したように「此趣在欧米ノ各国公使館ヘ通知セラルヘシ」と追記されていることから、この文面を列国駐在日本公使に送信するとあり、これは雛形として綴られたものであった。この雛形的文書の残し方は、通常の行政機関でもあることで、管轄内の機関に対して通知する訓令なども同様で、全ての文書の控えを残すことはない。

このように、外務省の外交文書の編纂方法は、通常の業務において使いやすい方法で文書の管理が行われていたことが判る。ここで外交文書の分類法をみるため、明治二七年六月から二九年三月までの朝鮮支配をめぐる日清間にかかわる主な外交文書を掲げると次のようになる（簿冊数は省略するが、分冊されているものも少なくない）。

　①「自明治二七年五月至明治二七年一一月　東学党変乱ノ際日清両国韓国へ出兵雑件」
　②「自明治二七年六月至明治二八年六月　韓国内政改革ニ関スル交渉雑件」

③「自明治二七年七月至八月日清戦争中豊島沖ノ海戦ニ於テ帝国浪速英国汽船高陞号撃沈一件」
④「自明治二七年七月至明治二七年八月　日清戦役ノ際在清帝国公使館及領事館撤回並在留帝国臣民保護方米国政府ニ於テ担保一件」
⑤「自明治二七年七月至明治二七年九月　日清両国宣戦ノ詔勅公布一件」
⑥「自明治二七年七月至明治二七年九月　日清戦役ノ際帝国軍艦ノ外国船臨検雑件」
⑦「自明治二七年六月至明治二九年一〇月　日清韓交渉事件関係雑件」
⑦「自明治二七年六月至明治二七年一〇月　日清戦役ノ際清国上海及韓国仁川港ニ於ケル各国居留地局外中立ノ儀ニ付交渉一件」
⑧「自明治二七年八月至明治二八年八月　日清戦争ノ際蘇国『グラスゴー』ニ於テ購入シタル日本郵船会社汽船土佐丸英国政府ニ抑留一件」
⑨「自明治二七年九月至明治二八年五月　日清戦役ノ際帝国軍艦龍田廻航ノ途英国政府ニ於テ抑留ノ一件」
⑩「自明治二八年四月明治二九年九月　日清戦役後ニ於ケル帝国政府ノ対韓政策関係雑件」
⑪「自明治二七年六月至明治二七年一二月　日清戦役ノ際韓国ニ於ケル帝国陸海軍行動御用船出入患者報告雑件」
⑫「自明治二七年七月至明治二八年四月　日清韓交渉事件ニ際シ軍事上ノ設計ニ関スル韓国政府ト協議雑件」
⑬「自明治二七年七月至明治二八年五月　日清戦争中各地戦闘報告一件」
⑭「自明治二七年八月　日清戦争ニ際シ韓国絶影島海軍貯炭所ヘ衛兵派遣一件」
⑮「自明治二七年八月至明治三八年一月　日清戦役ノ際両国ノ海防関係雑件」
⑯「自明治二七年一一月至明治二八年二月　日清戦争中旅順港戦闘関係雑件」
⑰「自明治二八年六月至明治三〇年三月　日清戦役後台湾鎮定ノ為派遣セラレタル陸海軍ノ動静関係雑件」
⑱「日清講和条約締結一件　（別冊）張邵来朝及談判拒絶」（１冊）

⑲「日清講和条約締結一件　（別冊）李鴻章来朝及遭難　李経方ノ全権委員ニ就任」
⑳「日清講和条約締結一件　（別冊）休戦定約」（１冊）
㉑「日清講和条約締結一件　（別冊）講和条約」（２冊）
㉒「日清講和条約締結一件　（別冊）日清講和始末」（１冊）
㉓「日清講和条約締結一件　（別冊）会見要録」（１冊）
㉔「日清講和条約締結一件　（別冊）陸奥外務大臣舞子滞在中ノ往復電信控」（１冊）

　さて、ここで外務省の文書管理で注目したいのは、この大分類法という考え方についてである。それは、宣戦詔勅や外国船臨検、抑留・旅順戦といった事案毎に分けたことで、外交官にとって関係文書を探し出しやすいように大分類法を用いていたことが判る。件名を付ける基本原則は、利用者の立場に立って考えることで、ここでは外務省職員の業務上の理解がどこにあるかを知る手掛りとなる。それが、簿冊名や件名という目録表記を考える重要な情報になるとともに、文書編纂の思想を理解することにもなろう。ここで取り上げた外交文書は、飽くまでも外務省内での業務上の活用事例として、業務内容を熟知している者がどのように文書を仕分け分類し件名を付けてきたかを知る参考資料としてである。

　それは、文書が公文書館や史料館などに移管されたときには、移管文書の選別（公開か一時保留及び留保条件）後速やかに一般公開に向けた準備が行われるが、そこで重要になるのが文書史料目録検索データベースの作成である。ここでは、利用者の需要に応じた目録情報を探し出して行かなければならないが、主務省などが作成した目録情報は業務上の目的で作られているため必ずしも一般公開用には向いていない。

　例えば、かつて筆者が指摘[67]した国立公文書館で「日露戦争宣戦詔勅」を検索するときに、同館の件名検索では当該文書を探し出すことができなかった。さらに言うと、当時の同館の職員も直ぐには探し出せなかった。これは、「公文類聚」を編纂した職員の理解と、「公文類聚」の文書構造上の問題によるものであった。勿論、それは、当時の機関にとってはかかる内閣文書の取扱方が合理的であり効率的であったからで、それが間違っていたわけではない。つま

り、主務省内での文書管理法と公文書館など一般公開するときの文書管理法とは必然的に異なるというのは当然でもあることから、一般公開に際しては利用者のニーズを想定して可能な限り判りやすく且つ網羅的に史料情報を提供する検索目録を作る必要があることを示している。

　次に簿冊数であるが、「日清講和条約締結一件」として分冊されてはいるが、実際的に広島講和会議から下関講和会議、李鴻章遭難事件、休戦条約などが一括して収められている。数量的には、㉑は二分冊で、他の⑱から⑳と㉒から㉔は各一冊であった。つまり、一件書類として「日清講和条約締結一件」という簿冊をつくったものの、それを時系列的に綴ると非常に不便であることから、中項目をつくり、⑱の広島講和会議を「張邵来朝及談判拒絶」として、⑲の下関講和会議における李鴻章遭難と全権委員の問題を一纏めにして「李鴻章来朝及遭難　李経方ノ全権委員ニ就任」として、条約については⑳で休戦条約を㉑で講和条約（二冊）をそれぞれ分けて纏め、それ以外を㉒講和始末と㉓会見要録とし、㉔に疾患治療のため舞子に逗留していた陸奥外相との往復電報を一括していた。このように、講和関係を大分類として一括し、それをそれぞれの案件別に中分類法するという手法で纏められているが、その一件内では時系列的に纏められている。

　さて、前述の原課における保存管理法と移管後の保存管理法の調整の問題であるが、基本的には統一するべきではないと考える。それは、主務省（主務課）における保存管理法はそれぞれの業務上の理由から生み出されてきたものであるからで、まさに事業特性に由来している。それを、特定の価値基準で保存管理法を変えるべきではない。したがって、公文書舘なり移管を受けた文書担当者（アーキビストを含む）のすべきことは、保存に適するように手を加えること（綴込針や留め針などを取り外し紙縒りなどに代える）や、劣化したり破損した文書を補修したり、蒟蒻版などで文字が消えかかっている文書の複製を作製したりすることと、文書記録を作成して管理態勢を整えること、さらに速やかに文書情報を公開するために文書記録情報を整理し文書目録検索データベースを作成することであろう。

　さて、ここでの文書の保存と管理について注意しておきたいのは、保存と検索と利用という異なる要素の組み合わせについてである。そこでは、㈠公文書

の保存はそれが行政行為の記録（業務記録）であることからそこで用いられてた保存法を順守すること、(イ)利用者が当該文書を探し出せるようにするための文書目録検索システムを作ること、(ウ)公文書を利用者に提供するのは原則として原本であることである。

まず、(ア)であるが、移管を受けた文書は大原則として原状に変更を加えないこと。前述の外交文書は、中分類のレベルで綴じられているため、利用するためには全ての文書を時系列的に見ていく必要があるが、その時間を惜しませることに便宜を与えてはならない。つまり、中分類のなかにある小分類できるようなものについても、敢えてそれを分けなかった原編纂者の意識は、業務上においてその分類法が最良であったからで、それを移管された者がそのときの判断で解綴したり綴り直したりするべきではないこと。(イ)では、利用者の便を考え探している文書に確実にたどり着けるようにするための文書検索システムを構築することと、それを運用するための詳細で正確な文書目録検索ベータベースをつくることだろう。電子情報化において重要なのは、数値化とは正負の世界であることで、かつて史上最悪の目録検索データベースを公開していたアジア歴史資料センターの間違いを教訓化すべきである。(ウ)は、公文書という資料特性から、原本提供がもっとも合理的な方法である。膨大な量に上り、今後の増え続ける公文書史料を全て電子化して保存と利用に供するというのは理想的ではあるが、物理的利用だけではなく経費的・人的理由からして適切な方法とはいえない。実現可能性を考慮すれば、原本提供がもっとも現実的である。つまり、公文書を保存することは美術骨董品といった文化財を保存することとは異なるということで、「残す」ことではなく「利用する」ことにある。したがって、原本の利用を制限する考えは間違いであり、それは保存にも経済的にも反するからである。自治体のなかには、情報公開法により開示請求され文書のなかで差し支えのないものはそのままインターネットに公開していることから、経済的合理性を踏まえた対応も必要であろう。

まとめ

ここで述べてきたものは、現行の不完全燃焼化している我が国の公文書管理

法体制を如何に正常な状態に戻し、且つ主権者たる国民にとってのアーカイブズを築いていくかについて、日本国民の一人として且つ日本近代史研究者の一人としての立場からの考えを纏めたものである。したがって、ここでは日本のアーカイブズの全てを語ることも、アーカイブズ学を論じることもしていない。しかし、我が国におけるアーカイブズの問題とアーカイブズ学に関する問題の一端を論じることはできたと思う。それを踏まえて若干の提言をしていきたい。

　前述した小池聖一の公文書管理法修正案（註21参照）はきわめて有意義な提言であり、現行制度が抱えている問題をかなり改めることになる。だが、その提言も我が国の現況をみるならば、はなはだ虚しい状態にある。それは、果たして、我が国には法の支配が貫徹されているのか、真に法治国家なのか、民主主義制度が定着しているのか、といった根本的な点に大きな疑問があるからに他ならない。小池もこの点について承知しているようで、国立公文書館の在り方についての提言のなかで、「国民」の立場での論議の重要性を語っているが、なかでも「『国民』は、単に動員されるだけの存在ではな」く、国政の「『検証』を行う主体」であることから、公文書館に「人がたくさん来ることが重要なのではない」とし、「何よりも、アーカイブズは、民主主義を支える砦」であるからこそ、「アーキビストは、国民と行政機関とを橋渡しをする重要な職務を担っている」との指摘[68]は示唆的だ。

　だが、筆者の危惧は、国立公文書館も地方自治体の公文書館も、「民主主義を支える砦」にはなり得ていないことにある。確かに、家族史を編むことができる機能を持ち、国民が公文書館の閲覧に中心になれるようにしたいとは思う。しかし、そのためには家族史を編むための個人資料が公文書館に集められていく必要がある。それは、中国の档案館と同じ機能を持たせることにもなるのではなかろうか。

　それよりも、真に日本のアーカイブズが「民主主義を支える砦」たり得るだけの質を確保することにあるのではなかろうか。現在の公的機関が、果たして主権者たる国民の「検証」に応えられるだけの記録を作成し保存し移管しているであろうか。例えば、将来の都民が豊洲市場問題について検証しようとするときに、東京都公文書館に残されている資料で明らかにすることができるであろうか、また、二〇二〇年の東京オリンピックにかかわり招致から競技場に関

する問題を調べることができるであろうかといったように、現行の行政機関が国民や市民の検証に堪えるだけの記録を作成し保存しているのかが鍵となる。

如何に新国立公文書館を造っても、アーキビスト制度を作っても、国民の検証に応えられるだけの情報を作成し保存していない限り、意味をなさない。我が国におけるアーカイブズの問題とは、法制度でも施設でも資格でもない。まさに、アーカイブズの文化を如何に築き上げるかにあるのではなかろうか。

これは、辻川敦尼崎市立地域研究史料館長の、我が国の公文書館が抱えている最も重要な問題は公文書館に対する国民や市民の認知度の低さにあり、それは公文書館が国民や市民が必要とする情報（公文書に記録されている情報）を所蔵していないという本質的な点に原因があるとするが、さらに基礎自治体にとって歴史的公文書だけを利用する人は皆無に近いというだけではなく、そもそも公文書館に移管されてくる文書は、体裁だけを整えた「体裁文書」で実質的な内容を記したものは職員が個人的に記録した文書や、所管課などが作成し手元に置かれた所管課管理文書にあると鋭い指摘[69]が本質を捉えていよう。これこそが、我が国の公文書館が抱えている問題の本質である。

かかる認識から、次のような提言を纏めたい。我が国における公文書管理制度を改善していくためには、現実を踏まえた方法を考えていくべきであるとの前提から、第一に公文書を保存していくという文化を失った戦後日本における公文書管理の在り方という視点（つまり、しっかりとした公文書管理体制を維持してきた時代への回帰）、第二に強固な官僚制国家においてそれを支えている公文書を如何に作成させ保存させ伝承させ公開させていくかという視点、第三に縮小に向かっている経済と社会のなかで喘いでいる地方自治体の現状を踏まえるという、三つの視点から考えるべきであると思う。

第一の視点では、戦前期の公文書を体系的に調べ直し、組織としては何がどのレベルで必要であるのかを把握し、本来的な公文書管理の原型を再現すること、その後の国民主権国家としての公文書管理のあるべき保存法を築くこと、国政調査権と国民に対するの説明責任などに対応できるような記録制度を確立することであろう。第二の視点では、法令遵守の厳格な運用で国家と国民に対する背信行為という考え方を徹底させ、それに従った厳正な運用の実現である。このいずれもできなければ、如何なる法制度を作っても新しい公文書館を造っ

ても、空虚な器ができるだけで却って弊害が生まれるに過ぎない。制度や施設があることで、それで自己満足するか隠れ蓑になるからで、日本の現状（国家のレベル）が如何に深刻な状態にあることを理解することが重要であろう。

　第三の視点である疲弊し窮乏状態にある地方自治体における公文書管理についてであるが、その解決法の一例が太宰府市における公文書の管理の仕方であろう。公文書とは、通常の行政事務の記録であるとともに、その記録（公文書に記された文字）が効力を発するというという行政行為の痕跡である。このため、公文書は常に現用文書であり続ける。現用が非現用になるのは、その効力がなくなった段階で、多くがその案件が処理された時点となる。つまり、「現用」の期間を三〇年とするというのは論理的にあり得ない。一般的には、案件の処理は概ね立案から執行までの期間ということから数ヶ月以内であろう。従って、考え方として、執行された段階で案件の処理が完了したと看做し、その時点又は当該年度で「現用」期間を終了させ、「非現用文書」として、その案件を記した文書はそれにかかわった全ての書類とともに、文書管理を担当する機関（文書課）に移管させるべきである。つまり、原課（主務課）はその事案に関する文書の管理権を失い、文書管理権は文書管理の機関（文書課）に移る。文書課は、自らの管轄下に置く文書庫で全ての文書を管理するが、その管理は必ずしも物理的な管理を指すものではない。自治体の事情によっては、充分な文書庫を確保することのできない場合があることから、管理権と管理業務を担うという方法も考慮する必要がある。いずれにせよ、管理権の移動ということを法的に定めておくことが重要であろう。ここで一定期間（通常は三〇年以内）保管されると、文書は本庁から公文書館に移管する。この移管も、必ずしも物理的移動を指していない。自治体によっては、器としての公文書館を設置することができないからで、事情に応じて公文書館機能だけを設けることも考えるべきだろう。勿論、図書館と一体的運用もあり得るが、その場合は公文書を担当する専門官が必要になる。そのためにも国家資格を持ったアーキビストの制度を創り、その資格を持った者を公務員としての身分として採用し官僚制度の中できちんと位置付けるような制度を築き上げることではあるが、自治体の現状から実現は困難であるため、それに代るものが必要となろう。いずれにせよ、「アーカイブズ」が母語たる日本語で表現することができるように

なったときに、はじめて「アーカイブズ」が我が国に定着したときであろう。

1）拙稿「アーカイブズとは何か」（上代庸平編『アーカイブズ学要論』、尚学社・二〇一四年、所収）。
2）『朝日新聞』の、二〇一六年三月九日・四頁や同年五月二七日四頁などで、新国立公文書館に関する報道が掲載されている。
3）「公文書整理のプロ　資格化」（『読売新聞』二〇一六年一二月三一日・二頁、https://database.yomiuri.co.jp/rekishikan/）。
4）ここで括弧を付した「公文書」は、通常の行政記録としての公文書だけではなく、県史編纂などで収集してきた公文書類やそのほかの文書類など、県民の財産でもある歴史史資料を指している。
5）前注３）同。
6）拙稿「アーカイブズとは何か」、前掲、三五頁〜三七頁を参照。
7）白川栄美「書評　上代庸平編『アーカイブズ学要論』（『京都大学大学文書館研究紀要』KUA 2015, 13: 九七頁〜一〇一頁、所収）。
8）『朝日新聞』二〇一二年一月二五日・三頁。
9）『毎日新聞』二〇一五年九月二八日、一頁。
10）『毎日新聞』二〇一六年二月一四日・一頁。
11）『朝日新聞』二〇一六年二月一七日・一頁及び四頁。
12）『朝日新聞』二〇一六年二月一九日・一頁・四頁。
13）『朝日新聞』二〇一六年四月二日、一頁。
14）『朝日新聞』二〇一六年四月五日、一頁。
15）同上、一頁。
16）『朝日新聞』二〇一六年四月五日、四頁。
17）『朝日新聞』二〇一六年四月六日、四頁。
18）同上。
19）『朝日新聞』二〇一七年一月一九日、一頁。
20）同上。
21）小池聖一「公文書管理法修正試案」（『広島大学文書館紀要』第16号・2014年2月）参照。
22）『朝日新聞』、二〇一七年二月二日・五頁。
23）同上。
24）その業務を担う組織の名称は、機関によって異なることから、本稿では政府機関では主務省、地方自治体では主管課や主務課といったように表記した。なお、主管課と主務課も統一することはせず、適宜使い分けているが、特別な意味はない。
25）『台湾拓殖株式会社文書』二六〇六の「文書編纂保存規程　法規課」。
26）詳細は、台湾総督府と台湾拓殖株式会社の文書管理については、拙稿「台湾総督府の文書管理論」（檜山幸夫編『台湾総督府文書の史料学的研究―日本近代公文書学研究序説―』、ゆまに書房・二〇〇三年、二三七頁〜三一三頁所収）を参照。
27）http://www.monjo.spec.ed.jp

28)『埼玉県立文書館要覧』第三四号・平成二八年度、一五頁。
29)『埼玉県立文書館要覧』第三三号・平成二七年度、五頁。
30) 第一種一一年以上保存、第二種一〇年保存、第三種五年保存、第四種三年保存、第五種一年保存、第六種事務処理上必要な一年未満の期間保存するもの。
31) ここで「現用」と表記したの、前述の如く筆者は現行制度の「現用」「非現用」の用語概念による分類法は誤解を生むだけではなく、文書保存管理制度上では弊害の方が多いことからこの考えに従っていない。それは、本来の文書管理の考え方からすると、完結した案件のかかわる文書は直ちに主務課から文書を主管する部署に移管して文書を専門的に一括管理し、情報公開法の規定に従って公開・非公開の分類を行い国民の公開請求に応じて行うべきであると考えるからである。
32) 札幌市公文書管理条例（平成二四年六月一三日条例第三一号）。
33) 札幌市公文書管理規則（平成二五年二月二七日規則第四号）。
34)『平成二七年度福岡共同公文書館年報』平成二八年九月、一頁。
35) 同上、四頁。ちなみに、平成二七年度では、県行政資料一四七六冊・市町村行政資料二九六冊・その他行政資料四一五冊の二一八七冊を収集している。尚、二〇一四年一一月一八日調査。
36)『平成二七年度福岡共同公文書館年報』。前掲、四頁。
37) 同上、一三頁。
38) 同上、一五頁。
39) 同上、一頁。
40) 同上、二三頁。なお、福岡県市町村公文書館条例第一条も同文（同上、二八頁）
41) 同上、二〇頁。
42) 同上、一二頁。
43) 同上、五頁。
44) 同上、一〇頁。
45) 同上、一一頁。
46) http://www.city.dazaifu.lg.jp/admin/bunka_sports/kobunshokan/2935.html
47) 二〇一五年一二月三日に行った太宰府市公文書館での調査による。
48) http://www.city.dazaifu.lg.jp/soumu/reiki_int/reiki_honbun/q023RG00000985.html。
49) http://www.city.dazaifu.lg.jp/soumu/reiki_int/reiki_honbun/q023RG00000059.htm。
50)「倉庫から中間書庫へ―太宰府市現用文書保存・整理の取り組み―」(『太宰府市公文書館紀要―年報太宰府学―』第一〇号・二〇一六年三月、四頁)。
51) 同上、一四頁。
52)『佐賀県公文書館だより』第一号・平成二七年三月、二頁。
53) 二〇一四年一一月一六日佐賀県公文書館及び同月一七日佐賀県庁法務課での調査による。
54)『要論』、前掲、三五頁〜三七頁。
55)『要論』、前掲、五六頁と一七〇頁を参照。
56)「書評」、九七頁〜一〇一頁。
57)『要論』、同上、三頁。
58) 東アジア近代史学会における日本の公文書管理に対する取り組みについては、『東アジア近

代史』第四号〜第二〇号を参照。
59) 二〇〇八年六月二二日の東アジア近代史学会第一三回研究大会「現代における歴史学研究と私文書―保存と公開の視点から―」で、伊藤隆氏は「現代における歴史学研究と私文書―保存と公開の視点から―」をテーマに報告し、私文書の歴史的価値を論じた。
60) 勿論、歴史資料として公的な機関の決定に関する公文書の史料的性格と、その意思決定にかかわる関係者が記していく私文書(書翰を含む)の史料的性格から、解明できる内容に限界とがあることは言うまでもない。当然、公文書が歴史史料として価値がないというのではない。
61) このときの概要は、新潟大学の井村哲郎氏が「東アジアにおける近代史史料の現状と課題」、内閣官房内閣外政審議室の井上進氏が「アジア歴史資料センター開設準備室の設置」を、昭和館の戸高一成氏に「昭和館における史料の保存と利用」を、宮内庁書陵部の梶田明宏氏に「日本近代文書とインターネット」を、国文学研究資料館史料館の青木睦氏に「自然災害と史料保存―阪神淡路大震災と台湾大地震」という題名で報告がなされた(東アジア近代史学会『東アジア近代史』第四号、参照)。
62) 中京大学社会科学研究所台湾総督府文書目録編纂委員会編『台湾総督府文書目録 第三十巻 大正四年』、ゆまに書房・二〇一六年。
63) 同上、三五頁〜三八頁、参照。
64) 同上、七〇頁〜七一頁、参照。
65) 同上の巻末には、東山京子が纏めた「大正四年匪徒刑罰令による死刑執行一覧」(六六一頁〜六六九頁)があるが、ここでは噍吧哖事件関係者だけではなく、他の事件で匪徒刑罰令違反として死刑となった者も含まれている。その結果、大正四年に匪徒刑罰令で死刑が執行された者は一〇〇名にのぼる。
66) 同上、二九一頁〜三七二頁、参照。
67) 拙稿「台湾史史料の共有化への模索」(檜山幸夫編著『台湾の近代と日本』、中京大学社会科学研究所・二〇〇三年、所収)参照。
68) 小池聖一「国立公文書館の機能・施設の在り方等に関する調査検討会議について」(『広島大学文書館紀要』第一八号・二〇一六年、四四頁)。
69) 二〇一七年三月四日に行った、尼崎市立地域史料館での聞き取り調査にて聴取。

2．地方公共団体における公文書管理条例制定の状況と特色

早川　和宏

I　はじめに

　2015年3月、総務省自治行政局行政経営支援室が「公文書管理条例等の制定状況調査結果」（以下「調査結果」という。）[1]を公表した。調査結果の前に付されている「公文書管理条例等の制定状況に関する調査について」によれば、2015年1月5日現在、「都道府県46団体（97.9％）、政令指定都市15団体（75.0％）、市区町村1,568団体（91.1％）が公文書管理条例等※を制定済である。」とされている。

　不用意にこの数字をみると、ほとんどの都道府県・市区町村において公文書管理条例が制定されていると勘違いしてしまうであろう。しかし、ここで引用した文書に「※」が記されているところがミソである。すなわち、そこでは「※ 条例以外にも規則、規程、要綱等で定めている場合もある。」という注記が付されているのである。

　改めて、調査結果の「(1)　公文書管理条例等の制定状況について」を見てみると、その内訳は、【表1】のとおりとされている。

　この表によれば、公文書管理「条例」の制定は、都道府県：5団体、政令指定都市：4団体、市区町村：12団体でなされているにとどまり、圧倒的多数の地方公共団体は、公文書管理「規則・規程・要綱等」しか有していないということになる。

　しかしながら、この調査結果にはいくつかの疑問がある。

　第一に、公文書管理条例「等」を「定めていない」とする都道府県が1つあることである。総務省ウェブサイトの報道資料「地方公共団体における行政改革の取組状況に関する調査等の調査結果公表」[2]（2015年3月31日）の「平成27年3月31日に公表するその他4調査の結果概要について」[3]によれば、それ

【表1　公文書管理条例等の制定状況について】

		都道府県		政令指定都市		市区町村	
		団体数	構成比(%)	団体数	構成比(%)	団体数	構成比(%)
制定済		46	97.9	15	75.0	1568	91.1
	条例	5	10.6	4	20.0	12	0.7
	規則・規定・要綱等	40	85.1	11	55.0	1544	89.7
	その他	1	2.1	0	0.0	12	0.7
定めていない		1	2.1	5	25.0	153	8.9
合計		47	100.0	20	100.0	1721	100.0

総務省自治行政局行政経営支援室「公文書管理条例等の制定状況調査結果」より

は栃木県であるとされる。しかしながら、栃木県においては、栃木県文書等管理規則（平成13年3月31日栃木県規則第17号）、栃木県文書等取扱規程（平成13年3月30日栃木県訓令第1号）が定められていることからすると、公文書管理条例「等」は制定済みであると考えられる。

　第二に、報告書では、公文書管理「条例」を制定済みである都道府県は、神奈川県、鳥取県、島根県、香川県、熊本県の5団体、（政令）指定都市は、札幌市、相模原市、名古屋市、大阪市の4団体であるとされているが、神奈川県法規集によれば、「第1編　総規」の「第1章　総則」の「第1節の2　文書等」に、神奈川県行政文書管理規則（平成12年3月31日規則第15号）、神奈川県行政文書管理規程（平成11年3月31日訓令第1号）は存在するが、その上位に位置づけられる条例は存在していない。

　もっとも、神奈川県法規集によれば、その「第4編　県民」の「第1章　県民生活」の「第4節　施設」に置かれている神奈川県立公文書館条例（平成5年10月19日条例第24号）が、公文書等の引渡し（同条例3条）、公文書等の選別、保存及び廃棄（同条例4条）、公文書館資料の閲覧の制限（同条例5条）について定めている。そのため、この条例をもって公文書管理「条例」とした可能性も否定できない。しかしながら、そうであるとすると、川崎市公文書館条例、北九州市立文書館条例、福岡市総合図書館条例[4]も、これらに相当する事項を定めているため、川崎市・北九州市・福岡市も条例制定済み団体となるはずである。

これらの疑問はなぜ出てくるのであろうか。それは、調査結果が「何を以て公文書管理条例としているか」が不明だからであろう。

本稿に与えられたテーマは、「地方公共団体における公文書管理条例制定の状況と特色」である。調査結果に対するのと同様の疑問を生じないようにするため、まずは「公文書管理条例とは何か」を確定することから、論を進めることにしたい。

Ⅱ　公文書管理条例とは何か

1　法律上の「公文書管理条例」

法令データ提供システム[5]の法令用語検索で検索対象を「全ての法令」とした上で、「公文書管理条例」を検索してみると、著作権法のみがヒットする。我が国の現行法令において、「公文書管理条例」という文言を用いているのは、著作権法のみであると想定することができよう。

著作権法上、「公文書管理条例」という用語が用いられているのは、18条3項・4項、19条4項3号、42条の3第1項・2項、90条の2第4項3号である。

著作権法18条は公表権に関する規定であり、その3項は公表の同意についての「みなし規定」である。同項では、以下の場合について、著作者が公表について同意したものとみなしている。

①著作者が、その著作物でまだ公表されていないものを行政機関に提供した場合において、行政機関の保有する情報の公開に関する法律（以下「行政機関情報公開法」という。）の規定により行政機関の長が当該著作物を公衆に提供し、又は提示すること（著作権法18条3項1号）。

②①の著作物が、公文書等の管理に関する法律（以下「公文書管理法」という。）8条1項の規定により、行政機関の長から国立公文書館等に移管された場合において、同法16条1項の規定により国立公文書館等の長が当該著作物を公衆に提供し、又は提示すること（著作権法18条3項1号括弧書き）。

③著作者が、その著作物でまだ公表されていないものを独立行政法人等に提

供した場合において、独立行政法人等の保有する情報の公開に関する法律（以下「独立行政法人等情報公開法」という。）の規定により独立行政法人等が当該著作物を公衆に提供し、又は提示すること（著作権法18条3項2号）。

④③の著作物が、公文書管理法11条4項の規定により、独立行政法人等から国立公文書館等に移管された場合において、同法16条1項の規定により国立公文書館等の長が当該著作物を公衆に提供し、又は提示すること（著作権法18条3項2号括弧書き）。

⑤著作者が、その著作物でまだ公表されていないものを地方公共団体又は地方独立行政法人に提供した場合において、情報公開条例の規定により当該地方公共団体の機関又は地方独立行政法人が当該著作物を公衆に提供し、又は提示すること（著作権法18条3項3号）。

⑥⑤の著作物が「公文書管理条例（地方公共団体又は地方独立行政法人の保有する歴史公文書等の適切な保存及び利用について定める当該地方公共団体の条例をいう。以下同じ。）」に基づき地方公文書館等に移管された場合において、公文書管理法16条1項の規定に相当する公文書管理条例の規定により地方公文書館等の長が当該著作物を公衆に提供し、又は提示すること（著作権法18条3項3号括弧書き）。

⑦著作者が、その著作物でまだ公表されていないものを国立公文書館等に提供した場合において、公文書管理法16条1項の規定により国立公文書館等の長が当該著作物を公衆に提供し、又は提示すること（著作権法18条3項4号）。

⑧著作者が、その著作物でまだ公表されていないものを地方公文書館等に提供した場合において、公文書管理法16条1項の規定に相当する公文書管理条例の規定により地方公文書館等の長が当該著作物を公衆に提供し、又は提示すること（著作権法18条3項5号）。

　以上をまとめると、著作権法18条3項は、同条1項が定める公表権について、a．行政機関情報公開法・独立行政法人等情報公開法・情報公開条例といった現用段階での開示請求権との関係（①③⑤）、b．公文書管理法・公文書管理条例といった非現用段階での利用請求権との関係（②④⑥⑦⑧）で、制限を加え

ていると解することができる。

　著作権法18条3項と同じく「公文書管理条例」という文言を用いている、同法18条4項（公表権の制限）、同法19条4項3号（著作者の氏名表示権の制限）、同法42条の3第1項・2項（複製権の制限）、同法90条の2第4項3号（実演家の氏名表示権の制限）も、非現用段階で著作権法上の権利を制限するために定められている。

　上述の⑥の下線部が明示しているように、著作権法にいう「公文書管理条例」とは、「地方公共団体又は地方独立行政法人の保有する歴史公文書等の適切な保存及び利用について定める当該地方公共団体の条例」を指す。この文言から、a．条例名がいかなるものであるかを問わないこと、b．「地方公共団体又は地方独立行政法人の保有する歴史公文書等の適切な保存及び利用」について定めていればよいので、現用文書の管理について定めていることは要求されていないことが分かる。

　これらのことから、著作権法上の「公文書管理条例」とは、非現用段階における歴史公文書等の保存・利用に特化して設けられた概念であるといえよう。この意味で公文書管理条例を捉えるのであれば、本稿Ⅰで取り上げた調査結果において、神奈川県に公文書管理条例が存在するとされていることは正しく、川崎市・北九州市・福岡市に公文書管理条例が存在しないとされていることは誤っていることになろう。

2　公文書管理法の要求事項

　ところで、著作権法は、「公文書管理条例」について規定を置くに当たり「歴史公文書等」という文言を用いている。ここでいう「歴史公文書等」とは、「公文書等の管理に関する法律（平成21年法律第66号。以下「公文書管理法」という。）第2条第6項に規定する歴史公文書等をいう。以下同じ。」（著作権法3条3項1号）と定義されている。つまり、公文書管理法上の「歴史公文書等」という用語が、そのまま使用されているのである。一方、同法には、「公文書管理条例（括弧内略）に基づき地方公文書館等（括弧内略）に移管された場合（公文書管理条例の規定（<u>公文書管理法第16条第1項の規定に相当する規定に限る。以下この条において同じ。</u>）による利用をさせる旨の決定の時まで

に当該著作物の著作者が別段の意思表示をした場合を除く。）にあつては……」（著作権法18条3項3号）との規定も見られる。この持って回った規定振りは、地方公共団体に対して公文書管理法の条文を直接用いることができないことによるものである。

　公文書管理法は、その正式名称である「公文書等の管理に関する法律」が示す通り、「公文書等」の管理につき定めるものである。同法にいう「公文書等」とは、①行政文書、②法人文書、③特定歴史公文書等の3種類を指す（同法2条8項）。①行政文書については、同条4項に定義が置かれており、その内容は行政機関情報公開法2条2項が定める「行政文書」の定義と基本的に一致する。②法人文書については、公文書管理法2条5項に定義が置かれており、その内容は独立行政法人等情報公開法2条2項が定める「法人文書」の定義と基本的に一致する。③特定歴史公文書等については、公文書管理法2条7項により「この法律において『特定歴史公文書等』とは、歴史公文書等のうち、次に掲げるものをいう」とされ、a．保存期間を満了した行政文書が国立公文書館等に移管されたもの（同項1号）、b．保存期間を満了した法人文書が国立公文書館等に移管されたもの（同項2号）、c．行政機関を除く国の機関から内閣総理大臣を経由して国立公文書館に移管されたもの（同項3号）、d．国・独立行政法人等を除く法人その他の団体又は個人から国立公文書館等に寄贈され、又は寄託されたもの（同項4号）、という4種類が規定されている。すなわち、公文書管理法は、行政機関、独立行政法人等、国立公文書館等が保有する文書の管理について定めているものであり、都道府県・市区町村の文書の管理を対象とするものではない。

　もっとも、公文書管理法34条には、「地方公共団体は、この法律の趣旨にのっとり、その保有する文書の適正な管理に関して必要な施策を策定し、及びこれを実施するよう努めなければならない。」との努力義務規定が置かれている。ここで、主語が地方公共団体とされていることから、同条は都道府県・市町村といった普通地方公共団体のみならず、特別区・地方公共団体の組合・財産区といった特別地方公共団体についても努力義務を課していると解されよう[6]。この努力義務にいかなる形で応えるかは、各地方公共団体の判断に委ねられている。立法論として、公文書管理法に地方公共団体の文書管理に関する

規定を置く、地方公共団体の文書管理に関する法令を定めるなど、法令に定める文書管理を地方公共団体に義務づける方法も採れなくはないが[7]、同法は、各地方公共団体における文書管理は当該地方公共団体自身の事務であることから、地方自治の本旨（憲法92条）に照らして努力義務規定にとどめているのである[8]。

　では、調査結果が示す「都道府県46団体（97.9％）、政令指定都市15団体（75.0％）、市区町村1,568団体（91.1％）が公文書管理条例等※を制定済である」というデータから、ほとんどの都道府県・市区町村が公文書管理法34条の要請を満たしていると考えて良いのであろうか。これは、否定的に解されよう。

　公文書管理法34条は、①「この法律の趣旨」にのっとること、②「その保有する文書の適正な管理に関して必要な施策を策定」すること、③「これを実施する」こと、という３つの要素からなっている。②及び③のみに注目するのであれば、そこでは特定の行為形式が要求されていないため、規則・規程・要綱等で文書の適正な管理に関する必要な施策を策定し、実施していれば十分であり、あえて条例を定める必要はないということになろう[9]。では、①の点、すなわち、公文書管理法の趣旨にのっとることは、規則・規程・要綱等で可能なのであろうか。

　『改訂 逐条解説 公文書管理法・施行令』（ぎょうせい・2011年）119頁によれば、公文書管理法34条にいう「この法律の趣旨にのっとり」とは、「本法の個別の規定を前提とするものではなく、本法の趣旨、すなわち法律全体の規定内容及び考え方にのっとって、地方公共団体が必要な措置を講ずるよう期待するものである」とされている。そこで、公文書管理法全体の規定内容及び考え方を確認しておきたい。

3　公文書管理法の法的性格

　公文書管理法は34条からなり、その構成は、１章（総則）、２章（行政文書の管理）、３章（法人文書の管理）、４章（歴史公文書等[10]の保存、利用等）、５章（公文書管理委員会）６章（雑則）となっている。その法律全体の規定内容を見ると、同法は以下のような性格を持っていると考えられる。

(1) 公文書等の管理に関する一般法

公文書管理法3条は「公文書等の管理については、他の法律又はこれに基づく命令に特別の定めがある場合を除くほか、この法律の定めるところによる」と定めている。これにより、同法が公文書等の管理に関する一般法として位置づけられていることが分かる。

(2) 組織の根拠法

公文書管理法は、「国立公文書館等」（同法2条3項2号）、歴史資料等保有施設（同条4項3号・5項3号）、公文書管理委員会（同法28条1項）といった組織について定めを置いている。「国立公文書館等」[11]については、国立公文書館法など個別の設置根拠法令を持っており、それらに基づいて設置された施設であっても、公文書管理法上の各種権限を持つためには、同法に規定する「国立公文書館等」であることを要するという構造になっている。歴史資料等保有施設[12]についても、公文書管理法以外の法令で設置根拠が定められているが、当該施設で保有する文書を、公文書管理法が定める行政文書・法人文書から除くため、つまり、同法が定める管理方法によらなくても良いことにするためには、同法に規定する歴史資料等保有施設であることを要するという構造になっている[13]。公文書管理委員会については、公文書管理法28条1項で設置された組織である。公文書管理委員会が新たに設けられたのは、「専門的・第三者的な見地から調査審議及び意見具申を行い、もって法律の適正な実施を制度的に担保するため」[14]であるとされる。

(3) 国民の権利創設／確認、権利制限法

公文書管理法16条1項柱書は、「国立公文書館等の長は、……特定歴史公文書等について……利用の請求があった場合には、……これを利用させなければならない」と定めており、これにより特定歴史公文書等の利用請求権が明記されたと解されている[15]。これを確認規定とみるか創設規定とみるかについては議論の余地があるが[16]、同項各号により利用制限がなされるという構造になっている。

(4) 行政・独立行政法人等の義務制定法

　公文書管理法には、行政や独立行政法人等に対して義務を課している条文が多数存在する。その分量からすると、同法は、行政手続法のように、行政に対して一定の義務を課する法律としての性格を有すると考えられよう。主な義務賦課規定を挙げると、以下のようになる（括弧内の条文は、いずれも公文書管理法である）。これに対し、利用者に義務を課するものとしては、手数料納付義務（20条1項）が定められているだけである。

　ア　行政機関の職員の義務

　　文書作成義務（4条柱書）、行政文書整理義務（5条1項）

　イ　行政機関の長の義務

　　行政文書整理義務（5条2項・3項・5項）、行政文書保存義務（6条1項）、行政文書ファイル管理簿記載義務（7条1項）、行政文書ファイル管理簿閲覧・公表義務（7条2項）、行政文書ファイル等の移管・廃棄義務（8条1項）、行政文書ファイル等廃棄前の内閣総理大臣との協議・同意取得義務、不同意時の保存期間等設定義務（7条2項）、国立公文書館等における利用制限についての意見付与義務（8条3項）、行政文書管理状況の内閣総理大臣への報告義務（9条1項）、行政文書管理規則制定義務（10条1項・2項）、行政文書管理規則制定・変更前の内閣総理大臣との協議・同意取得義務（10条3項）、行政文書管理規則制定・変更時の公表義務（10条4項）、職員に対する研修義務（32条1項）、組織見直しに伴う行政文書の適正管理のための措置義務（33条1項）

　ウ　内閣総理大臣の義務

　　行政文書管理状況報告取りまとめ・概要報告義務（9条2項）、法人文書管理状況報告取りまとめ・概要報告義務（12条2項）、特定歴史公文書等保存・利用状況取りまとめ・概要報告義務（26条2項）、公文書管理委員会への諮問義務（29条）

　エ　独立行政法人等の義務

　　法人文書適正管理義務（11条1項）、法人文書ファイル管理簿記載義務（11条2項）、法人文書ファイル管理簿閲覧・公表義務（11条3項）、法人文書ファイル等の移管・廃棄義務（11条4項）、国立公文書館等における利用

制限についての意見付与義務（11条5項）、法人文書管理状況の内閣総理大臣への報告義務（12条1項）、職員に対する研修義務（32条1項）、組織見直しに伴う法人文書の適正管理のための措置義務（33条2項）

オ　国立公文書館等の長の義務

特定歴史公文書等の永久保存義務（15条1項・2項）、個人情報漏えい防止措置義務（15条3項）、特定歴史公文書等の目録作成・公表義務（15条4項）、特定歴史公文書等を利用させる義務（16条1項）、時の経過の考慮義務、意見参酌義務（16条2項）、部分利用をさせる義務（16条3項）、本人情報を利用させる義務（17条）、意見書提出機会付与義務（18条2項・3項）、利用反対意見書提出時の手続遵守義務（18条4項）、審査請求があったときの公文書管理委員会への諮問義務（21条2項柱書[17]）、特定歴史公文書等保存・利用状況の内閣総理大臣への報告義務（26条1項）、利用等規則制定義務（27条1項・2項）、利用等規則制定・変更前の内閣総理大臣との協議・同意取得義務（27条3項）、利用等規則制定・変更時の公表義務（27条4項）

カ　国立公文書館の義務

行政機関・独立行政法人等の職員に対する研修義務（32条2項）

4　公文書管理法の考え方

前項において概観したように、公文書管理法は、（1）公文書等の管理に関する一般法、（2）組織の根拠法、（3）国民の権利創設／確認、権利制限法、（4）行政・独立行政法人等の義務制定法といった性格を有していると解される。次に、これらの項目から同法の考え方（趣旨）を導出し、地方公共団体がそれにのっとること（同法34条）は、条例以外の法形式によって可能であるか否かを検討する。

（1）公文書等の管理に関する一般法

公文書管理法は、「現用文書と非現用文書を包括した公文書のライフサイクル全体を対象としたオムニバス方式の一般法」[18]であると言われる。公文書管理法が定める公文書のライフサイクルとは、①当該文書の出生（作成・取得）、②分類、③保存期間及び移管又は廃棄等の設定、④保存、⑤国立公文書館等へ

の移管又は廃棄という一連の流れをいう[19]。このライフサイクルが公文書管理法により規律されたということは、公文書等の管理を国民のコントロール下に置くという考え方に基づいている。同法1条が「国及び独立行政法人等の諸活動や歴史的事実の記録である公文書等が、健全な民主主義の根幹を支える国民共有の知的資源として、主権者である国民が主体的に利用し得るものであることにかんがみ……」と述べていることは、この証左である。

Ⅰで取り上げた調査結果によれば、都道府県・市区町村における文書管理は、圧倒的に規則・規程・要綱等でなされている。これらは、首長をはじめとする執行機関が住民（議会）のコントロールを受けることなく定めることができる。また、文書管理規則・規程・要綱等は、地方自治法が定める執行機関の多元主義の要請の下、執行機関ごとに定められる。そのため、オムニバス方式ではなくセグメント方式にならざるを得ない。執行機関横断的に、住民のコントロールの下で文書管理を行うためには、条例という形式を用いる必要があると解されよう。

(2) 組織の根拠法

公文書管理法は、国立公文書館等、歴史資料等保有施設、公文書管理委員会といった組織の根拠法としての性格を有していた。

国立公文書館等については、そこに移管された行政文書・法人文書を特定歴史公文書等とすることにより、行政文書・法人文書とは異なる管理方法を用いること、行政機関情報公開法・独立行政法人等情報公開法とは異なる利用制度を用いることを趣旨とすると解されよう。

歴史資料等保有施設については、当該施設が保有する資料については一般の利用が保障されており、説明責務の履行が確保されていることから、当該資料を行政文書・法人文書から除外することとされている[20]。行政機関・独立行政法人等が保有する文書であっても、一般法である公文書管理法による管理が適当でないものを明示し、別の管理方法を容認する趣旨であると解されよう。

公文書管理委員会については、公文書管理法上、①特定歴史公文書等の利用請求に対する処分や、利用請求に係る不作為について不服申立てがなされたときの、国立公文書館等の長からの諮問に応じた調査審議（同法21条2項柱書）、

②政令の制定又は改廃の立案に関する調査審議（同法29条１号）、③行政文書管理規則の制定・変更に関する調査審議（同条２号）、④特定歴史公文書等の廃棄に関する調査審議（同条２号）、③特定歴史公文書等の保存、利用及び廃棄に関する定め（利用等規則）の制定・変更に関する調査審議（同条２号）、⑤公文書等の管理について改善すべき旨の勧告に関する調査審議（同条３号）、という役割が与えられている。これは、国立公文書館等の長（①）、内閣総理大臣（②〜⑥）の判断に、公文書管理委員会を関与させることにより、その専門的知見を生かすとともに、第三者性を担保しようという趣旨であると解されよう。

　公文書管理法が定める国立公文書館等、歴史資料等保有施設、公文書管理委員会を地方公共団体に置き換えると、地方公文書館、地方歴史資料等保有施設、執行機関の附属機関（地方自治法138条の４第３項）になろう。

　地方公文書館については、国立公文書館の「全国公文書館」[21]によれば、都道府県で35館、指定都市で９館、市区町村で26館、合計70館設置されているとのことである。地方公書館は、地方自治法244条１項にいう「公の施設」に該当すると解されるため[22]、その設置及び管理に関する事項は条例で定めなければならない（同法244条の２第１項）。地方公共団体が地方公文書館の設置という選択をするのであれば、条例の制定は必須ということになる。

　地方歴史資料等保有施設に該当するものとしては、図書館、図書室、資料室、史料室、展示室、保管庫、科学館、博物館、美術館などが想定される[23]。これらのうち、地方自治法上の公の施設に該当するものについては、先述のように条例による設置・管理が必要となる。もちろん、これらの施設については、施設ごとに設置・管理条例を定めるのが一般的であるから、公文書管理条例とは別の条例で定めることになろう。

　公文書管理委員会に類する組織を、執行機関の附属機関として置くのであれば、地方自治法138条の４第３項により、条例の定めが必要となる。公文書管理法は、国立公文書館等の長がなした、特定歴史公文書等の利用請求に対する処分や、利用請求に係る不作為について不服申立てがなされた場合、原則として公文書管理委員会に諮問することを義務付けている（同法21条２項柱書）。これは、情報公開条例で定められている、情報公開・個人情報保護審査会に対

する諮問に相当するものである。地方公共団体に設置される情報公開・個人情報保護審査会は、一般に、執行機関の附属機関である[24]。そのため、地方公共団体においても、公文書管理委員会に類する組織を条例により設置するべきであると考えられる。

(3) 国民の権利創設／確認、権利制限法

　地方公共団体が保有する歴史公文書等の利用関係を、情報提供施策の一環と捉えるのであれば、条例によらないことも可能である[25]。しかし、情報提供であるとすると、住民からの利用の申出を拒否するに際して、審査基準、標準処理期間、理由の提示といった行政手続条例で定められた各種手続[26]を執ることを要しないのみならず、利用拒否に対して、行政不服審査法に基づく不服申立て、行政事件訴訟法に基づく行政訴訟をなすこともできなくなる。これでは、地方公共団体にとって都合のよい歴史公文書等のみ、住民に利用させることを可能にしてしまう。

　公文書管理法は、現在のみならず将来の国民に対しても説明責務を果たすことを目的としていることから（同法1条）、特定歴史公文書等の利用を行政機関情報公開法と同様の具体的権利として位置づけたと解されている[27]。特定歴史公文書等の利用関係を情報提供にとどめるのではなく、国民との間の法律上の権利義務関係とする趣旨であると考えられよう。

　地方公共団体が将来の住民に対する説明責務を果たさなくてもよいと考えるのであればともかく、過去の行政活動の正当性・誤りを、住民の利用請求に応える形で説明することは、住民自治の基礎であろう。そのため、特定歴史公文書等に相当する文書について利用請求権[28]を具体的に定めることは、むしろ当然であるともいえる。

　もちろん、地方公共団体の保有する歴史公文書等に対する利用請求権を何らかの形で定めた場合であっても、あらゆる歴史公文書等が利用できるわけではない。なぜならば、歴史公文書等には、個人情報をはじめとする、利用拒否の必要性が残っている文書が存在するからである。そのため、利用制限についての規定を置くことが必要となる。これは、権利を制限するものであることから、地方自治法14条2項により、条例であることが必要となる。

(4) 行政・独立行政法人等の義務制定法

　先ほど概観したように、公文書管理法は、行政機関の職員、行政機関の長、内閣総理大臣、独立行政法人等、国立公文書館等の長、国立公文書館に対して義務を賦課する規定を置いている。これらのうち、国の行政組織に該当するものについては、それを行政内部事項であるとし、法律によらずして義務を課することも可能である。しかしながら、独立行政法人等や国立公文書館[29]は、国から独立した法主体である。また、国立公文書館以外の「国立公文書館等」（公文書管理法2条3項）として、現在、①宮内庁書陵部図書課宮内公文書館、②外務省大臣官房総務課外交史料館、③東北大学学術資源研究公開センター史料館公文書室、④東京大学文書館、⑤東京外国語大学文書館、⑥東京工業大学博物館資史料館部門公文書室、⑦名古屋大学大学文書資料室、⑧京都大学大学文書館、⑨大阪大学アーカイブズ、⑩神戸大学附属図書館大学文書史料室、⑪広島大学文書館、⑫九州大学大学文書館、⑬日本銀行金融研究所アーカイブがあるが、③〜⑬は、国の行政組織ではない。そのため、それらの組織に対する義務付けは、法律による必要があったのである。

　以上のように、公文書管理法は、独立行政法人等のみならず、国の行政組織についても法律により義務を課している。これは、公文書等の管理を国民のコントロール下に置くことを趣旨としているからであろう。

　地方公共団体が、当該地方公共団体内部組織の文書管理についてのみ義務を定めるのであれば、行政文書管理規則・規程等でなすことも理論的には可能である[30]。しかしながら、地方独立行政法人をはじめとする地方公共団体外部の法主体に対して義務を課するのであれば、条例によることが必要となる（地方自治法14条2項）。そして、ここでいう地方公共団体外部の法主体には、地方独立行政法人、実質的に地方公共団体の一部をなす法人（地方三公社）、地方公共団体と密接な関係がある出資法人、指定管理者（以下、まとめて「地方独立行政法人等」という。）が考えられる[31]。また、住民のコントロール下にある文書管理を実現するのであれば、議会・長という2種類の住民代表の同意を要する条例という法形式による必要があろう。

5　小括　～公文書管理条例の要素～

　以上検討してきたことを題材に、「公文書管理条例とは何か？」という問いについてのまとめを試みたい。
　第一に、総務省の調査結果では、公文書管理条例を制定済みとする都道府県、市区町村が21団体存在したが、それを額面どおりに捉えることは困難であった（本稿Ⅰ）。そのため、この21団体がいう「公文書管理条例」を検討することにより、公文書管理条例の姿を浮き彫りにすることはできないであろう。
　第二に、著作権法上の「公文書管理条例」とは、非現用段階における歴史公文書等の保存・利用に特化して設けられた概念（歴史公文書等管理条例）であった（本稿Ⅱ１）。「公文書管理条例」を現用段階における文書管理を含む概念として捉えるならば、著作権法上の概念によることはできないことになる。
　第三に、公文書管理法34条が要求するように、地方公共団体が、「この法律の趣旨」にのっとり、その保有する文書の「適正な施策を策定」し、「これを実施する」ためには、規則・規程・要綱等のレベルでは足りず、条例という形式によることが必要であると解された。そして、公文書管理法の趣旨にのっとると、最低限、以下の事項が公文書管理条例で規律されている必要があると考えられよう[32]（本稿Ⅱ４）。
　①現用文書（行政文書・法人文書に相当する文書）のみならず、非現用文書（特定歴史公文書等に相当する文書）の管理についても定めていること。
　②国立公文書館等に相当する組織を設け、特定歴史公文書等に相当する文書の保存・利用について定めていること。
　③公文書管理委員会に相当する組織を設け、その専門的知見・第三者性を生かすこと。
　④地方公共団体が保有する歴史公文書等の利用関係を、情報提供ではなく権利・義務の関係として定めること。
　⑤地方公共団体自身はもとより、地方独立行政法人等に対しても、文書管理に関する義務を課するものであること。
　なお、公文書管理条例については、「現用文書と非現用文書を包摂し文書のライフサイクル全体を視野に入れたオムニバス方式（現用文書と非現用文書を

包摂した法制)の公文書管理条例とすることが望ましい」[33]との見解がある。一の地方公共団体における文書管理の全体像を一覧的に把握することを可能にする上では、このような公文書管理条例が望ましいであろう。もっとも、地方公共団体における公文書管理事務は、公文書管理法制定前から存在し、様々な創意工夫の下でなされてきたことからすると、一つの条例にまとめられていることまで要求する必要はないであろう。本稿では、上述の①～⑤の要素を、「条例」という形式で定めていれば、それが複数の条例にまたがっていても「公文書管理条例」であると解することにしたい。

　では、このような意味での「公文書管理条例」の制定状況は、どうなっているのであろうか。

Ⅲ　公文書管理条例制定の状況と特色

1　公文書管理条例（？）制定の状況

　管見の限り、地方公共団体の文書管理につき定める条例及びその下位規範として、以下のものがある【表2】。もっとも、これらの条例をもって「公文書管理条例」としてよいのかという点については、本稿Ⅱで検討したように、その用語の多義性から一概に述べることはできない。そこで、これらの条例について、本稿Ⅱ5で示した①～⑤の視点（以下「視点①」等という。）から検討し、分類を試みた。次項以下、分類項目ごとに、その特色について述べていくこととしたい。

【表2　地方公共団体の文書管理につき定める条例・下位規範】

※　文書管理に関する一般条例（太字）制定年順。
※　例規集掲載順。
※　公文書館条例関係があれば、それを含む（公文書館条例のみがある場合は、含まない）。
※　情報公開・個人情報保護条例を含まない。
※　公印規則など、特定の業務に係る文書管理を除く。
※　書式・文体・用字など、文書の体裁に関するものを除く。

1	宇土市
	（第6類　情報公開　第1章　文書管理）
	宇土市文書管理条例（平成13年3月23日条例第3号。最終改正：平成22年9月13日条例第18号）
	宇土市文書管理規則（平成19年12月28日規則第28号。最終改正：平成25年3月4日規則第2号）
	宇土市文書管理委員会設置要綱（平成22年7月1日訓令第9号。最終改正：平成25年3月29日訓令第2号）
2	名古屋市
	（第3類　職制及び処務　第8章　公印及び文書）
	名古屋市行政文書規程（昭和54年4月10日達第8号。最終改正：平成12年　達第71号）
	名古屋市行政文書規程実施細目の制定について（昭和54年4月10日依命通達第2号。最終改正：平成22年12月27日依命通達第10号）
	名古屋市市政資料館条例（平成元年4月1日条例第17号。最終改正：平成6年条例第42号）
	名古屋市市政資料館条例施行細則（平成元年10月9日規則第96号。最終改正：平成26年8月1日規則第77号）
	名古屋市情報あんしん条例（平成16年3月31日条例第41号。最終改正：平成24年7月18日条例第58号）
	名古屋市情報あんしん条例施行細則（平成16年3月31日規則第50号。最終改正：平成27年3月31日規則第46号）
	名古屋市情報あんしん条例施行規程（平成16年3月31日達第20号。最終改正：平成23年3月31日達第5号）
3	ニセコ町
	（第3編　行政通則　第3章　文書・公印・統計）
	ニセコ町文書管理条例（平成16年12月17日条例第25号）
	ニセコ町文書管理規則（平成18年3月31日規則第13号。最終改正：平成23年4月1日規則第6号）

		ニセコ町文書管理委員会設置要綱（平成17年6月7日訓令第19号。最終改正：平成19年9月20日訓令第54号）
4	大阪市	
		（第5類　処務　第5章　文書及び広報）
		大阪市公文書管理条例（平成18年3月31日条例第15号。最終改正：平成26年12月1日　条例第136号）
		大阪市公文書管理条例施行規則（平成18年3月31日規則第65号。最終改正：平成26年9月30日規則第200号）
		大阪市公文書管理規程（平成13年4月1日達第9号。最終改正：平成25年3月29日達第32号）
		（第5類　処務　第6章　雑則）
		大阪市公文書館条例（昭和63年4月1日条例第12号。最終改正：平成23年2月18日条例第3号）
5	島根県	
		（第1編　総規　第4章　事務処理　第1節　処務）
		島根県公文書等の管理に関する条例（平成23年3月11日条例第3号）
		島根県公文書の管理に関する規則（平成23年3月31日規則第33号。最終改正：平成24年6月29日規則第64号）
		島根県公文書管理規程（平成23年3月31日訓令第6号。最終改正：平成27年3月31日訓令第6号）
		島根県公文書センターの管理に関する規則（平成23年3月31日規則第34号。最終改正：平成26年3月18日規則第15号）
6	熊本県	
		（第1編　総規　第3章　文書・公印）
		熊本県行政文書等の管理に関する条例（平成23年3月23日条例第11号）
		熊本県行政文書等の管理に関する条例施行規則（平成24年3月31日規則第25号）
		熊本県特定歴史公文書の保存、利用及び廃棄に関する規則（平成24年3月31日規則第27号。最終改正：平成27年3月24日規則第9号）
		熊本県行政文書等管理委員会規則（平成23年6月21日規則第28号）
		知事が保有する行政文書の管理に関する規則（平成24年3月31日規則第26号。最終改正：平成25年3月29日規則第36号）
		熊本県行政文書管理規程（平成24年3月31日訓令第9号・公営企業管理規程第9号。最終改正平成27年3月31日訓令第14号・公営企業管理規程第6号）
		熊本県議会行政文書管理規程（平成24年3月31日議会告示第2号）

		熊本県教育委員会が保有する行政文書の管理に関する規則（平成24年３月31日教育委員会規則第８号）
		熊本県教育委員会行政文書管理規程（平成24年３月31日教育委員会訓令第４号。最終改正：平成26年７月18日教育委員会訓令第４号）
		熊本県選挙管理委員会行政文書管理規程（平成24年３月31日選挙管理委員会告示第34号）
		熊本県人事委員会が保有する行政文書の管理に関する規則（平成24年３月31日人事委員会規則第11号）
		熊本県人事委員会行政文書管理規程（平成24年３月31日人事委員会訓令第１号。最終改正：平成25年３月26日人事委員会訓令第１号）
		熊本県監査委員が保有する行政文書の管理に関する規程（平成24年３月31日監査委員告示第１号）
		熊本県労働委員会が保有する行政文書の管理に関する規則（平成24年３月31日労働委員会規則第１号）
		熊本県労働委員会行政文書管理規程（平成24年３月31日労働委員会訓令第１号）
		熊本県収用委員会行政文書管理規程（平成24年３月31日収用委員会規則第１号）
		熊本県海区漁業調整委員会が保有する行政文書の管理に関する規程（平成24年３月31日有明海区漁業調整委員会告示第１号・天草不知火海区漁業調整委員会告示第２号）
		熊本県内水面漁場管理委員会が保有する行政文書の管理に関する規程（平成24年３月31日内水面漁場管理委員会告示第１号）
		熊本県病院局行政文書管理規程（平成24年３月31日病院局管理規程第３号）
7	鳥取県	
		（第１編　総規　第６章　文書）
		鳥取県公文書等の管理に関する条例（平成23年10月14日条例第52号）
		鳥取県公文書等の管理に関する条例施行規則（平成23年12月27日規則第67号。最終改正：平成24年３月27日規則第７号）
		鳥取県文書の管理に関する規程（平成24年３月30日訓令第２号。最終改正：平成27年６月30日訓令第４号）
		鳥取県立公文書館の設置及び管理に関する条例（平成２年３月27日条例第６号。最終改正：平成23年10月14日条例第52号）
8	安芸高田市	
		（第３編　行政通則　第２章　文書・公印・統計）
		安芸高田市公文書等の管理に関する条例（平成23年12月22日条例第45号）
		安芸高田市行政文書の管理に関する規則（平成24年３月９日規則第５号）

		安芸高田市特定歴史公文書の利用に関する規則（平成24年3月9日規則第6号。最終改正：平成24年6月25日規則第23号）
		安芸高田市文書管理規程（平成16年3月1日訓令第4号。最終改正：平成26年3月28日訓令第18号）
9	志木市	
		（第3編　執行機関　第1章　市長　第3節　文書・公印）
		志木市公文書管理条例（平成24年3月22日条例第1号。最終改正：平成25年12月20日条例第34号）
		志木市公文書管理規程（平成24年3月29日訓令第2号。最終改正：平成26年3月19日訓令第9号）
		（要綱集　事務管理課）
		志木市歴史資料の保存、利用等に関する取扱要領（平成7年3月31日訓令第8号。最終改正：平成26年3月19日訓令第9号）
10	札幌市	
		（第4類　文書・処務　第1章　文書）
		札幌市公文書管理条例（平成24年6月13日条例第31号）
		札幌市公文書管理規則（平成25年2月27日規則第4号。最終改正：平成25年規則第27号）
		札幌市特定重要公文書の利用等に関する規則（平成25年6月26日規則第29号）
		札幌市公文書管理審議会規則（平成24年7月6日規則第45号）
		札幌市事務取扱規程（昭和23年10月20日訓令第44号。最終改正：平成25年6月26日訓令第5号）
		札幌市事務取扱規程の特例に関する規程（昭和36年8月21日訓令第28号。最終改正：平成18年3月31日訓令第7号）
		札幌市公文書館条例（平成25年3月28日条例第11号）
11	小布施町	
		（第3類　行政通則　第2章　文書・公印）
		小布施町公文書管理条例（平成25年3月25日条例第5号）
		小布施町公文書管理条例施行規則（平成25年3月25日規則第3号　最終改正：平成27年3月30日規則第3号）
		小布施町文書館の設置及び管理に関する条例（平成25年3月25日条例第6号）
		小布施町文書館の設置及び管理に関する条例施行規則（平成25年3月25日規則第4号。最終改正：平成27年3月30日規則第3号）
12	草津市	

	（第3編　執行機関　第1章　市長部局　第3節　文書・公印）
	草津市市政情報の管理に関する条例（平成24年12月27日条例第22号）
	草津市市政情報の管理に関する条例施行規則（平成25年3月29日規則第13号）
	草津市市政情報管理規程（平成25年4月1日訓令第4号）
	草津市文書規程（昭和61年3月1日訓令第1号。最終改正：平成25年4月1日訓令第5号）
13	**秋田市**
	（第4編　行政通則　第5章　文書・公印）
	秋田市公文書管理条例（平成24年12月27日条例第58号。最終改正：平成25年3月21日条例第4号）
	秋田市公文書管理条例施行規則（平成26年2月12日規則第1号）
	秋田市公文書管理委員会規則（平成25年2月8日規則第1号）
	秋田市特定歴史公文書等利用等規則（平成26年2月12日規則第2号）
	秋田市公文書管理規程（平成26年2月12日訓令第1号）
	秋田市文書取扱規程（平成26年2月12日訓令第2号）
	公文書に関する規程（昭和48年12月1日訓令第12号。最終改正：平成20年3月27日訓令第1号）
14	**香川県**
	（第1編　総規　第2章　文書・公印）
	香川県公文書等の管理に関する条例（平成25年3月22日　条例第5号。最終改正：平成26年10月21日条例第49号）
	香川県特定歴史公文書等の利用等に関する規則（平成26年3月31日規則第37号。最終改正：平成26年10月21日規則第62号）
	香川県行政文書管理規程（平成26年3月12日訓令第1号。最終改正：平成27年3月31日訓令第4号）
	香川県選挙管理委員会行政文書管理規程（平成26年3月28日　選挙管理委員会告示第15号）
	香川県監査委員行政文書管理規程（平成26年3月28日監査委員規程第1号）
	香川県人事委員会行政文書管理規程（平成26年3月28日人事委員会告示第1号）
	香川県労働委員会行政文書管理規程（平成26年3月28日労働委員会規程第1号）
	香川県収用委員会行政文書管理規程（平成26年3月28日収用委員会告示第1号）
	香川海区漁業調整委員会行政文書管理規程（平成26年3月28日海区漁業調整委員会規程第1号）

		香川県内水面漁場管理委員会行政文書管理規程（平成26年3月28日内水面漁場管理委員会規程第1号）
		香川県行政資料管理規程（昭和62年4月1日訓令第7号。最終改正：平成26年3月12日訓令第1号）
		香川県立文書館条例（平成5年12月22日条例第35号。最終改正：平成25年3月22日条例第5号）
		香川県立文書館規則（平成6年3月25日規則第10号。最終改正：平成26年3月31日規則第37号）
15	**高松市**	
		（第4編　庶務　第2章　文書・情報）
		高松市行政資料の閲覧等に関する規程（和61年9月12日規程第16号。最終改正：平成27年3月31日規程第10号）
		高松市公文書等の管理に関する条例（平成25年3月27日条例第2号）
		高松市特定歴史公文書等の保存、利用及び廃棄に関する規則（平成27年2月26日規則第6号）
		高松市公文書等管理審議会規則（平成27年2月26日規則第7号）
		高松市公文書館条例（平成25年3月27日条例第3号。最終改正：平成26年4月1日用字用語整備施行）
		高松市公文書館条例施行規則（平成27年2月26日規則第8号）
		高松市行政文書管理規程（平成25年8月23日規程第17号。最終改正：平成27年3月31日規程第10号）
16	**相模原市**	
		（第5類　庶務　第2章　文書・公印）
		相模原市公文例規程（昭和35年6月1日訓令第2号。最終改正：平成26年5月15日訓令第16号）
		相模原市公文書管理条例（平成25年12月24日条例第46号）
		相模原市公文書管理規則（平成26年3月31日規則第27号）
		相模原市公文書管理規程（平成13年3月30日訓令第9号。最終改正：平成26年3月31日訓令第9号）
		相模原市歴史的公文書の保存、利用等に関する規則（平成26年10月1日規則第97号）
		相模原市歴史的公文書の利用等に係る事務処理規程（平成26年10月1日訓令第20号）
		市長が定める公文書の分類に関する基準（平成26年3月31日訓令第12号。最終改正：平成27年3月31日訓令第9号）
		市長が定める歴史的公文書選別基準（平成26年3月31日訓令第13号）

		相模原市立公文書館条例（平成26年7月1日条例第27号）
		相模原市立公文書館条例施行規則（平成26年10月1日規則第99号）
		相模原市行政資料等の保存、利用等に関する規則（平成26年10月1日規則第101号）
		相模原市行政資料等の保存、利用等に関する規程（昭和61年6月30日訓令第13号。最終改正：平成26年10月1日訓令第21号）
		相模原市行政資料コーナーの設置等に関する規程（昭和60年9月14日告示第94号。最終改正：平成26年10月1日告示第486号）
		相模原市マイクロフィルム文書規程（昭和48年11月21日訓令第12号。最終改正：平成26年3月31日訓令第10号）
17	武蔵野市	
	（第4類　行政一般　第5章　文書及び公印）	
		武蔵野市文書管理規則（平成17年9月1日規則第98号。最終改正：平成26年12月16日規則第69号）
		武蔵野市文書管理規則に規定する市長が別に定める文書管理事項その他文書管理システムに文書管理事項を記録する際の注意事項について（平成22年6月30日庁達第1号）
		武蔵野市歴史公文書等の管理に関する条例（平成26年9月29日条例第22号。最終改正：平成27年3月24日条例第4号）
		武蔵野市歴史公文書等の利用等に関する規則（平成26年12月9日教育委員会規則第8号）
		武蔵野市歴史公文書等管理委員会規則（平成26年12月9日教育委員会規則第9号）
	（第14類　教育　第3章　社会教育　第3節　文化財）	
		武蔵野市立武蔵野ふるさと歴史館条例（平成26年9月29日条例第25号）
		武蔵野市立武蔵野ふるさと歴史館条例施行規則（平成26年12月9日教育委員会規則第6号）
18	三豊市	
	（第3編　執行機関　第1章　市長部局　第3節　文書・公印）	
		三豊市公文書等の管理に関する条例（平成27年3月27日条例第2号）
		三豊市行政文書管理規程（平成19年9月28日訓令第21号。最終改正：平成27年3月27日三豊市訓令第5号）
		三豊市文書館条例（平成19年6月28日条例第41号。最終改正：平成27年3月27日三豊市条例第2号）
		三豊市公文書等管理委員会規則（平成27年3月31日規則第8号）
		三豊市文書館管理運営規則（平成27年3月31日規則第12号）

| 三豊市歴史公文書の利用等に関する規則（平成27年3月31日規則第9号）

2　行政文書・法人文書管理条例

　宇土市文書管理条例（以下「宇土市条例」という。）は、公文書管理法にいう公文書等に相当する文書のうち、行政文書・法人文書の管理についてのみ定め、特定歴史公文書等の管理については定めていない。いわば、現用文書のみを管理する条例[34]であることから、視点①、②、④は満たしていないと解される。

　もっとも、宇土市条例2条2号が定める「文書」の定義は、「行政機関等の職員がその職務に用いることを目的として作成し、又は取得した文書、図画、写真、フィルム及び電磁的記録（括弧内略）をいう。」とされている。宇土市情報公開条例2条2号が定める「公文書」の定義が「実施機関の職員（公社の役員を含む。以下同じ。）が職務上作成し、又は取得した文書、図画、写真、フィルム及び電磁的記録（括弧内略）であつて、当該実施機関の職員が組織的に用いるものとして、当該実施機関が保有しているものをいう。」と定めていることと比較すると、宇土市条例は組織共用文書であることを要件としていないといえる。これは、宇土市情報公開条例の「公文書」の定義に合わせると、「歴史的資料として保存されるべき文書の一部が管理対象から抜け落ちてしまう可能性があった」からであり、「私的メモであっても歴史の資料になり得ることから、『組織として共有する専用の場所』に保管されているものは、すべて」宇土市条例にいう「文書」に入るものとして取り扱っているとのことである[35]。また、廃棄される文書（廃棄文書）のうち、市史編さんのために保存の必要があると認めるときは、教育委員会は市長に対して当該文書の引き継ぎを求めることができるとされている（宇土市条例25条1項）。そのため、視点①については、一定の配慮がなされていると評価できよう。

　視点③については、宇土市文書管理委員会設置要綱に基づき、宇土市文書管理委員会が設置されているが、そのメンバーは副市長、総務部長、教育長等であり（同要綱3条）、第三者性は確保されていない。そのため、同委員会を以て視点③を満たしているとすることはできない。視点⑤については、宇土市条

例の実施機関に宇土市土地開発公社が含まれていることから（同条例2条1号）、一部満たしていると考えられる。

その他、ファイル責任者・ファイル担当者を置き、その職務を条例上明らかにしていること（宇土市条例5条、6条）、毎月21日を「文書管理の日」と定め、文書管理に関する点検作業を行う義務を行政機関等に課していることなどは、特徴的である[36]。

3 行政文書・特定歴史公文書等管理条例

公文書管理法でいうところの、行政文書及び特定歴史公文書等に相当する文書の管理についてのみ定める条例がある。これらは、視点⑤を満たしていないと評価できる。

法人文書に相当する文書について定めを置かない理由としては、公文書管理法にいう独立行政法人等に相当する地方独立行政法人を設置していないため、法人文書に該当するものがないとの考え方によるものと推測されるが、本稿Ⅱ4(4)で述べたように、条例により管理すべき文書としては、地方独立行政法人のみならず、実質的に地方公共団体の一部をなす法人（地方三公社）、地方公共団体と密接な関係がある出資法人、指定管理者などが考えられるため、規定を置くことを検討すべきであろう。

これに該当する条例は、以下のものである。

(1) 安芸高田市

安芸高田市公文書等の管理に関する条例（以下「安芸高田市条例」という。）2条5項は、「公文書等」の定義として行政文書、特定歴史公文書の2種類のみを挙げており、同条例中に法人文書に相当する文書の管理に関する規定は置かれていない。したがって、視点⑤は満たしておらず、視点①も不十分であると評価できる。

保存期間が満了した行政文書ファイル等の移管先は、教育委員会である（安芸高田市条例8条1項）。行政文書ファイル等は、教育委員会に移管されることにより特定歴史公文書となる（同条例2条4項）。地方公文書館は設置されていない（視点②）。特定歴史公文書は、教育長により永久に保存され（同条

例11条1項)、その利用は、市長に対する利用請求によってなされる（同条例12条1項)[37]。ここから、視点④を満たしていると評価できよう。なお、特定歴史公文書の利用については、「博物館において展示その他の方法により積極的に一般の利用に供するよう努め」る義務が教育長に対して課されており（同条例20条1項)、当該努力義務を果たす手段として、「博物館は……展示又は調査研究のために特定歴史公文書の利用を申請することができる」（同条2項)との規定が置かれている点で、特徴的である。地方公文書館を設置できていないことを、博物館の活用によりフォローしようということであろう。

また、特定歴史公文書の利用請求に対する処分又は利用請求に係る不作為について不服申立てがなされた場合には、市長は、安芸高田市公文書等管理・情報公開・個人情報保護審査会に諮問することが義務付けられている（同条例17条2項)。国が、公文書管理委員会と情報公開・個人情報保護審査会を別々に設置していることと比べ、特徴的であるといえる。

この安芸高田市公文書等管理・情報公開・個人情報保護審査会は、a．行政文書管理規則、利用規則、保存等規則のほか、各種規則・規程の制定・改廃、b．特定歴史公文書の廃棄、に際して実施機関から諮問を受けることとなっており（同条例25条)、公文書管理委員会に相当する任務を負っていると評価できる。したがって、視点③を満たしていると評価できる。

(2) 小布施町

小布施町公文書管理条例（以下「小布施町条例」という。)2条5号は、「公文書等」の定義として公文書、特定歴史公文書等の2種類のみを挙げており、同条例中に法人文書に相当する文書の管理を義務づける条文は置かれていない（視点①、⑤)。もっとも、同条例26条で出資法人の文書管理につき、27条で指定管理者の文書管理につき、それぞれ努力義務規定を置いていることから、視点⑤について配慮していると解することができよう。

公文書の管理については、「公文書移管・廃棄簿」の作成を実施機関に義務付けている（小布施町条例8条2項）点で特徴的である。これは、情報公開条例に基づく開示請求を受け、それに対して文書不存を理由とする不開示決定をする場合の「不存在証明ツール」として機能していると考えられる。

視点④については、公文書館（視点②）[38]において保存する特定歴史公文書等についての利用請求制度を定めており（小布施町条例11条1項）、これを満たしていると評価できる。

視点③については、小布施町公文書管理委員会が設置され（同条例19条1項）、特定歴史公文書等の利用請求に対する処分又は利用請求に係る不作為について不服申立てがあった場合、町長の諮問を受けて審議をすることとなっているが、その他に小布施町条例上、同委員会への諮問を義務付ける規定は置かれていない点が、特徴的である[39]。

(3) 草津市

草津市市政情報の管理に関する条例（以下「草津市条例」という。）2条は、公文書管理法にいう行政文書に相当するものとして「市政情報」（同条3号）を、特定歴史公文書等に相当するものとして「歴史市政情報」（同条4号）を定義しているが、同条例中に、法人文書に相当する文書の管理について定める条文はない。そのため、視点⑤は満たしておらず、視点①も不十分であると評価できる。

草津市条例は、歴史市政情報について定めているが、これは、市政情報の保存期間が満了した時に、廃棄ではなく永年保存とされたものである（同条例5条5項）。草津市には地方公文書館が設置されておらず、移管という措置がとれないため、歴史市政情報は総務課が管理する書庫で保存されているとのことである[40]。そのため、視点②については、これを満たしているとはいえない。

また、草津市条例には、歴史市政情報の利用に関する規定は置かれていない（視点④）。これは、草津市情報公開条例が、同条例に基づく公開請求の対象となる「市政情報」から歴史市政情報を除外していないこと（同条例2条2号）、「歴史市政情報の管理を各機関がすることから、情報公開請求権との差異が出しにくく、制度として非常にわかりにくいものとなるため、公文書館の設置と同時に制度化すべきであるとの結論に至った」[41]からであるとされている。そのため、歴史市政情報の利用拒否に際しての諮問は、通常の情報公開請求の利用拒否と同じく、草津市情報公開・個人情報保護審議会に対してなされることになる（同条例19条1項）。したがって、視点③を満たしているとはいえない

であろう。その意味では、草津市条例は歴史市政情報の管理について定めてはいるものの、その利用については、本稿Ⅲ4に分類したニセコ町文書管理条例と類似しているといえよう。

なお、草津市情報公開・個人情報保護審議会には、実施機関が歴史市政情報を廃棄するに際して同意する権限が与えられている（草津市条例12条）。同審議会は市長部局に設置されているものであるため、他の執行機関の意思決定に同意する権限まで持ち得るか、疑問がないではない。

(4) 香川県

香川県公文書等の管理に関する条例（以下「香川県条例」という。）2条5項は、「公文書等」の定義について定めており、行政文書と特定歴史公文書等を定義しているが、同条例中に、法人文書に相当する文書の管理を義務づける条文は置かれていない（視点①、⑤）。

法人文書に相当する文書の管理について定めていないものの、2条3項で「歴史公文書等」が定義されており、県の機関、県民の権利義務、県民を取り巻く社会・自然県境、県の歴史・文化・学術・事件に関する文書が示されている点が特徴的である。

また、香川県条例における特定歴史公文書等は、ａ．行政機関から文書館（香川県立文書館）へ移管されたもの、ｂ．議会の議長から文書館へ移管されたもの、ｃ．香川県を除く法人又は個人から寄贈・寄託されたもののうち、公文書に類するものとして知事が指定したもの、という3種類から構成されており（同条例2条4項）、特にｃ．が特徴的である。

その他、視点③につき、特定歴史公文書等の利用決定等についての不服申立てがあった場合、知事の諮問に応じて審議をする組織を、「情報公開条例第21条に規定する香川県情報公開審査会」（香川県条例23条1項柱書）としている点、同条例23条3項によって準用される香川県情報公開条例21条8項により、同審査会の委員に守秘義務を課し、それに違反した場合の罰則を定めている点（香川県条例33条）は特徴的である。もっとも、香川県条例23条1項柱書以外に、同審査会への諮問を義務づけた規定は存在しないため、視点③は不十分であると評価できよう。

視点④については、知事に対する特定歴史公文書等の利用請求制度を定めていること（香川県条例13条1項柱書）、視点②については、知事部局に香川県立文書館が設置されていること（香川県立文書館条例1条参照）から、それぞれ満たしていると評価できる。

(5) 高松市

　高松市公文書等の管理に関する条例（以下「高松市条例」という。）2条5項は、「公文書等」の定義として、行政文書と特定歴史公文書等の2種類のみを挙げており、同条例中に法人文書に相当する文書の管理を義務づける条文はない（視点①、⑤）。もっとも、同条例9条1項で出資法人の文書管理につき、同条2項で指定管理者の文書管理につき、それぞれ努力義務規定を置いていることから、視点⑤について配慮していると解することができよう。

　視点③については、特定歴史公文書等に係る利用決定等又は利用請求に係る不作為について不服申立てがあった場合、市長の諮問に応じて審議をする組織を高松市公文書管理審議会としている（高松市条例20条1項）。同審議会は、特定歴史公文書等の廃棄についても市長から諮問を受ける（同条例24条2項）ほか、公文書等の管理に関する重要事項について調査審議し、実施機関に建議する権限を有している点で、特徴的である（同条例27条2項・3項）。

　視点④については、市長に対する特定歴史公文書等の利用請求制度を定めていること（高松市条例11条1項）、視点②については、市長部局に香川県立文書館が設置されていること（高松市公文書館条例2条参照）から、それぞれ満たしていると評価できる。

(6) 相模原市

　相模原市公文書管理条例（以下「相模原市条例」という。）2条は、「公文書」（同条2項）と「歴史的公文書」（同条3項）[42]の定義を置くが、同条例中に法人文書に相当する文書の管理を義務づける規定は置かれていない（視点①、⑤）。もっとも、同条例33条1項で出資法人の文書管理につき、34条で指定管理者の文書管理につき、それぞれ努力義務規定を置いていることから、視点⑤について配慮していると解することができよう。

また、視点①については、ａ.実施機関に公文書の分類に関する基準の策定を義務づけ、その保存期間の基準として条例別表を定めている点（相模原市条例6条2項・3項）、ｂ.実施機関が保存期間を延長しなければならない場合を列記している点（同条4項）ｃ.実施機関に歴史的公文書選別基準の策定を義務づけている点（同条5項）で特徴的である。

　視点③については、相模原市情報公開・個人情報保護・公文書管理審査会が設置されており、歴史的公文書に関する利用決定等について不服申立てがあったとき、市長の諮問を受けることとなっている（相模原市条例22条1項柱書）。相模原市条例上、この審査会の権限は、不服申立てへの対応に特化されている点が特徴的である。即ち、相模原市条例では、同審査会とは別に相模原市情報公開・個人情報保護・公文書管理審議会が設置されており、ａ.実施機関による保存期間延長、歴史的公文書選別基準の制定・改廃時の事前確認（同条例6条9項）、ｂ.保存期間が満了した公文書を実施機関が廃棄するにあたっての意見（同条例9条6項）、ｃ.歴史的公文書を市長が廃棄するにあたっての意見（同条例31条）といった権限を有しているのである。審査会・審議会の有する専門性の違いに応じて権限を割り振っている点に、特徴があるといえよう。また、審査会・審議会の委員には、同条例35条で守秘義務を課するとともに、その違反に対して罰則を定めている点（同条例35条）も特徴である。

　視点④については、市長に対する歴史公文書の利用請求制度を定めていること（相模原市条例14条1項）、視点②については、市長部局に相模原市立公文書館が設置されていること（相模原市立公文書館条例2条参照）から、それぞれ満たしていると評価できる[43]。

(7) 三豊市

　三豊市公文書等の管理に関する条例（以下「三豊市条例」という。）2条4号によれば、同条例にいう「公文書等」とは、行政文書（同条1号）、歴史公文書（同条3号）からなり、同条例中に法人文書に相当する文書の管理を義務付ける規定は置かれていない（視点①、⑤）。もっとも、同条例11条1項が出資法人の文書管理に関する努力義務規定を、12条1項が指定管理者の文書管理に関する努力義務規定を、それぞれ置いていることから、視点⑤について配慮

していると解することができよう。

　視点③については、三豊市条例27条1項によって公文書等管理委員会が設置されているが、その任務は、ａ．歴史公文書の利用請求に対する決定等につき不服申立てがなされた場合に、市長からの諮問を受けること（同条例22条2項）、ｂ．歴史公文書の廃棄について、市長からの諮問を受けること（同条例25条）にとどまっており、その一部しか満たしていないと解されよう。

　④については、市長に対する歴史公文書の利用請求制度を定めていること（三豊市条例14条1項柱書）、視点②については、市長部局に三豊市文書館が設置されていること（三豊市文書館条例2条3号参照）から、それぞれ満たしていると評価できる。

4　行政文書管理条例

　公文書管理法でいうところの、行政文書に相当する文書の管理のみを定める条例がある。これらは、基本的に、視点①、②、④、⑤を満たしていないと考えられる。これに該当する条例は、以下のものである。

(1) ニセコ町

　ニセコ町文書管理条例（以下「ニセコ町条例」という。）は、公文書管理法にいう行政文書に相当する文書の管理についてのみ定めたものである。法人文書・特定歴史公文書等に相当する文書についての規定はない。したがって、視点⑤を満たしていないと解される。

　また、地方公文書館は設置されていないため、非現用文書は管理されていないようにも思える。もっとも、ニセコ町条例26条は実施機関に対し、「歴史資料として重要な文書等の保存及び利用に関し、適切な措置を講じなければならない」と定めている。この適切な措置は、ニセコ町文書管理規則54条1項によれば、保存年限の延長で対応することとされているようである[44]。これを非現用文書であると見るならば、視点①については一部満たしていると解することもできる。

　ニセコ町情報公開条例2条4号は、一般の情報公開条例とは異なり、歴史的資料（ニセコ町文書管理規則54条）として保存されている文書を開示請求の対

象から除かず、かつ、開示請求の対象となる「町政情報」の定義において、組織共用状態にあることを要件としていない。そのため、保存年限の延長によって残された歴史的資料は、ニセコ町情報公開条例に基づく開示請求の対象になると考えられ、不服申立て段階ではニセコ町情報公開審査会に諮問されることになる（同条例20条柱書）。

その意味では、ニセコ町には非現用文書という概念が存在しないと解することもできよう。そのため、地方公文書館に相当する組織を設けてはいないが、特定歴史公文書等に相当する文書の保存・利用は確保されていると見ることもできる（視点①②④）。

公文書管理委員会に相当する組織（視点③）については、ニセコ町条例12条に文書管理委員会の設置が定められているが、同条によればその構成員は実施機関の職員であることから、存在しないと考えられる。

その他、実施機関の責務を明文で定めている点（ニセコ町条例5条）、文書管理責任者・文書管理担当者を置き、その職務を条例上明らかにしている点が特徴的である（同条例9条・10条）[45]。

(2) 志木市

志木市公文書管理条例（以下「志木市条例」という。）は、公文書（現用文書）の作成（3条）、整理（4条）、保管・保存（5条）について定めている。一方、非現用文書については、同条例7条に「実施機関（括弧内略）は、前項の規定（※筆者注：保存期間が満了した文書の廃棄について定めるもの）にかかわらず、保存期間が満了した公文書が歴史的又は文化的価値を有するものであると認めるときは、これを市長に引き継がなければならない。」との規定を置くものの、引継ぎ後に関する定めは、同条例上存在しない。また、志木市には、条例により設置された、地方公文書館に相当する組織は存在しない。そのため、志木市条例は、視点①、②を満たしていないと解される。また、公文書管理委員会に相当する組織も設置されておらず、視点③も満たしていない。

もっとも、志木市公文書管理規程17条3項では「主管課長は、保存期間が満了した文書ファイル等のうち、志木市歴史資料の保存、利用等に関する取扱要領（平成7年志木市訓令第8号）別記の歴史資料の収集基準により、歴史的又

は文化的価値を有するものが存すると認めるときは、前2項の規定（※筆者注：保存期間が満了した文書の廃棄・保存期間延長について定めるもの）にかかわらず、これを事務管理課長に引き継がなければならない。」としている。また、「志木市歴史資料の保存、利用等に関する取扱要領」6条は、「歴史資料のうち、第2条第1号から第3号までに掲げるものは、志木市情報公開条例（括弧内略）及び志木市個人情報保護条例（括弧内略）の対象となる情報として取り扱う。」との規定を置いている。同要領2条1号から3号には、志木市公文書管理規程17条3項の規定により事務管理課長が引継ぎを受ける文書ファイル等、市長部局以外の市の執行機関・議会から、それぞれが定める文書管理規程により引渡しを受ける文書ファイル等が挙げられている。そのため、これらの文書ファイル等についても情報公開条例・個人情報保護条例に基づく開示請求が可能なようにも思えるが、志木市情報公開条例2条2項2号は、同条例にいう「公文書」から除かれるものとして「歴史的若しくは文化的な資料又は学術研究用の資料として特別の管理がされているもの」を挙げており、同要領で管理されている歴史資料がこれに該当するからこそ、同要領6条のような規定を置いたと解されよう。そのため、歴史資料についての利用関係は権利・義務の関係とはなっていないと考えられる（視点④）。

　志木市条例13条は、市が出資する法人や指定管理者に対し、同条例の規定による市の措置に準じた措置を講ずるよう指導に努める旨の規定を置いており、視点⑤について配慮していると解することができよう。

　また、志木市条例の目的は、「公文書の管理に関する基本的事項を定めることにより、公文書の管理責任の明確化その他の公文書の適正な管理を図り、もって市政の適正かつ効率的な運営に資すること」である（同条例1条）。「市民」がどこにも出てきておらず、市のための文書管理というイメージになっていると評価することができよう。これは、志木市情報公開条例1条が「市民の知る権利を保障するため」との文言を置いていることと対照的である。

5　特定歴史公文書等管理条例

　公文書管理法でいうところの特定歴史公文書等に相当する文書のうち、行政機関から移管された文書の管理のみを条例で定めたものがある。このような条

例は、本稿Ⅱ1で検討した、著作権法上の公文書管理条例に該当する可能性が高いと考えられる。これに該当する条例は、以下のものである。

(1) 武蔵野市

　武蔵野市歴史公文書等の管理に関する条例（以下「武蔵野市条例」という。）は、その名の通り「歴史資料として重要な公文書等の管理に関する基本的事項を定めることにより、武蔵野市の諸活動を現在及び将来の市民に説明する責務が全うされるようにすることを目的」（同条例1条）として定められたものである。

　同条例には、「第2章　行政文書[46]の管理」が置かれているが、そこには僅か1カ条が存在するのみである。その内容は、行政文書の教育委員会への移管又は廃棄（教育委員会については、引き続き保存又は廃棄）について定めるにとどまり、現用段階での行政文書の管理について定めるものではない（同条例3条）。また、現用段階での行政文書の管理に関する条例が別に定められているわけでもない。さらに、法人文書に相当する文書についての管理・移管等について定めた規定もない。そのため、視点①及び⑤を満たしていないと解されよう。もっとも、同条例には「第3章　歴史公文書等の保存、利用等」、「第4章　歴史公文書等管理委員会」が置かれており、その内容は基本的に公文書管理法に準拠したものとなっているため、視点①については、一部を満たしていると解することもできる。

　また、視点①に関連して、武蔵野市条例3条2項が、教育委員会以外の実施機関に対し、保存期間が満了した行政文書を廃棄するに際し、教育委員会に協議し、その同意を得ることを義務づけている点で特徴的である。もっとも、教育委員会が他の実施機関の意思決定に同意する権限まで持ち得るか、疑問がないではない。

　視点②については、武蔵野市立ふるさと歴史館（以下「歴史館」という。）が設置されており、武蔵野市条例2条2号に規定する歴史公文書等の保存、利用その他の管理に当たっている（武蔵野市立ふるさと歴史館条例4条2号）。武蔵野市条例3条により教育委員会に移管（教育委員会については、引き続き保存）された文書が、教育委員会が所管する歴史館において「永久に保存」

（武蔵野市条例4条1項）され、利用（同条例5条1項）に供されるという構造であると思われる。教育委員会の下で特定歴史公文書等に相当する文書の管理をするという点で、特徴的である。

視点③については、歴史公文書等管理委員会が教育委員会に置かれており（武蔵野市条例25条1項）、歴史公文書等の利用請求に対する処分又は利用請求にかかる不作為についての不服申立てがあった場合、不服申立てを受けた教育委員会の諮問に応じて審議に当たる（同条例14条2項柱書）。本稿Ⅱ4(2)で取り上げた国の公文書管理委員会が行う調査審議のうち、一部分は確保されていると評価できよう[47]。また、歴史公文書等管理委員会委員に対して、同条例25条8項で守秘義務を課し、それに違反した場合の罰則を同条例29条で課している点は、特徴的である。

視点④については、武蔵野市条例5条1項柱書により、教育委員会への利用請求が定められており、満たしていると考えられる。

(2) 神奈川県立公文書館条例など

【表2】では、公文書館条例のみが制定されている団体を取り上げていないが、公文書館条例には非現用文書の管理につき定めているものが多いため、視点②及び④を満たしていると考えられる例がある。

例えば、神奈川県立公文書館条例[48]は、「神奈川県立公文書館の設置、管理等に関し必要な事項を定めるもの」（同条例1条）であるが、公文書管理法でいう移管に相当するものとして、「県の機関（知事、議会、公営企業管理者、教育委員会、選挙管理委員会、人事委員会、監査委員、労働委員会、収用委員会、海区漁業調整委員会及び内水面漁場管理委員会をいう。）及び県が設立した地方独立行政法人（括弧内略）は、その保存する公文書等が現用でなくなったときは、速やかに当該公文書等を公文書館に引き渡さなければならない。」という定めを置いている（同条例3条。したがって、神奈川県では公文書管理法にいう行政文書・法人文書に相当する文書が神奈川県立公文書館に引き渡されていることになる）。また、同条例5条1項は、公文書管理法16条1項各号ほど詳細ではないが、一応、閲覧制限を定めている（閲覧制限事由は、同条例5条1項の委任を受けた神奈川県立公文書館条例施行規則4条で具体的に定め

られている)。

　以上のことから、神奈川県立公文書館条例のような公の施設の設置・管理条例であっても、その規定内容によっては、特定歴史公文書等管理条例として位置付けることができよう。すると、特定歴史公文書等に相当する文書の保存、利用について定める地方公文書館条例については、本稿Ⅱの1で取り上げた著作権法上の「公文書管理条例」に該当すると考えられる。

6　規則委任条例

　名古屋市においては、現用文書の管理につき名古屋市情報あんしん条例が定めている。そこでは、実施機関として地方独立行政法人が含まれているため（同条例2条1号）、現用文書管理条例ということができる（視点①）。また、市の出資法人等については、「この条例の趣旨にのっとり、適切な情報の保護及び管理に努めるものとする」(同条例33条1項) という規定が置かれており、地方独立行政法人以外の法主体についても、配慮がされている（視点⑤）。

　しかしながら、同条例にいう行政文書（実施機関に地方独立行政法人が含まれているため、公文書管理法にいう行政文書・法人文書に相当する。同条例2条4号参照）の管理についての具体的定めは置かれておらず、規則に委任されている（同条例6条）。そのため、視点①、⑤については、住民によるコントロールがほとんど及んでいないことから、十分には満たしていないと解される。

　また、名古屋市における非現用文書の管理を定めるものとしては、名古屋市市政資料館条例がある。同条例2条1項によれば、同館は公文書等の収集・整理・保存、閲覧・その他の利用に供すること等を事業としており、非現用文書管理をなしているといえる。しかしながら、行政文書（名古屋市の場合は、法人文書も一部含む）の同館への引渡しは、名古屋市情報あんしん条例施行細則24条で定められており、条例上のものとはなっていない。また、名古屋市市政資料館条例4条は、「公文書等の利用の方法及び利用の手続については、規則で定める」（同条1項）とするとともに、「市長は、公文書等の損傷のおそれがあるとき、個人の秘密保持等の必要があるときその他の規則で定める事由があるときは、公文書等を利用に供しないことができる」と定めており、利用方法・手続・制限事由のいずれも規則に委任されている。また、公文書管理法上

の公文書管理委員会に相当する組織は定められていないようである。このため、視点②④については不十分、③については満たしてないと解されよう。

7 公文書管理法準拠条例

公文書管理管理法に準拠して定められている公文書管理条例として、以下のものがある。

(1) 大阪市

大阪市公文書管理条例（以下「大阪市条例」という。）は、視点⑤につき、2条4項で法人公文書について定義し、11条以下でその管理に関する定めを置くとともに、出資等法人の文書の管理（同条例13条）、公の施設の指定管理者の文書の管理（同条例14条）について努力義務規定を置いている点で特徴を有する。

また、その大きな特徴として、公文書の保存期間を条例別表で定めている点が挙げられる（大阪市条例6条3項、別表）。保存期間が満了した文書は、歴史公文書等に該当しない限り「適正に廃棄」（同条例8条1項・2項）されることからすると、保存期間の設定は、当該文書を利用できる市民の権利を左右する重大な事項である。そのため、条例で定めることが望ましいと解されよう。この点で、大阪市条例は公文書管理法よりも進歩的であると評価できよう。

その他の事項に関しては、基本的には公文書管理法に準拠して定められた条例であると評価できよう[49]。

(2) 島根県

島根県公文書等の管理に関する条例（以下「島根県条例」という。）は、視点②につき、島根県公文書センターを設置している点（同条例4条）、視点③につき、特定歴史公文書等の利用決定等についての不服申立てがあった場合、知事の諮問に応じて審議をする組織を、「情報公開条例第22条に規定する島根県情報公開審査会」としている点（島根県条例23条1項柱書）、不服申立てに係る諮問以外について、諮問を受ける組織、制度が存在しない点などで特徴を有するが、基本的には公文書管理法に準拠して定められた条例であると評価で

きよう[50]。

(3) 熊本県

　熊本県行政文書等の管理に関する条例（以下「熊本県条例」という。）2条5項は、「歴史公文書」の定義を、「実施機関の職員又は地方独立行政法人等の役員若しくは職員が職務上作成し、又は取得した文書のうち、歴史資料として重要な文書として、知事が規則で定める基準に適合するものをいう」と定めている。歴史公文書のうち知事に移管されたものが「特定歴史公文書」（同条例2条6項）として管理されることになるため、公文書管理法2条7項4号のように、民間等から寄贈・寄託される形で「特定歴史公文書」が生まれることはない点が特徴的である（視点①）。

　視点③については、熊本県条例34条1項で熊本県行政文書等管理委員会を設置し、国の公文書管理委員会に相当する調査審議を行わせる（35条）とともに、同条例8条2項で「実施機関は、……保存期間が満了した行政文書ファイル等を廃棄しようとするときは、第2条第5項の基準に適合するか否かについて熊本県行政文書等管理委員会（括弧内略）の意見を聴くものとする」と定め、廃棄時に同委員会が関与する仕組みを設けている点で、公文書管理法よりも進歩的であるといえる[51]。また、同委員会の委員に同条例34条7項で守秘義務を課し、それに違反した場合の罰則を同条例40条で定めている点は特徴的である。

　視点⑤については、地方独立行政法人のみならず、熊本県住宅供給公社、熊本県道路公社の文書も法人文書として管理の対象としている点（2条2項・4項）で特徴を有する。

　その他の点は、基本的に公文書管理法に準拠して定められた条例であると評価できよう[52]。

(4) 鳥取県

　鳥取県公文書等の管理に関する条例（以下「鳥取県条例」という。）は、「歴史公文書等」の定義を具体化している点で特徴を有する（同条例2条3号）。

　また、特定歴史公文書等を鳥取県立公文書館長が廃棄しようとするときに、「廃棄の日の1月前までに、当該文書の名称、廃棄の日その他規則で定める事

項を公表しなければならない。」(23条2項)と定めるとともに、当該文書の廃棄について異議のある者に、館長に対して当該特定歴史公文書等について廃棄の措置を取らないよう求めることを認めている(同条3項)点で、公文書管理法よりも進歩的であるといえる。これは、特定歴史公文書等の廃棄を、住民のコントロール下に置くものであると解されよう(視点①)。

　さらに、視点③につき、特定歴史公文書等の請求に対する処分について不服申立てがあった場合、知事の諮問に応じて審議をする組織を、鳥取県情報公開審議会としている点(鳥取県条例18条1項)も特徴的である。他制度の審議会を用いていることからすればやむを得ないが、本稿Ⅱ4(2)で取り上げた国の公文書管理委員会が行う調査審議のうち、一部分は確保されていると評価できよう。もっとも、鳥取県条例は、簿冊(現用公文書を一の集合物にまとめたもの。同条例5条2項)に係る保存期間満了時の措置の変更、保存期間が満了した簿冊の廃棄について、公文書館の館長が関与する仕組み(同条例5条5項、9条2項)を設けており、それを含めると、視点③は、概ね満たされていると解することもできる。

　視点⑤については、地方独立行政法人のみならず、鳥取県住宅供給公社、鳥取県土地開発公社の文書も法人文書として管理の対象としている点(鳥取県条例2条1号・2号)で特徴を有する。

　その他の点は、基本的に公文書管理法に準拠して定められた条例であると評価できよう[53)]。

(5) 札幌市

　札幌市公文書管理条例(以下「札幌市条例」という。)は、公文書管理法にいう歴史公文書等に相当する文書を「重要公文書」(同条例2条4号)と、特定歴史公文書等に相当する文書を「特定重要公文書」と名付けている(同条5号)点で特徴的である。これは、「札幌市においては、公文書館に移管し、広く一般の利用に供する文書として適切なものは、歴史的価値のあるものに限らず、市民が市の歴史も含み、広く市の活動なども含んだ市政検証を行う際に重要な資料となる文書であるべきと考えたから」であり、「移管対象となる重要性がある文書の名称に『歴史』という言葉を冠すると、歴史的価値がある文書

のみが公文書館への移管対象であるという解釈がなされうる」ため、あえて「歴史」という言葉を避け「重要」という用語にしたとのことである[54]。公文書管理法が「国及び独立行政法人等の有するその諸活動を現在及び将来の国民に説明する責務」（同法1条）を全うするためのものであるならば、歴史的価値にこだわる必要はない。この意味で、札幌市条例は公文書管理法よりも進歩的であるといえる。

　視点③については、特定重要公文書に係る利用決定等について不服申立てがあった場合、市長の諮問に応じて審議をする組織を札幌市公文書管理審議会としている（札幌市条例26条1項柱書）。同審議会は、特定重要公文書の廃棄についても市長から諮問を受ける（同条例29条2項）ほか、公文書の管理に係る施策に関する重要な事項について市長に意見を述べる権限も有している点で、特徴的である（同条例32条3項）。また、同審議会の委員には、同条例33条5項で守秘義務を課するとともに、その違反に対して罰則を定めている点（同条例42条）も特徴である。

　その他の点は、基本的に公文書管理法に準拠して定められた条例であると評価できよう[55]。

(6) 秋田市

　秋田市公文書管理条例（以下「秋田市条例」という。）は、視点④について特徴を有している。すなわち、公文書管理法17条では、特定歴史公文書等に記録されている個人情報につき、本人から利用請求があった場合についてしか利用を認めていないのに対し、秋田市条例16条2項は、a．死者の相続人、b．死者の死亡当時における配偶者、子および父母、c．死亡当時未成年者であった死者の親権者、d．その他の者に対し、一定範囲の特定歴史公文書等の利用請求を認めているのである。特定歴史公文書等に記録されている個人情報の本人が死亡している可能性が高いこと、当該文書が一般の利用に供されるまでには相当年数が経過する必要があると考えられること、相当年数が経過する前であっても、本人と密接な関係を有していた者にはこれを利用させる必要があると考えられることから、このような規定は必要であると考えられよう。

　視点③については、秋田市条例28条1項で秋田市公文書管理委員会を設置し、

国の公文書管理委員会に相当する調査審議を行わせる（同条例29条1項）とともに、a.市長が実施機関に対して公文書ファイル等の廃棄について同意を与えるにあたり、実施機関と市長との協議が整わない場合に市長から諮問を受ける（同条例8条3項）、b.市長又は実施機関に対して意見を述べる権限を与えている（秋田市条例28条2項）といった点で特徴的である。もっとも、ここで触れた実施機関が公文書ファイル等を廃棄するに際して市長の同意を要するという制度（同条例8条3項）は、執行機関の多元主義の観点から疑問なしとはしない。

　視点⑤については、秋田市条例2条5号が法人文書について定義を置くとともに、11条以下でその管理について定めている。また、同条例2条3号が定義する公的団体（秋田市情報公開条例33条1項に規定する出資法人、同条2項に規定する指定管理者その他の規則で定める団体）については、その保有する文書の適正な管理に関して必要な措置を講ずる努力義務と、その保有する歴史公文書等の適切な保存ために必要な措置を講ずる義務を定めている（同条例34条1項、2項）点で特徴的である。

　その他の点は、基本的に公文書管理法に準拠して定められた条例であると評価できよう。

Ⅳ　おわりに

　本稿では、【表2】で示した公文書管理に関わる条例につき、Ⅱ5で示した①〜⑤の視点から分析を試みるという手法を用いた。この手法自体の是非はあると思うが、現在制定されている公文書管理条例とみなされるものの、特徴の一端を示すことができたのではないかと考える。

　このような手法を用いたことから、各条例について「視点①については満たしているものと解される」等の表現を用いたが、筆者が示した視点を満たしているか否かは、公文書管理条例の善し悪しを示すものではない。

　公文書管理条例は、地方公共団体に存在する様々な文書（公文書管理法でいう行政文書、法人文書、特定歴史公文書等に相当する文書）を、a.確実に作成・取得させること、b.しっかりと管理し、地方公共団体自身、地方独立行

政法人等自身のみならず現在及び将来の住民が利用できるようにしておくこと、c．廃棄すべき文書は廃棄し、残すべき文書は残すことを、住民の同意の下で実現するものである。これらが果たされている地方公共団体でなければ、真の意味での住民自治を実現することはできないであろう。

Ⅰで取り上げた調査結果に示されているように、都道府県・市区町村においては、公文書管理条例「等」は制定済みであるものの、公文書管理「条例」は数えるほどしか制定されていない。その意味では、公文書管理に係る法制度は、いまだ思考錯誤の段階にあると考えることができよう。思えば、行政機関情報公開法が制定されるまでには、多くの情報公開条例が制定され、思考錯誤が繰り返されていた。公文書管理法は、そのような経験を経ることなく制定されているため、ある意味、未成熟な状態にあると考えられる。

本稿が、公文書管理に係る法制度を構想する上での、思考錯誤の一つとなれば幸いである。

1）同調査結果は、総務省ウェブサイト＜http://www.soumu.go.jp/main_content/000364696.pdf＞で入手できる（参照2015年9月12日）。ちなみに、同調査結果が掲載されている場所は、「総務省トップ ＞ 政策 ＞ 地方行財政 ＞ 地方自治制度 ＞ 地方公共団体の行政改革等」の中の「その他」であることから、総務省としては、公文書管理条例等の制定を行政改革等に分類していることが分かる。
2）総務省ウェブサイト＜http://www.soumu.go.jp/menu_news/s-news/01gyosei04_02000031.html＞より（参照2015年9月12日）。
3）総務省ウェブサイト＜http://www.soumu.go.jp/main_content/000353961.pdf＞より（参照2015年9月12日）。
4）福岡市総合図書館条例2条3号は、同図書館の事業として「本市に関する歴史的文化的価値を有する公文書、古文書、郷土資料、文学資料その他必要な資料（以下「文書資料」という。）を収集し、整理し、及び保存して、市民の利用に供すること。」を挙げている。
5）http://law.e-gov.go.jp/cgi-bin/idxsearch.cgi（参照2015年9月12日）
6）髙橋滋・斎藤誠・藤井昭夫編著『条解　行政情報関連三法―公文書管理法・行政機関情報公開法・行政機関個人情報保護法―』（弘文堂・2011年）』172頁〔髙橋滋〕、宇賀克也『逐条解説公文書等の管理に関する法律（第3版）』（第一法規・2015年）255頁は、この点を明示している。
7）例えば、学校教育法施行令1条は、市区町村の教育委員会に学齢簿の編成を、同法施行規則24条1項は校長に、その学校に在籍する児童等の指導要録の作成を、それぞれ義務づけているが、これらは市区町村の機関に対する文書作成の義務付け規定であると解されよう（行政機関の職員に文書作成を義務づけるものとして、公文書管理法4条参照）。また、指導要録については、学校教育法施行規則28条2項によって、保存期間も定められている。

8）岡本信一・植草泰彦『改訂　Q&A　公文書管理法』（ぎょうせい・2011年）121頁、植草泰彦・大磯一ほか『改訂　逐条解説　公文書管理法・施行令』（ぎょうせい・2011年）119頁。
9）なお、公文書管理法34条は、行政機関情報公開法25条と条文構造を同じくしている。総務省行政管理局編『詳解　情報公開法』（財務省印刷局・2001年）227頁では、制定時の行政機関情報公開法41条（現在の25条）の解説として、「本条に基づき、地方公共団体が策定・実施すべき『必要な施策』とは、情報公開条例を制定していない地方公共団体にあっては、本法の趣旨にのっとり、条例の制定に努めるとともに、既に情報公開条例を制定済みの地方公共団体にあっては、本法の趣旨にのっとり当該条例の見直し等を行うことを意味する」と述べており、「条例」という手法を明示している点で注目される。
10）4章の章名では、「特定歴史公文書等」ではなく「歴史公文書等」という文言が用いられている。「歴史公文書等」とは、「歴史資料として重要な公文書その他の文書」（公文書管理法2条6項）のことである。この定義によれば、当該文書を保有している主体を問わないこととなる。4章には、行政機関を除く国の機関が保有する歴史公文書等に関する規定（公文書管理法14条）が置かれているため、「歴史公文書等」という文言が章名で用いられたと考えられる。もっとも、同条を除く4章の規定は、「特定歴史公文書等」の保存、利用等に関するものになっている。
11）「国立公文書館等」の種類については、内閣府ウェブサイト＜http://www8.cao.go.jp/chosei/koubun/about/kikan/kantou/kantou.html＞の「国立公文書館等の一覧」を参照されたい（参照2015年9月12日）。
12）歴史資料等保有施設の種類については、内閣府ウェブサイト＜http://www8.cao.go.jp/chosei/koubun/about/kikan/kikan.html＞の「公文書管理法の適用対象外となる施設（歴史資料等保有施設）」を参照されたい（参照2015年9月12日）。
13）この歴史資料等保有施設については、行政機関情報公開法2条2項3号、独立行政法人等情報公開法2条2項3号も定めを置いているが、これに該当する施設名、当該施設における文書管理の内容については、政令に委任されている。委任を受けた行政機関情報公開法施行令2条・3条、独立行政法人等情報公開法施行令1条・2条は、いずれも公文書管理法施行令の規定による旨を定めている。このことは、公文書管理法が一般法であることを示していると解されよう。
14）植草ほか・前掲注(8)108頁。
15）宇賀・前掲注(6)145頁。もっとも、同条同項は行政機関情報公開法でいえば5条柱書に相当する条文であり、公文書管理法上、行政機関情報公開法3条のように請求権を明示する規定はない。
16）議論のまとめとして、高橋ほか・前掲注(6)95頁〔友岡史仁〕参照。
17）2016年4月1日の行政不服審査法の施行に伴う関係法律の整備等に関する法律（平成26年法律69号）の施行により、従来の公文書管理法21条2項柱書で規定されていた事項は21条4項柱書で規定され、「異議申立て」は「審査請求」になった。
18）宇賀・前掲注(6)10頁。
19）岡本ほか・前掲注(8)11頁参照。
20）宇賀・前掲注(6)53頁、57頁参照。なお、歴史資料等保有施設の利用関係についての考察と

して、拙稿「公文書管理法制の現状と課題」桃山法学23号147頁以下がある。
21) 国立公文書館ウェブサイト＜http://www.archives.go.jp/links/＞（参照2015年9月6日）による。もっとも、何を以て地方公文書館とするかについては、確固たる定義があるわけではないので、ここで挙げられているのは「国立公文書館が考える地方公文書館」であると解される。
22) 拙稿「情報公開と地方公文書館―その現状と課題―」高岡法学15巻1・2合併号123頁参照。
23) 公文書管理法にいう歴史資料等保有施設（前掲注(12)参照）を参考に、地方公共団体にも存在する組織名を抽出した。
24) 北海道ウェブサイト＜http://www.pref.hokkaido.lg.jp/sm/gkk/fuzoku/index.htm＞（参照2015年9月12日）、愛南町執行機関の附属機関設置条例、天草広域連合附属機関設置条例ほか参照。
25) 宇賀克也・長谷部恭男編著『情報法』（有斐閣・2012年）72頁〔宇賀克也〕は、行政主体による情報公開を、①情報公表義務制度（法令・条例によって情報の公表が義務付けられているもの）、②情報提供（法令・条例で公表が義務付けられておらず、自発的に情報を公開するもの）、③情報開示請求制度（行政情報の開示を求める権利を付与し、開示請求を受けて行政主体が義務として情報を開示するもの）に分類している。
26) 行政手続法5条、6条、8条参照。
27) 宇賀・前掲注(6)146頁、岡本ほか・前掲注(8)15頁参照。
28) 地方公文書館が地方自治法上の「公の施設」として設置されている場合には、特定歴史公文書等に相当する文書の利用請求権は、公の施設利用権の一つと解することもできる。このように解するとしても、利用制限を条例で定めなければならないことに変わりはない。この点について、公の施設の一定のスペース（場所）の利用関係と、当該施設が保有・保存している文書の利用関係とを別のものと解するものとして、地方公共団体公文書管理条例研究会報告書「公文書管理条例の制定に向けて～より良い公文書等の管理を目指して～」（2011年）＜http://www.jsai.jp/linkbank/tmpdata/linkbank110629.pdf＞（参照2015年9月12日）19頁がある。
29) 公文書管理法2条3項1号により、「国立公文書館」とは、独立行政法人国立公文書館の設置する公文書館を指す。なお、国立公文書館は、独立行政法人通則法2条4項に規定する行政執行法人である（国立公文書館法5条）。
30) その場合、地方自治法が採用する執行機関の多元主義により、執行機関をまたいだ組織横断的な定めとするためには条例による必要があることについては、先に述べたとおりである。
31) 宇賀・前掲注(6)342頁、地方公共団体公文書管理条例研究会報告書・前掲注(28)13頁「六法人文書管理の考え方」参照。
32) 公文書管理条例・規則等に盛り込まれるべき内容について論じるものとして、高橋ほか・前掲注(6)178頁以下〔高橋滋〕、公文書管理法の趣旨について論じるものとして、宇賀・前掲注(6)338頁以下がある。
33) 宇賀・前掲注(6)339頁。
34) 田尻清孝「『文書管理条例』を通じた文書管理」国際文化研修71号19頁は、宇土市条例は「公文書管理法に先行したこともあり、現用文書の管理についての規定しかなく、非現用文書の保存・利用については規定していない」と述べている。
35) 田尻清孝「宇土市文書管理条例について」自治体法務研究29号27頁より。宇土市における

「公文書」と「文書」の使い分けは、現用文書概念を、①情報公開条例の対象となる公文書、②文書管理条例の対象となる文書、という２つに分けるものであり、大変興味深い。

36）その他、宇土市条例の詳細については、宇賀・前掲注(6)278頁以下、田尻・前掲注(34)14頁、同・前掲注(35)26頁、山本雄二「宇土市文書管理条例とその後について」記録と史料24号２頁を参照されたい。

37）このように安芸高田市条例では、永久保存は教育委員会（教育長）、利用請求は市長という形で「保存機関と利用機関の分離」がなされており、特徴的であるといえる。このような方式がとられた理由は、高下正晴「公文書管理条例の制定と安芸高田市の文書管理改善活動」アーカイブズ49号28頁によれば、「移管先を教育委員会にしたことから利用の申請先も教育委員会にすることも検討したが、当市においては、これまでの実績から特定歴史公文書の利用請求件数は今後も少ないと想定され、日常の事務として文書管理を行い、情報公開も所掌している総務課を申請先とすることが事務の効率化につながると考えた。」とのことである。実務に合わせた規定例として注目されよう。その他、安芸高田市条例については、高下正晴「公文書管理条例の制定と安芸高田市の文書管理改善活動」記録と史料22号22頁を参照されたい。

38）小布施町条例では「公文書館」とされているが、小布施町文書館の設置及び管理に関する条例５条１号によって、同館は特定歴史公文書等保存し、一般の利用に供することを任務としていることから、同館が「公文書館」に該当すると解される。

39）その他、小布施町条例については、山岸正男「小布施町の公文書管理条例と公文書館」記録と史料24号10頁を参照されたい。

40）門田忍「草津市市政情報の管理に関する条例の制定について」記録と史料24号９頁。

41）門田・前掲注(40)９頁。

42）なお、相模原市条例２条３項によれば、「歴史公文書」は「後世に残すべき重要な公文書のうち、第９条第１項から第４項までの規定により保存されているものをいう。」と定義されており、公文書管理法２条６項のように「歴史資料として」重要であることを要求していない。その意味では、相模原市条例は、後に取り上げる札幌市公文書管理条例２条４号が定める「重要公文書」と同じ考え方をしていると評価できよう。

43）その他、相模原市条例については、本書第２部の佐藤正吾「相模原市における公文書管理条例の制定と意義」、同「相模原市公文書管理条例制定と公文書館設置への取組」アーカイブズ55号25頁を参照されたい。

44）同項は、「文書管理責任者は、廃棄を決定した文書のうち歴史的若しくは文化的な資料又は学術研究用の資料として重要であると認められるもの（以下「歴史的資料」という。）については、保存年限の延長をするものとする。」と定めている。

45）その他、ニセコ町条例の詳細については、宇賀・前掲注(6)286頁以下、稲見唯睦「ニセコ町文書管理条例の理念と実務」記録と史料24号４頁を参照されたい。

46）なお、同条例にいう行政文書の定義は、基本的に公文書管理法と同じである（同条例２条３号参照）。

47）なお、田川良太・栗原一浩「武蔵野市立武蔵野ふるさと歴史館の開館」アーカイブズ55号37頁には、「将来的には歴史公文書だけでなく現用文書も条例で規定することが確認された」との記述がある。

48) ちなみに、神奈川県法規集上、神奈川県情報公開条例、神奈川県個人情報保護条例、神奈川県行政文書管理規則などは、「第1編　総規　第1章　総則　第1節の2　文書等」に置かれているが、神奈川県立公文書館条例は、「第4編　県民　第1章　県民生活　第4節　施設」に置かれている。
49) その他、大阪市公文書管理条例の詳細については、宇賀・前掲注(6)296頁以下を参照されたい。
50) その他、島根県公文書等の管理に関する条例については、宇賀・前掲注(6)324頁以下を、島根県公文書センターについては、岩崎健児「島根県公文書等の管理に関する条例と島根県公文書センターについて」記録と史料22号18頁を参照されたい。
51) 先述のように、この点は、相模原市条例も同じであった。なお、公文書管理法8条2項は、行政機関の長に対し、保存期間が満了した行政文書ファイル等を廃棄するに際して、内閣総理大臣に協議し、その同意を得ることを義務付けているが、熊本県とは異なり、公文書管理委員会が関与することはない。
52) その他、熊本県行政文書等の管理に関する条例については、宇賀克也「地方公共団体の公文書管理」国際文化研修71号8頁以下、同・前掲注(6)327頁以下、楠本誠二「熊本県における行政文書管理制度」アーカイブズ52号66頁を参照されたい。
53) 鳥取県条例の制定プロセス、制定前の課題、概要、運用状況等については、沖縄県公文書館が主催した「平成24年度公文書講演会・国立公文書館地域研修会『公文書管理のあるべき姿を目指して』」における足田氏の講演「公文書管理条例は何をもたらしたか？」が参考になる。同講演の資料及び動画は、沖縄県公文書館ウェブサイト＜http://www.archives.pref.okinawa.jp/exhibition/02/＞（参照2015年9月12日）で見ることができる。
54) 越後武介「札幌市公文書管理条例の制定及び施行について」札幌市文化資料室研究紀要―公文書館への道―5号5頁。
55) 札幌市条例については、本書第2部の桑原英明「札幌市における公文書管理制度の形成と展開」を、札幌市条例制定後の運用状況については、高井俊哉「札幌市の文書管理の取組について」アーカイブズ49号12頁を参照されたい。

附記

　本稿脱稿後に制定された公文書等の管理に係る条例として、藤沢市公文書等の管理に関する条例（平成28年6月24日条例第6号）、鳥取県における歴史資料として重要な公文書等の保存等に関する条例（平成28年12月22日条例第54号）がある。後者は、鳥取県立公文書館の設置及び管理に関する条例（平成2年条例第6号）を廃止して制定されたものであり、市町村の役割（同条例6条）、県民等の役割（同条例7条）、災害時等における県の措置（同条例8条）といった特徴的な規定を有している。

Ⅱ
地方自治体の制度形成の とりくみ

2．札幌市における公文書管理
－市民本位で行政活動に寄与する公文書管理の在り方

桑原英明（中京大学総合政策学部）

1　行政活動と公文書管理

　日常的な行政活動に従事している自治体職員にとって、これまで行政文書は一義的には内部の執務文書であるという意識が強かった。このため、一定期間の経過後に広く社会に公開することを前提として、行政文書を作成すべきことを理解するのは容易なことではないといえる。また、自治体の政策形成において、行政内部の庁議決定を経るまでは、関係する各部署が何度も協議を重ね、幾重もの調整過程を経ている。とりわけ、法令等を拠り所として分業体制をとる行政機構では、それぞれの政策を管轄する主管課の権限は強く（政策形成とともに関係する法令等や予算などの執行をあわせて担当しており原課主義とも呼ばれている）、時には調整過程で他の部局と激しく遣り合うことも稀ではない。このため、庁議決定を経るということは、首長や副首長、および主要な部局長が一堂に集まり、こうした過去のしがらみを「納める」役割も担っている。そして、これ以降は、予算や条例案であれば執行部が一致して、議会での審議に備えることとなる。このため、行政職員が行政の一体性や一貫性の確保の観点からも、すべての経緯を記した行政文書を広く社会に公開するのは容易ではないという見方は、あながち的外れとは言えない。

　他方で、これまで多く語られてきたように、行政職員の中には、自分たちにとって都合の悪いことは隠す「行政文化」をもっており、これが市民にとって重要な行政文書の隠ぺいにつながっているとの指摘があることも事実である。また、こうした見方を支持する事例が散見されることも否定できない。また、大方の行政職員にとって、上述の行政の一体性や一貫性の確保という言葉の裏面には、いたずらに政策の形成過程を明らかにすることは、現在あるいは将来

の行政活動に悪影響を与える事態は是非とも避けたいという危惧や不安があることも確かである。しかし、だからといって執務文書である行政文書を行政職員だけが抱え込んでよいという理由にはならない。民主主義社会においては、日常的な行政活動であればこそ、市民からの納税と厚い信頼によって成り立っていることを忘れるべきではない。

　ここにおいて、行政職員は、行政文書の管理において避けることができないジレンマ状況に置かれていると見ることができる。ひとつには、民主主義社会においては、行政文書は市民や国民の共有財産であるといえる。このため、行政の透明性や開かれた行政を実現するためには、行政職員は、行政内部における意思決定過程をも文書に記録し、現在および後世の市民や国民に、残すべき責務を負っていることになる。しかし、他方で分業制をとる原課主義の下では、行政の継続性や行政の安定性の観点からすると、行政内部の意思決定過程を詳らかにすることは、却って行政の一体性や一貫性の確保を損ないかねない。行政職員は、公文書管理において、この２つの相反するジレンマ状況に置かれていると見ることができる。

　こうしたなかで、本稿では、政令指定都市としては２番目に公文書管理条例を制定した札幌市の事例を取り上げる。政令指定都市で、公文書を市民共有の財産であるとして、最初に公文書管理条例を制定したのは大阪市であった。大阪市が、公文書管理条例を制定したきっかけは、行政職員の厚遇問題を記録した行政文書が保存期間を経過していたために廃棄されていたことや、不祥事を起こした第三セクターでは、そもそも公文書が作成・保存されていなかったことが市民の大きな批判を招き、当時の市長のリーダーシップにより条例化へとつながっていた。

　これに対して、札幌市ではこうした事由は管見の限りでは見当たらない。また、国の公文書管理法の制定以降に条例化されたものの、国法の引き写しでは決してなく、むしろ独自の検討結果から、国法を強く意識しながらも、後述するように先進的な公文書管理条例の制定へとつなげている。さらに、公文書管理法は地方自治体に対して条例化を義務付けていないにも関わらず、先行して制定された公文書管理法を念頭に置きつつも、敢えて早い段階で、それまで前例のない条文を盛り込んだ条例化を実現したことは極めて特徴的といえる。そ

こで、本稿では、こうした問題関心に基づいて、札幌市の公文書管理の基本的な視点、公文書管理条例の制定の経緯などの諸点について検討を加えることにしたい。

2　札幌市における公文書管理の基本的視点

　札幌市は1915年の第5回国勢調査以降北海道内最大の都市として発展してきた。とりわけ昭和30年代から40年代にかけては人口が集中し、あわせて近隣自治体との合併により市域が飛躍的に拡大するなかで、大量の行政文書が庁内の各部署に蓄積された。このことにより、当初は文書整理から出発し、その後は次第に行財政改革へと変容するなかで、これらの一環として昭和42年8月1日から昭和43年4月30日まで間に、3段階（第1段階：局の庶務担当課対象、第2段階：部の庶務担当課等対象、第3段階：その他の全課所対象）に分けて第1次の文書整理運動を展開し、さらに、昭和45年6月と9月の2回にわたって文書整理運動を引き続き行っている（札幌市1973）。その後、昭和48年度から昭和63年度まで6次にわたり「事務のみなおし運動」が展開されている（札幌市1974a、札幌市1974b、札幌市1976、札幌市1977、札幌市1983、札幌市1984）。このように、札幌市では早い段階から事務の簡素化・効率化に取り組む庁内の改善運動が継続的に展開されていることが分かる。しかし、こうした事務簡素化の取り組みも回を重ねるにつれて「マンネリ化している」との指摘が内部からも提起されるようになり、「各局への通知⇒各局からの回答⇒関係部局での検討⇒結果」といった各担当部署を通した「みなおし運動」的な手法では、「職員の生の声がなかなか出てこない」等といった課題も生じることとなった。そこで、当時の行政管理課が中心となって、平成2年度から平成6年度にかけて、「新しい視点（マネジメント・レビュー）に立った事務の簡素化・効率化」と「心の通い合う市民サービス運動」へと展開して行くことになる（札幌市1989）。

　こうしたなかで、昭和62年3月27日に「文書管理制度基本計画」が策定され（高井2015；p20）、そこでは、「制度が十分機能しているとはいえず文書の私物化・死蔵化が見受けられる。その原因として制度自体の問題、制度を理解し

てもらう方策が不十分であること、職員の文書管理に対する意識の低さなどが考えられる」ことが指摘されている。これを受けて、昭和62年12月には庁内向けに発行された冊子である『文書整理マニュアル』が作成（高井2015；p20）されることとなり、昭和63年度からは、文書を適正に整理・保管し、保存し、廃棄することを目的とする文書管理システムを新たに稼働することになる。そして、このシステムの稼働とともに、文書分類の見直し等とともに、作成後2年を経た行政文書については、事務の効率的な利用の視点から、原則として行政管理課が所管する文書保存センター（企業会計局を除く本庁部局及び教育委員会をはじめとする他の行政委員会対象）で集中保存する仕組みが導入されていた。

　こうした経緯を経て、現在も利用されている新文書保存センターの設置の検討が平成9年度に開始（札幌市1996）され、平成12年4月には、市内の二十四軒駅から少し歩いた場所に設置されることになった。この本庁外に設置された現行の文書保存センターは、所管は原課にあるものの、総務課が本庁部局の公文書を引き継いで集中管理する機能を果たしていることからも、札幌市の文書管理制度に係る先進的な取り組みを知ることができる。同時に、この段階において、①とりわけ、本庁関係分の文書保存体制の一元化、②文書保存形態の多様性に対応した保存手法の確立、③歴史的文化的に価値のある文書の散逸防止という公文書管理に係る基本原則が既に示されていたことは注目に値する。

　このように、戦後の初期段階では、札幌市においてもタテワリ行政を原則とする庁内的にも部署ごとの閉鎖的な事務処理の仕組みであったといえる。しかしながら、こうした課題を早い段階から全庁的な観点で文書事務改善へと展開し、そして庁外的な視点をも少なからず取り入れた行財政改革の一環として総合的な文書管理システムを構築しようとする基本的な行政哲学が形成されていったことが見受けられる。

3　公文書管理条例の制定

　昭和63年度から稼働していたOA化を基本とする旧文書管理システムは、コンピュータ技術の劇的な進歩もあり、平成18年7月18日から、大型コンピュー

タの導入による庁内ネットワークの構築と個々の職員が電子決裁を行うことができる現行の総合的な文書管理システムへと移行した。また、昭和63年に制定された情報公開条例も平成11年12月に全部改正され、「知る権利や説明責任が明記され、政策形成過程にある情報の公表なども規定される（高井2015；p21）」など市民本位で積極的に情報公開を行う仕組みへと移行することとなる。あわせて、情報公開条例を全部改正・施行する平成12年4月1日の直前に、従来より存在していた訓令である事務取扱規程に加えて、新たに例規としての性質を有する公文書管理規則が定められることとなった。「文書事務の具体的な取り決めの多くは引き続き事務取扱規程に残したため、公文書管理規則は13条からなる比較的短い規則となった（高井2015；p23）」ものの、規則には新たに文書管理責任者として課長を明文化することにより、原課主義を採用する行政機構のなかで、文書管理の責任の所在を制度的に明確にした意義は極めて大きかったといえる。

　こうした関係する動向を踏まえつつ、国の行政機関における公文書管理に係る一連の不祥事をきっかけとして、平成20年2月29日に、国は内閣府に「公文書管理のあり方に関する有識者会議（以下、断りのない限り「有識者会議」と略す）」設置した。そして、国の有識者会議の設置と、ほぼ同時期の平成20年10月28日に、札幌市は、後に公文書管理条例の制定を提言することになる「札幌市公文書館基本構想検討委員会（以後、特に断りのない限り「検討委員会」と略す）」を設置する。言うまでもなく、この検討委員会は、名称の通り、本来の目的は札幌市公文書館を新たに設置することにあった。しかしながら、後述するように、「検討委員会」は新たな公文書館の設置を提言するばかりではなく、先進的な公文書管理条例の策定も求めるなど総合的な文書管理制度の全般について提言していることは注目に値する。

　ここで札幌市においても、公文書館の建設を求める動きは、昭和50年代後半から断続的に市民からの議会への陳情や、議会での議員による代表質問や一般質問で取り上げられている。また、市役所内でも「行く行くは本庁舎の書庫と文書保存センターを併立させ「**公文書の図書館ともいえる文書館**」（高井2015；p23）」を構想する考えがあったようである。これら一連の動向等を踏まえて、「平成15年度に総務局行政部総務課と教育委員会生涯学習部文化資料

室による「歴史的公文書等の保存・活用に関する基礎調査」が行われ、翌16年4月に報告書が提出（高井2015；p23)」された。これを受けて、先ほどの検討委員会が平成20年度後半に設置されることになる。

　ここまでの一連の流れを辿ってみると、昭和60年代以降の公文書館設置に係る全国的な動向とも言えようが、歴史的文化的に価値のある行政文書を廃棄することなく公文書館を新たに設置し、そこに保存しようとする近現代史的な視点とともに、札幌市においては、あわせて自治体行政として全庁的な行政管理の視点から総合的な文書管理システムを制度的に構築しようとする事務改善運動以来の独自の流れが、その底流にあることを見て取ることができる。

　こうした札幌市独自の公文書管理に係る流れは、単に長が定める規程類である公文書管理規則の全面改正ではなく、公文書管理条例の制定という新たな条例を制定することを選択した。つまり、新たな条例制定は、二元代表制の他方の代表である議決機関としての議会での審議・可決を不可欠とする。このため、パブリックコメント制度を活用しつつ、議会での審議を通して広く市民に周知できるとともに、執行機関およびこれを補佐する行政職員の責務を地方自治体として明確にすることにある。確かに、札幌市公文書管理条例も、同条例を制定している他の自治体と同様に、文書のライフサイクルを定めた国の公文書管理法と類似した条文の構成を採っていることは否定できない。しかしながら、テクニカルな事項で体勢に与える影響はそれ程ではないということも言えようが、国法では法的な整合性の観点から盛り込まなかった「知る権利」や「市民共有の財産」という文言が、札幌市条例では盛り込まれている。また、札幌市公文書管理条例、第1条の目的規定には、札幌市自治基本条例との整合性を図るべく、国法と共通した規定とともに独自の規定を盛り込んでいることは特徴的といえよう（高井2015；p25)。さらに、国の公文書管理法とは異なり、他自治体でも未だに追認していない概念として、「特定歴史公文書」ではなく、「特定重要公文書」という用語を採用していることは極めて特徴的といえる。既に国法が制定されている場合、余程のことがない限り、前例のない独自の用語を採用することは、自治体にとって多くの負担を伴うことは必定といえる。この点については、次節でさらに検討を加えることにしたい。

　そこで、改めて根本的なリサーチ・クエスチョンを発することにしたい。つ

まり、他の自治体が未だに条例化を決断していない段階で、なぜ札幌市は先進的な公文書管理条例を制定することができたのか。上述したように、札幌市では、それまでに行政管理の視点から総合的な公文書管理システムを構築すべきとの行政文化が次第に醸成されていたことは否定できない。その意味では、札幌市の職員機構には、先進的な公文書管理条例を受け入れる下地があったということは言えよう。しかし、そうであれば、これまでの先行研究（伊藤2002）が示唆するように、国の有識者会議が発足したのであるから、その最終報告が答申され、これを受けて公文書管理法が制定・施行された後に、あるいは施行後5年を経過（この時点で同法を再度見直すことが予定されていた）した後に、公文書管理条例を制定するという選択もあったはずである。純粋に庁内的な手続きで条例化を図ろうとすれば、公文書管理法が施行されてから5年後に、条例化の作業に着手するという流れが読めたため、当面は様子見であったと見ることもできる。実際、政令指定都市を含め多くの自治体は条例化を進めるにしても、こうした国の動向を見ていた。これは、大阪市は、国法に先行して公文書管理条例を制定したものの、国法の制定にともなって全面的に条例改正を迫られていることからも分かる。つまり、当初に制定された公文書管理法が5年後に改正される可能性が高いのであれば、国法の改正の時点で再度条例の改正を行うよりは、国の動向を見極めたいというのが大方の自治体行政の考えといっても差し支えない。また、現時点では、札幌市の上層部が強い危機感をもって、大阪市のようにトップダウンで条例化を指示したということは認められない。

　そう考えると、公文書管理条例の制定において、決定的に重要な役割を果たしたのは検討委員会であることになる。確かに、検討委員会は市長の諮問に対して答申を行う審議会であるから、検討委員会の答申をすべて実現する法制度的な責任を自治体行政が負っているわけではない。また、付言するならば、検討委員会が条例化にあたって答申した8項目の大半は条例化されたが、そのすべてが条例に盛り込まれているわけではない。しかし、逆の見方をすれば、検討委員会の答申の大半は、公文書管理条例の条例化にあたり、現実に条文として盛り込まれていることから、検討委員会の提言は極めて実現可能性の高いものであった。そして、行政的に見ても実現可能性の高い提言であったがゆえに、

札幌市行政の担当部署である総務局行政部総務課としても、その条例化に向けて庁内の関係部署との調整作業を強力かつ円滑に進めることができたのではないか。

　「検討委員会」が提示した総合的な公文書管理制度を構築する方針は以下の通りである。「公文書の作成から利用までのライフサイクルを定めた公文書管理条例の制定」と、あわせて「職員の意識の向上を図るなど、公文書管理体制の充実強化を図ること」が不可欠であり、これにより「適正な公文書管理が実現」することが可能となる。そして、適切な公文書管理が実現していることにより、「十分に機能する公文書館」が実現できるという関係性である。行政的に見ても論理的に一貫した方針が検討委員会により明示されたことが大きかったといえる（高井2015；p24）。ここにおいて、総務局行政部総務課が行政管理の観点から公文書管理条例および公文書管理体制の所管となり、あわせて公文書館についても総務局行政部が所管するという首尾一貫した総合的な公文書管理システムを構築して行く理論的な支柱を検討委員会が提言したからこそ、総務課がぶれることなく、これを実現して行ったということができよう。

　ただし、そうはいっても検討委員会の提言に盛り込まれながらも、公文書管理条例の条例化に際しては実現しなかった項目がある（高井2015；p24）。それは、「保存期間延長基準の明確化」である。見る人から見れば、現用文書について文書保存期間の分類から永年保存を廃止し、最長30年に有期化したといっても、保存期間延長基準が明確に定められることなく、「公文書管理のガイドライン」は定められたといっても、その運用を原課の裁量に委ねるならば、原課は現用文書として必要と判断する限り、当該文書をもち続けることができる、ということに他ならない。今後、公文書館が、さらにその果たすべき機能を充実することが期待されるが、札幌市においては、その条例化とともに併せて単独で設置された公文書管理審議会の専門的かつ第三者的な監視機能により、直接的には公文書管理条例には盛り込まれなかった事項についても提言・具体化しているなど、後述するようにかなりの程度機能していることを、ここでは指摘しておきたい。

4 特定歴史公文書と特定重要公文書

　ところで、札幌市の公文書管理条例が、国の公文書管理法やすでに公文書管理条例を条例化した他の自治体と最も大きく異なる点が、特定歴史公文書という国法に規定された概念を敢えて使用せず、独自に特定重要公文書としていることにある。この概念が形成された経緯や概念上の意義については、（大濱2015）、（高井2013）および（高井2015）に詳しいので、そちらの文献を参照して頂きたいが、ここで、ひとつ指摘しておきたいことがある。それは、特定歴史公文書という、国法に規定されている概念には、「歴史的に見て、歴史的に重要な資料」であるという歴史学的な知見が色濃く反映しているのではないかということである。これは、一般職の行政職員として、日常的な行政文書の作成や保存に従事している多くの職員から見ると、こうした判断は近現代史を専攻する歴史学者が行うべきものであって、通常の行政職員では容易に近づくことができない領域である、という意識が働きがちだということである。

　この点において、日常的に行政文書の作成・活用・保存・廃棄に携わっている行政職員からすると、現用文書として使用する期間が5年であるので、当該文書は5年保存とするが、例えば将来の行政運営にとって、過去の行政活動を跡付ける重要な文書となるので、あわせて重要公文書として判断しておき、札幌市の場合には、2年を超える文書は、本庁外の文書保存センターに移管し、さらに4年後には（都合で5年が経過した後に）、非現用文書（特定重要公文書）して公文書館に移管する、ということが可能となることである。

　ちなみに、札幌市の場合には、庁外の文書保存センターはもとより保存年限が来た現用文書については、事前に必ず公文書館の職員が廃棄予定の文書であっても、再度、原課の判断の通りに廃棄するか、あるいは公文書館と原課との協議、保存年限が10年を超える公文書については必ず公文書管理審議会での審議によって、非現用文書として公文書館に移管するかという流れを採用している。なお、その詳細は第6節で後述する。このため、日常的な業務にあたる行政職員は、行政的な判断を基本として行えば良いことになる。結果として、特定重要公文書という概念は、自治体行政にとって不可欠な行政文書を永く後

世に遺すことができる、行政職員にも馴染みやすい用語になっているのではないかと推察する。

5　旧小学校を活用した公文書館の設置

　もうひとつ、札幌市の公文書管理において特徴的なことを指摘しておきたい。それは、統廃合の対象となった旧小学校の施設を、公文書館として活用していることにある。言うまでもなく、近年、多くの自治体において、これからの急激な少子高齢化と人口減少の進展、および老朽化する既存の公共施設の補修や改修、あるいは新たに公共施設を建設する用地取得の難しさなどから、とても設備の充実した新しい公文書館を建設する余裕がないという事情があることも事実である。なかには、土地の限られたわが国では、本庁舎から遠く離れた、しかも必ずしも交通の利便性の伴わない郊外に、新たな公文書館を建設するという考え方もあるかもしれない。しかしながら、それでは、一般市民や行政職員が、地下鉄やその他の公共交通機関を利用して、あるいは本庁舎からの徒歩圏内で、気軽に公文書館を利用するということは容易なことではない。

　こうした場合に、ひとつの選択肢として統廃合の対象となった旧小学校の施設を活用する東京都板橋区に加えて札幌市の事例が参考になるのではないか。確かに、旧小学校の施設は、重量のある文書・資料を想定して建設されたわけではないので2階や3階の部分に大量の文書を保存するのは現実的ではない。また、非現用文書として受け入れる際に、公文書館内で燻煙処理を行うことも難しい、火災などのいざというときに書庫に窒素等を送り込んで重要な文書を守る防火体制が不十分である、書庫として設計されたわけではないで文書を閲覧室まで運ぶのにかなりの移動距離があるといった実務上の課題があることも容易に想像できる。しかしながら、理想とする公文書館に近い機能と施設を有することは現実的には容易でないとするならば、当面の対処策として、旧小学校の施設を再利用するという選択肢もひとつではなかろうか。

　ちなみに、札幌市の文書保存センターは、本庁舎から少し離れたそれほど交通至便ではない場所に位置しているが、外部委託した民間業者により、本庁舎まで必要な公文書を取り寄せることができる仕組みを採用している。もちろん、

原課の職員であれば、文書保存センターに出向いて閲覧や文書の貸し出しを直接行うこともできるが、利用時期が事前に判明していれば、取り寄せ方式もそれ程の利便性の妨げとはなっていないようである。

これに対して、公文書館を利用する一般市民の立場からすると、公文書館に出向いてその場で閲覧申請しても、閲覧が可能か否かの審査の済んでいない保存文書であれば、直ちに閲覧できない場合もあり得る。そうした場合には、市内の利便性の良い場所であれば、再度訪れることもそれ程負担感を伴わないのではないか。もちろん、事前に文書等で審査を依頼できる場合でも、公共交通機関などを利用して気軽に利用できる公文書館は、一般市民にとって身近な存在となるに相違ない。

6　選別における公文書管理審議会・公文書館の役割

札幌市の公文書管理システムでは、一義的には特定重要公文書であるか否かを判断するのは原課の裁量に委ねられている。しかしながら、そうはいっても原課の判断をそのまま鵜呑みにしているわけではない。先述したように、2年を超えた文書は庁外の文書保存センターで、保存年限が来るまで現用文書として保存される。

そして、平成24年7月17日に公文書管理審議会が設置され、直ちに「保存期間基準及び重要公文書該当基準」、「公文書の廃棄の在り方」について諮問を受けた。そして、その答申を、同年11月27日に市長に対して行った後に制度化された公文書管理の仕組みでは、原課はあらかじめ公文書管理審議会が答申し、市長が定めた基準に従って、公文書の保存期間と重要公文書に該当するかを判断することとなった。この2つの基準は必要に応じて公文書管理審議会での審議を経て市長により見直されている。また、同時に行われた公文書管理審議会の答申によって、公文書の廃棄の在り方についても、10年を経過した公文書については廃棄する場合には、公文書管理審議会が第三者としてチェックすることとなった。

したがって、保存年限が来た現用文書である公文書は、事前に公文書館の職員が、文書目録などから確認し、廃棄予定の文書であっても、原課の判断の通

りに廃棄してよいものか検討し、あるいは公文書館と原課が協議し、協議が整わない場合は公文書管理審議会に諮問する。そして10年を経過した公文書の廃棄にあっては、必ず公文書管理審議会の審議チェックを経ている。最終的に非現用文書として公文書館に移管するか否かという選別は、このような手続きを採用している。このため、こうした選別を行うためにも、札幌市公文書館には非常勤の専門職員が配置されており、あわせて、札幌市公文書館の前身である総務局行政部文化資料室の時代から文書の選別を担当した職員が、退職後に再任用職員として、引き続き選別に従事している。なお、札幌市公文書館の開設準備期から開設年度にかけての公文書館の役割と課題および公文書管理制度の運用等については、(秋山2014、大濱2014、鈴江2014、高井2015)に詳しいので、そちらを参照頂きたい。

7　公文書管理と行政責任

これまでの札幌市の事例を振り返るならば、「公文書の作成から利用までのライフサイクルを定めた公文書管理条例の制定」と、あわせて「職員の意識の向上を図るなど、公文書管理体制の充実強化を図ること」が不可欠であり、これにより「適正な公文書管理が実現」することが可能となる。そして「適切な公文書管理」が実現していることにより、「十分に機能する公文書館」が実現できる、ということを再度指摘しておきたい。言うまでもなく、札幌市の事例から分かることがすべてではない。しかしながら、これら諸事項の関係性を踏まえて、総合行政の観点から公文書管理システムを構築することが、行政の内部及び外部に対する行政の責任であるといえる。そして、公文書管理条例の制定が、総合的な公文書管理システムの構築にとって枢要な位置を占めていることに疑いの余地はないのではあるまいか。

[引用・参考文献]

・秋山淳子 (2014)「札幌市公文書館の開館と今後の課題 −〈元〉公文書館専門員の立場から−」『レコード・マネジメント』No.67
・伊藤修一郎 (2002)『自治体政策過程の動態』慶應義塾大学出版会

- 越後武介（2013）「札幌市公文書管理条例の制定及び施行について」『札幌市文化資料室研究紀要』第 5 号
- 大濱徹也（2014）「札幌市公文書館の使命と課題－現在、問われていること－」『札幌市公文書館研究紀要』第 6 号
- 大濱徹也（2015）「職務の証を遺し伝える営み－現在、文書館アーカイブズが問われていること－」『香川県立文書館紀要』第19号
- 鈴江英一（2014）「わが国アーカイブズにおける公文書引継移管制度構築の進展と札幌市公文書館」『札幌市公文書館研究紀要』第 6 号
- 髙井俊哉（2013）「札幌市の文書管理の取組について」『アーカイブス』49号
- 髙井俊哉（2014）「行政部公文書館に期待すること」『札幌市公文書館研究紀要』第 6 号
- 髙井俊哉（2015）「Ⅳ　札幌市文書事務の歩み－特別寄稿－」『札幌市公文書館年報』第 2 号

［資料］
　○札幌市行政文書
　・札幌市（1973）『札幌市の事務改善』（総務局庶務部事務管理課、昭和48年 5 月）
　・札幌市（1974a）『第 1 次みなおし運動結果報告書』（昭和49年 4 月15日、みなおし運動推進本部）
　・札幌市（1974b）『第 2 次みなおし運動結果報告書』（昭和49年 9 月、みなおし運動推進本部（札幌市総務局庶務部事務管理課））
　・札幌市（1976）『第 3 次みなおし運動結果報告書』（昭和51年 3 月、みなおし運動推進本部（札幌市総務局庶務部事務管理課））
　・札幌市（1977）『第 4 次みなおし運動結果報告書』（昭和52年 6 月、みなおし運動推進本部（札幌市総務局庶務部事務管理課））
　・札幌市（1983）『第 5 次みなおし運動結果報告書』（昭和57年 3 月、みなおし運動推進本部（札幌市総務局庶務部事務管理課））
　・札幌市（1984）『第 5 次みなおし運動最終結果報告書』（昭和59年 8 月、みなおし運動推進本部（札幌市総務局庶務部事務管理課））
　・札幌市（1989）「「新しい視点に立った事務の簡素化、効率化」について」（平成 2 年 7 月25日局長決裁、行政管理課）
　・札幌市（1996）「今後の文書管理のあり方について（方針伺い）」（平成 9 年10月14日）局長決裁、総務局総務部行政管理課）

○札幌市公文書管理条例
平成24年6月13日条例第31号
改正
平成28年3月30日条例第17号

第1章 総則

(目 的)
第1条 この条例は、公文書が市民の知る権利を具体化するために必要な市民共有の財産であることに鑑み、公文書管理の基本的事項を定め、公文書の適正な管理並びに市政上重要な公文書の保存及び利用を図ることにより、市民との情報共有を進めるとともに、現在及び将来にわたり市の説明責任を全うし、もって効率的で、公正かつ透明性の高い行政運営を確保すること及び市民が主体となったまちづくりの推進に寄与することを目的とする。

(定 義)
第2条 この条例において、次の各号に掲げる用語の意義は、当該各号に定めるところによる。
(1) 実施機関　市長、教育委員会、選挙管理委員会、人事委員会、監査委員、農業委員会、固定資産評価審査委員会、公営企業管理者、消防長及び議会並びに本市が設立した地方独立行政法人（地方独立行政法人法（平成15年法律第118号）第2条第1項に規定する地方独立行政法人をいう。以下同じ。）をいう。
(2) 公文書　実施機関の職員（本市が設立した地方独立行政法人（以下「本市地方独立行政法人」という。）の役員を含む。以下この号、第37条及び第40条において同じ。）が職務上作成し、又は取得した文書、図画、写真、フィルム及び電磁的記録（電子的方式、磁気的方式その他人の知覚によっては認識することができない方式で作られた記録をいう。以下同じ。）であって、当該実施機関の職員が組織的に用いるものとして、当該実施機関が保有しているものをいう。
(3) 人公文書　公文書のうち、本市地方独立行政法人が保有しているものをいう。
(4) 重要公文書　公文書のうち、市政の重要事項に関わり、将来にわたって市の活動又は歴史を検証する上で重要な資料となるものをいう。
(5) 特定重要公文書　次に掲げるものをいう。
　ア　重要公文書のうち、第8条第1項の規定により市長が引き続き保存の措置を採ったもの及び同条第2項の規定により市長に移管されたもの
　イ　重要公文書のうち、第12条第4項の規定により市長に移管されたもの
　ウ　法人その他の団体（実施機関を除く。）又は個人から市長に対し寄贈又は寄託の申出があった文書で、市政の重要事項に関わり、将来にわたって市の活動又は歴史を検証する上で重要な資料となると市長が認め、寄贈又は寄託を受けた文書

第2章 公文書の管理

(公文書の管理に関する原則)
第3条 実施機関（本市地方独立行政法人を除く。以下この章において同じ。）の職員は、この条例の目的を十分に認識し、公文書の作成、整理、保存等を適切に行わなければならない。
(公文書の作成)

第4条　実施機関の職員は、当該実施機関における審議又は検討の経緯その他の意思決定に至る過程並びに事務及び事業の実績について、合理的に跡付け、又は検証することができるよう、事案が軽微なものを除き、公文書を作成しなければならない。

(公文書の整理)

第5条　実施機関の職員が公文書を作成し、又は取得したときは、当該実施機関は、効率的な事務又は事業の処理及び公文書の適切な保存に資するよう、単独で管理することが適当であると認める公文書を除き、適時に、相互に密接な関連を有する公文書(保存期間を同じくすることが適当であるものに限る。)を一の集合物(以下「簿冊」という。)にまとめなければならない。

2　実施機関は、単独で管理することが適当であると認める公文書及び前項の規定によりまとめた簿冊(以下「簿冊等」という。)について分類し、名称を付するとともに、保存期間及び保存期間の満了する日を設定しなければならない。

3　前項の場合において、実施機関が簿冊等(法令等により作成又は取得から30年を超えて保存することが定められている公文書を除く。)について設定する保存期間は、30年を最長とする。

4　実施機関は、職務の遂行上必要があるときは、その必要な限度において、簿冊等の保存期間及び保存期間の満了する日を延長することができる。

5　市長は、簿冊等について、保存期間(延長された場合にあっては、延長後の保存期間。以下同じ。)の満了前のできるだけ早い時期に、保存期間が満了したときの措置として、重要公文書に該当すると認めるものにあっては特定重要公文書として引き続き保存する措置を、それ以外のものにあっては廃棄の措置を採るべきことを定めなければならない。

6　市長以外の実施機関は、必要に応じて市長と協議を行い、簿冊等について、保存期間の満了前のできるだけ早い時期に、保存期間が満了したときの措置として、重要公文書に該当すると認めるものにあっては市長への移管の措置を、それ以外のものにあっては廃棄の措置を採るべきことを定めなければならない。

7　市長は、前項の規定により市長以外の実施機関が簿冊等について廃棄の措置を採るべきと定めた場合であっても、当該簿冊等が重要公文書に該当すると認めるときは、当該実施機関に市長への移管の措置を採ることを求めることができる。この場合において、当該実施機関は、当該求めを参酌して前項の規定による定めを変更することができる。

(公文書の保存)

第6条　実施機関は、簿冊等について、当該簿冊等の保存期間の満了する日までの間、その内容、時の経過、利用の状況等に応じ、適切な保存及び利用を確保するために必要な場所において、適切な記録媒体により、識別を容易にするための措置を講じた上で保存しなければならない。

2　前項の場合において、実施機関は、当該簿冊等の集中管理の推進に努めなければならない。

(公文書目録)

第7条　実施機関は、簿冊等の管理を適切に行うため、簿冊等の分類、名称、保存期間の満了する日の属する年度、保存期間、保存期間が満了したときの措置その他の必要な事項(札幌市情報公開条例(平成11年条例第41号)第7条各号に掲げる非公開情報に該当するものを除く。)を記載した目録(以下「公文書目録」という。)を作成しなければならない。ただし、1年未満の保存期間が設定された簿冊等については、この限りでない。

2　実施機関は、公文書目録を電子情報処理組織を使用する等の方法により、一般の閲覧に供し

なければならない。
(保存期間が満了した公文書の取扱い)
第8条　市長は、保存期間が満了した簿冊等について、第5条第5項の規定による定めに基づき、特定重要公文書として引き続き保存し、又は廃棄しなければならない。
2　市長以外の実施機関は、保存期間が満了した簿冊等について、第5条第6項及び第7項の規定による定めに基づき、市長に移管し、又は廃棄しなければならない。
3　実施機関は、第1項の規定により引き続き保存し、又は前項の規定により市長に移管する簿冊等について、第17条第2項第1号に掲げる場合に該当するものとして市長において利用の制限を行うことが適切であると認める場合には、その旨の記録をし、又は意見を付さなければならない。

(管理状況の報告等)
第9条　市長以外の実施機関は、公文書目録の作成状況その他の公文書の管理状況について、毎年度、市長に報告しなければならない。
2　市長は、各実施機関における公文書目録の作成状況その他の公文書の管理状況を取りまとめ、毎年度、その概要を公表しなければならない。

(公文書管理体制の整備)
第10条　実施機関は、公文書を適正に管理するために必要な体制を整備しなければならない。

(公文書管理規則等)
第11条　実施機関は、公文書の管理が第3条から前条までの規定に基づき適正に行われることを確保するため、公文書の管理に関する定め(以下「公文書管理規則等」という。)を設けなければならない。
2　公文書管理規則等には、公文書に関する次に掲げる事項を記載しなければならない。
(1)　作成に関する事項
(2)　整理に関する事項
(3)　保存に関する事項
(4)　公文書目録の作成に関する事項
(5)　移管又は廃棄に関する事項
(6)　管理状況の報告に関する事項
(7)　管理体制の整備に関する事項
(8)　その他公文書の管理に必要な事項
3　実施機関は、公文書管理規則等を設けたときは、これを公表しなければならない。これを変更したときも同様とする。

(法人公文書の管理に関する原則)
第12条　本市地方独立行政法人は、第3条から第6条までの規定に準じて、法人公文書を適正に管理しなければならない。
2　本市地方独立行政法人は、法人簿冊等(効率的な事務又は事業の処理及び法人公文書の適切な保存に資するよう相互に密接な関連を有する法人公文書を一の集合物にまとめたもの並びに単独で管理している法人公文書をいう。以下同じ。)の管理を適切に行うため、法人簿冊等の分類、名称、保存期間の満了する日の属する年度、保存期間、保存期間が満了したときの措置

その他の必要な事項（札幌市情報公開条例第7条各号に掲げる非公開情報に該当するものを除く。）を記載した目録（以下「法人公文書目録」という。）を作成しなければならない。ただし、1年未満の保存期間が設定された法人簿冊等については、この限りでない。
3　本市地方独立行政法人は、法人公文書目録を電子情報処理組織を使用する等の方法により、一般の閲覧に供しなければならない。
4　本市地方独立行政法人は、保存期間が満了した法人簿冊等について、重要公文書に該当するものにあっては市長に移管し、それ以外のものにあっては廃棄しなければならない。
5　本市地方独立行政法人は、前項の規定により市長に移管する法人簿冊等について、第17条第2項第1号に掲げる場合に該当するものとして市長において利用の制限を行うことが適切であると認める場合には、その旨の意見を付さなければならない。
6　本市地方独立行政法人は、法人公文書目録の作成状況その他の公文書の管理状況について、毎年度、市長に報告しなければならない。
7　市長は、毎年度、前項の規定による報告を取りまとめ、その概要を公表しなければならない。
8　本市地方独立行政法人は、法人公文書の管理が前各項の規定に基づき適正に行われることを確保するため、前条第2項の規定を参酌して、法人公文書の管理に関する定め（次項において「法人公文書管理規則等」という。）を設けなければならない。
9　本市地方独立行政法人は、法人公文書管理規則等を設けたときは、これを公表しなければならない。これを変更したときも同様とする。

(他の制度との調整等)
第13条　この章の規定は、公文書のうち次に掲げるものには適用しない。
(1)　特定重要公文書
(2)　図書館その他の市（本市地方独立行政法人を含む。）の施設において一般の利用に供することを目的として管理しているもの
(3)　官報、白書、新聞、雑誌、書籍その他の刊行物で不特定多数の者に販売することを目的として、実施機関以外のものにより発行されるもの

第3章　特定重要公文書の保存、利用等

(特定重要公文書の保存)
第14条　市長は、特定重要公文書について、第29条の規定により廃棄されるに至る場合を除き、永久に保存しなければならない。
2　市長は、特定重要公文書について、その内容、保存状態、時の経過、利用の状況等に応じ、適切な保存及び利用を確保するために必要な場所において、適切な記録媒体により、識別を容易にするための措置を講じた上で保存しなければならない。
3　市長は、特定重要公文書の分類、名称その他の特定重要公文書の適切な保存及び利用に資するために必要な事項を記載した目録を作成し、電子情報処理組織を利用する等の方法により一般の閲覧に供しなければならない。

(個人情報の漏えい防止等)
第15条　市長は、特定重要公文書に個人情報（生存する個人に関する情報であって、当該情報に含まれる氏名、生年月日その他の記述等により特定の個人を識別することができるもの（他の

情報と照合することにより、特定の個人を識別することができることとなるものを含む。）をいう。ただし、法人その他の団体に関して記録された情報に含まれる当該法人その他の団体の役員に関する情報及び事業を営む個人の当該事業に関する情報を除く。）が記録されている場合には、当該個人情報の漏えいの防止のために必要な措置を講じる等適正な管理を行わなければならない。

（利用の促進）
第16条　市長は、特定重要公文書（次条の規定により利用させることができるものに限る。）について、展示その他の方法により積極的に一般の利用に供するよう努めなければならない。

（特定重要公文書の利用請求及びその取扱い）
第17条　何人も、この条例の定めるところにより、第14条第3項の目録の記載に従い、市長に対して特定重要公文書の利用の請求（以下「利用請求」という。）をすることができる。
2　市長は、利用請求があったときは、次に掲げる場合を除き、当該利用請求に応じるものとする。
(1)　当該特定重要公文書に次に掲げる情報が記録されている場合
　ア　個人に関する情報（事業を営む個人の当該事業に関する情報を除く。）で特定の個人を識別することができるもの（他の情報と照合することにより、特定の個人を識別することができることとなるものを含む。）又は特定の個人を識別することはできないが、公にすることにより、なお個人の権利利益を害するおそれがあると認められるもの。ただし、次に掲げる情報を除く。
　　（ア）法令若しくは他の条例の規定により又は慣行として公にされ、又は公にすることが予定されている情報
　　（イ）人の生命、健康、生活又は財産を保護するため、公にすることが必要であると認められる情報
　　（ウ）公務員等（行政機関の保有する情報の公開に関する法律（平成11年法律第42号）第5条第1号ハに規定する公務員等をいう。）の職務の遂行に係る情報（当該情報が当該公務員等の思想信条に係るものである場合で、公にすることにより、当該公務員等の個人としての正当な権利を明らかに害すると認められるときは、当該公務員等の職、氏名その他当該公務員等を識別することができることとなる記述等の部分を除く。）
　イ　法人その他の団体（国、独立行政法人等（独立行政法人等の保有する情報の公開に関する法律（平成13年法律第140号）第2条第1項に規定する独立行政法人等をいう。以下同じ。）、地方公共団体及び地方独立行政法人を除く。以下「法人等」という。）に関する情報又は事業を営む個人の当該事業に関する情報であって、次に掲げるもの。ただし、人の生命、健康、生活又は財産を保護するため、公にすることが必要であると認められる情報を除く。
　　（ア）公にすることにより、当該法人等又は当該個人の権利、競争上の地位その他正当な利益を害すると認められるもの
　　（イ）実施機関の要請を受けて、公にしないとの条件で任意に提供された情報であって、当該条件を付することが当該情報の性質、当時の状況等に照らして合理的であると認められるもの
　ウ　公にすることにより、人の生命、身体、財産又は社会的な地位の保護、犯罪の予防、犯罪

の捜査その他の公共の安全と秩序の維持に支障を及ぼすおそれがあると認められる情報
　エ　市又は国、独立行政法人等、他の地方公共団体若しくは地方独立行政法人が行う事務又は事業に関する情報であって、次に掲げるもの
　　（ア）監査、検査、取締り又は試験に係る事務に関する情報であって、公にすることにより、正確な事実の把握を困難にし、又は違法若しくは不当な行為を容易にし、若しくはその発見を困難にすると認められるもの
　　（イ）市、国若しくは他の地方公共団体が経営する企業、独立行政法人等又は地方独立行政法人に係る事業に関し、公にすることにより、その企業経営上の正当な利益を害するおそれがあると認められるもの
　オ　法令若しくは他の条例の定めるところにより又は実施機関が法律上従う義務を負う国の機関の指示等により、公にすることができないと認められる情報
(2) 当該特定重要公文書がその全部又は一部を一定の期間公にしないことを条件に実施機関以外のものから寄贈され、又は寄託されたものであって、当該期間が経過していない場合
(3) 当該特定重要公文書の原本を利用に供することにより当該原本を破損し、若しくは汚損するおそれがある場合又は市長が修復作業等のために当該原本を現に使用している場合
3　市長は、利用請求に係る特定重要公文書が前項第1号に該当するか否かについて判断するに当たっては、当該特定重要公文書が作成され、又は取得されてからの時の経過を考慮するとともに、当該特定重要公文書に第8条第3項又は第12条第5項の規定による記録がされ、又は意見が付されている場合には、当該記録又は意見を参酌しなければならない。
4　市長は、第2項第1号又は第2号に掲げる場合であっても、同項第1号アからオまでに掲げる情報又は同項第2号に規定する条件に係る情報が記録されている部分を容易に区分して除くことができるときは、利用請求者に対し、当該部分を除いた部分を利用させなければならない。ただし、当該部分を除くことにより、利用請求の趣旨が損なわれることが明らかであるときは、この限りでない。

（本人情報の取扱い）
第18条　市長は、前条第2項第1号アの規定にかかわらず、同号アに掲げる情報により識別される特定の個人（以下この条において「本人」という。）から、当該情報が記録されている特定重要公文書について利用請求があった場合において、本人であることを示す書類で市長が定めるものの提示又は提出があったときは、本人の生命、健康、生活又は財産を害するおそれがある情報が記録されている場合を除き、当該特定重要公文書につき同号アに掲げる情報が記録されている部分についても、利用させなければならない。

（利用請求の手続）
第19条　利用請求をしようとするものは、次に掲げる事項を記載した請求書（以下「利用請求書」という。）を市長に提出しなければならない。
(1) 利用請求をするものの氏名又は名称及び住所又は居所並びに法人その他の団体にあっては代表者の氏名
(2) 利用請求に係る第14条第3項の目録に記載された特定重要公文書の名称
(3) 前2号に掲げるもののほか、市長が定める事項

（利用請求に対する決定等）

第20条　市長は、利用請求に係る特定重要公文書の全部又は一部を利用させるときは、その旨の決定をし、利用請求者に対し、その旨並びに利用させる日時及び場所を書面により通知しなければならない。
2　市長は、利用請求に係る特定重要公文書の全部を利用させないときは、利用させない旨の決定をし、利用請求者に対し、その旨を書面により通知しなければならない。
3　前2項の規定により利用請求に係る特定重要公文書の全部又は一部を利用させない旨の決定をした場合において、当該特定重要公文書の全部又は一部についての利用が可能となる時期が明らかであるときは、市長は、その旨をこれらの規定による書面に付記しなければならない。
（利用決定等の期限）
第21条　前条第1項又は第2項の決定（以下「利用決定等」という。）は、利用請求があった日の翌日から起算して14日以内にしなければならない。ただし、利用請求書に形式上の不備があると認められる場合で利用請求者に対して補正を求めたときは、当該補正に要した日数は、この期間には算入しない。
2　市長は、やむを得ない理由により、前項に規定する期間内に利用決定等をすることができないときは、利用決定等をすべき期限を、同項に規定する期間の満了する日の翌日から起算して30日を限度として延長することができる。この場合において、市長は、速やかに、利用請求者に対し、延長後の期間及び延長の理由を書面により通知しなければならない。
3　利用請求者は、市長が第1項に規定する期間の満了する日の翌日から起算して30日を経過した後においても、利用請求に係る特定重要公文書の全部又は一部について利用決定等をしないとき（次条第1項の規定による通知があったときを除く。）は、当該利用決定等がされていない特定重要公文書を利用させない旨の決定があったものとみなすことができる。
（利用決定等の期限の特例）
第22条　利用請求に係る特定重要公文書が著しく大量であるため、利用請求があった日の翌日から起算して44日以内にその全てについて利用決定等をすることにより事務の遂行に著しい支障が生ずるおそれがある場合には、前条第1項及び第2項の規定にかかわらず、市長は、利用請求に係る特定重要公文書のうちの相当の部分につき当該期間内に利用決定等をし、残りの特定重要公文書については相当の期間内に利用決定等をすれば足りる。この場合において、市長は、同条第1項に規定する期間内に、利用請求者に対し、次に掲げる事項を書面により通知しなければならない。
(1)　この項の規定を適用する旨及びその理由
(2)　残りの特定重要公文書について利用決定等をする期限
2　利用請求者は、前項の規定による通知があった場合において、市長が同項第2号に規定する期限を経過した後においても、利用請求に係る特定重要公文書の全部又は一部について利用決定等をしないときは、当該利用決定等がされていない特定重要公文書を利用させない旨の決定があったものとみなすことができる。
（第三者に対する意見書提出の機会の付与等）
第23条　利用請求に係る特定重要公文書に次に掲げるもの以外のもの（以下この条、第26条第2項第3号及び第27条第2項において「第三者」という。）に関する情報が記録されているときは、市長は、利用決定等をするに当たって、当該情報に係る第三者に対し、意見書を提出する機会

を与えることができる。
(1) 市及び本市地方独立行政法人
(2) 国、独立行政法人等並びに他の地方公共団体及び地方独立行政法人
(3) 利用請求者
2　市長は、第三者に関する情報が記録されている特定重要公文書の利用をさせようとする場合であって、当該情報が第17条第2項第1号ア（イ）又は同号イただし書に規定する情報に該当すると認めるときは、利用させる旨の決定に先立ち、当該第三者に対し、意見書を提出する機会を与えなければならない。ただし、当該第三者の所在が判明しない場合は、この限りでない。
3　市長は、特定重要公文書であって、第17条第2項第1号ウに該当するものとして第8条第3項又は第12条第5項の規定により市長以外の実施機関から意見を付されたものを利用させる旨の決定をする場合には、あらかじめ、当該実施機関に対し、意見書を提出する機会を与えなければならない。
4　市長は、第1項又は第2項の規定により意見書を提出する機会を与えられた第三者が当該特定重要公文書を利用させることに反対の意思を表示した意見書（以下「反対意見書」という。）を提出した場合において、当該特定重要公文書を利用させる旨の決定をするときは、その決定の日と利用させる日との間に少なくとも2週間を置かなければならない。この場合において、市長は、利用決定後直ちに、反対意見書を提出した第三者に対し、利用させる旨の決定をした旨及びその理由並びに利用させる日を書面により通知しなければならない。

（利用の方法）
第24条　市長が特定重要公文書を利用させる場合には、文書、図画、写真又はフィルムについては閲覧又は写しの交付により、電磁的記録についてはその種別、情報化の進展状況等を考慮して市長が定める方法により行う。
2　市長は、前項の規定により特定重要公文書を閲覧に供し、又はその写しを交付する場合において、当該特定重要公文書の保存に支障を生ずるおそれがあると認めるときその他合理的な理由があるときは、当該特定重要公文書を複写したものを閲覧に供し、又はその写しを交付することができる。

（費用の負担）
第25条　前条の規定により特定重要公文書（これを複写したものを含む。）の写しの交付を受けるものは、その写しの交付に要する費用を負担しなければならない。

（審査請求）
第25条の2　利用決定等（第21条第3項又は第22条第2項の規定により特定重要公文書を利用させない旨の決定があったとみなされた場合における当該あったものとみなされた決定を含む。以下同じ。）に係る審査請求については、行政不服審査法（平成26年法律第68号）第9条第1項の規定は、適用しない。
追加〔平成28年条例17号〕

（公文書管理審議会への諮問）
第26条　利用決定等について審査請求があったときは、市長は、次の各号のいずれかに該当する場合を除き、札幌市公文書管理審議会に諮問しなければならない。
(1) 審査請求が不適法であり、却下する場合

(2) 裁決で、審査請求に係る利用決定等の取消し又は変更をして、当該審査請求に係る特定重要公文書の全部を利用させることとする場合。ただし、当該審査請求に係る特定重要公文書の利用について反対意見書が提出されている場合を除く。
2 市長は、前項の規定により諮問をしたときは、次に掲げる者に対し、諮問をした旨を通知しなければならない。
(1) 審査請求人及び参加人（行政不服審査法第13条第4項に規定する参加人をいう。以下同じ）
(2) 利用請求者（利用請求者が審査請求人又は参加人である場合を除く。）
(3) 当該審査請求に係る利用決定等について反対意見書を提出した第三者（当該第三者が審査請求人又は参加人である場合を除く。）

一部改正〔平成28年条例17号〕

（審査請求に対する裁決）
第27条 市長は、審査請求について裁決をする場合は、その諮問に対する札幌市公文書管理審議会の答申を尊重しなければならない。
2 市長は、第三者に関する情報が記録されている特定重要公文書の利用決定等に関する審査請求について、次の各号のいずれかに該当する裁決をし、特定重要公文書を利用させようとするときは、当該裁決の日と利用させる日との間に少なくとも2週間を置かなければならない。この場合において、市長は、直ちに当該第三者に対し、利用させる旨及びその理由並びに利用させる日を書面により通知しなければならない。
(1) 利用決定に対する第三者からの審査請求を却下し、又は棄却する裁決
(2) 審査請求に係る利用決定等を変更し、当該利用決定等に係る特定重要公文書を利用させる旨の裁決（第三者である参加人が当該特定重要公文書の利用に反対の意思を表示している部分に係る変更の裁決に限る。）

一部改正〔平成28年条例17号〕

（実施機関による利用の特例）
第28条 第8条第1項若しくは第2項又は第12条第4項の規定により、特定重要公文書を引き続き保存し、又は移管した実施機関が、それぞれの所掌事務を遂行するために当該特定重要公文書の利用を請求した場合には、第17条第2項第1号の規定は適用しない。

（特定重要公文書の廃棄）
第29条 市長は、特定重要公文書として保存されている文書がその重要性を失ったと認める場合には、当該文書を廃棄することができる。
2 市長は、前項の規定により文書を廃棄するときは、あらかじめ札幌市公文書管理審議会に諮問しなければならない。

（保存及び利用の状況の公表）
第30条 市長は、特定重要公文書の保存及び利用の状況について、毎年度、公表しなければならない。

（特定重要公文書の保存、利用及び廃棄に関する定め）
第31条 市長は、特定重要公文書の保存、利用及び廃棄が第14条から第25条まで及び第28条から前条までの規定に基づき適切に行われることを確保するため、特定重要公文書の保存、利用及び廃棄に関する定めを設けなければならない。

第4章　公文書管理審議会
（審議会の設置）
第32条　公文書の管理に係る施策の適正かつ円滑な実施を図るため、札幌市公文書管理審議会（以下「審議会」という。）を置く。
2　審議会は、第26条第1項及び第29条第2項の規定により市長から諮問を受けた事項について調査審議する。
3　審議会は、前項に規定する事項のほか、公文書の管理に係る施策に関する重要な事項について市長に意見を述べることができる。

（組織等）
第33条　審議会は、委員7人以内をもって組織する。
2　委員は、学識経験者その他市長が適当と認める者のうちから、市長が委嘱する。
3　委員の任期は、2年とし、補欠の委員の任期は、前任者の残任期間とする。
4　委員は、再任されることができる。
5　委員は、職務上知り得た秘密を漏らしてはならない。その職を退いた後も同様とする。

（部　会）
第34条　審議会は、その指名する委員3人以上をもって構成する部会を置くことができる。
2　審議会は、その定めるところにより、部会の決議をもって審議会の決議とすることができる。

（審査請求に係る審議会の調査審議手続等）
第35条　審議会は、必要があると認めるときは、市長に対し、審査請求に係る特定重要公文書（以下「対象特定重要公文書」という。）の提示を求めることができる。この場合において、市長は、審議会の求めを拒んではならない。
2　前項に定めるもののほか、審議会は、審査請求に係る事件に関し、審査請求人、参加人又は市長（以下「審査請求人等」という。）に意見書又は資料の提出を求めること、適当と認める者にその知っている事実を陳述させることその他必要な調査をすることができる。
3　審議会は、審査請求人等から申立てがあったときは、審査請求人等の不利益にならないことが明らかである場合等その必要がないと認められる場合を除き、当該審査請求人等に、口頭で意見を述べる機会を与えなければならない。
4　審査請求人又は参加人は、前項の規定により意見を述べるときは、審議会の許可を得て、補佐人と共に出頭することができる。
5　審査請求人等は、審議会に対し、意見書又は資料を提出することができる。ただし、審議会が意見書又は資料を提出すべき相当の期間を定めたときは、その期間内にこれを提出しなければならない。
6　審議会は、必要があると認めるときは、その指名する委員に、第1項の規定により提示された対象特定重要公文書を閲覧させ、第2項の規定による調査をさせ、又は第3項の規定による審査請求人等の意見の陳述を聴かせることができる。
7　審査請求人等は、審議会に対し、審議会に提出された意見書又は資料の閲覧又は複写を求めることができる。この場合において、審議会は、当該閲覧又は複写を求めた審査請求人等以外のものの利益を害するおそれがあると認めるときその他正当な理由があるときでなければ、その閲覧又は複写を拒むことができない。

8 　審議会は、前項に規定する閲覧又は複写について、その日時及び場所を指定することができる。

9 　この条に規定する調査審議の手続は、公開しない。ただし、審議会が認めた場合は、公開することができる。

10 　審議会は、審査請求に係る諮問に対する答申をしたときは、答申書の写しを審査請求人及び参加人に送付するものとする。

一部改正〔平成28年条例17号〕

（準　用）

第36条　前条（第10項を除く。）の規定は、第34条第2項の規定により部会の決議をもって審議会の決議とする場合について準用する。

（意見の徴取等）

第37条　審議会は、その所掌事務（審査請求に係る事務を除く。）を遂行するため必要があると認める場合は、実施機関の職員その他関係者の出席を求めて意見若しくは説明を聴き、又はこれらの者からの資料の提出を求めることができる。

一部改正〔平成28年条例17号〕

（審議会の組織及び運営に関する事項についての委任）

第38条　第32条から前条までに規定するもののほか、審議会の組織及び運営に関し必要な事項は、市長が定める。

第5章　雑　則

（市長の調整）

第39条　市長は、この条例による公文書管理制度の円滑かつ統一的な実施を図る上で必要があると認めるときは、公文書の管理について、他の実施機関に対し、報告を求め、又は助言をすることができる。

（研　修）

第40条　実施機関は、それぞれ、当該実施機関の職員に対し、公文書の管理を適正かつ効率的に行うために必要な知識及び技能を習得させ、及び向上させるために必要な研修を行うものとする。

（委　任）

第41条　この条例に定めるもののほか、公文書の管理に関し必要な事項は、実施機関が定める。

第6章　罰則

第42条　第33条第5項の規定に違反して秘密を漏らした者は、1年以下の懲役又は50万円以下の罰金に処する。

附　則

（施行期日）

1 　この条例は、平成25年4月1日（以下「施行日」という。）から施行する。ただし、次の各号に掲げる規定は、当該各号に定める日から施行する。

(1) 附則第8項の規定　公布の日
(2) 第4章（第35条及び第36条を除く。）及び附則第12項の規定　この条例の公布の日から起算して3月を超えない範囲内において市長が定める日（平成24年規則第44号で平成24年7月17日から施行）
(3) 第16条から第28条まで、第35条及び第36条の規定　施行日から起算して1年を超えない範囲内において市長が定める日（平成25年規則第28号で、同25年7月1日から施行）

(経過措置)
2　施行日前に作成し、又は取得した公文書の保存期間は、実施機関が現に定めている保存期間とする。
3　前項の規定にかかわらず、施行日前に作成し、又は取得した公文書で、実施機関により10年を超える保存期間が定められているもののうち次に掲げるもの以外のものの保存期間は、当該公文書に係る事案の処理が完結した日（4月1日から5月31日までの間に完結した前年度予算に係る公文書にあっては、同年度の末日）の属する年度の翌年度の4月1日から起算して30年間とする。
(1) 法令等により保存期間の定めのある公文書
(2) 時効が完成するまでの間証拠として保存する必要がある公文書
4　前項の規定により施行日の前日前に保存期間が満了することとなる公文書については、施行日の前日を保存期間が満了する日とみなす。

(経過措置に係る公文書の保存期間の延長)
5　実施機関は、前2項の規定により施行日の前日に保存期間が満了し、又は同日を保存期間が満了する日とみなす公文書について、職務の遂行上必要があると認めるときは、その必要な限度において、保存期間及び保存期間が満了する日を延長することができる。

(経過措置に係る公文書の保存、移管又は廃棄の措置)
6　市長は、附則第2項から第4項までの規定により施行日の前日に保存期間が満了し、又は同日を保存期間が満了する日とみなす公文書（次項において「保存期間満了公文書」という。）について、重要公文書に該当すると認めるものにあっては特定重要公文書として引き続き保存し、それ以外のものにあっては廃棄しなければならない。
7　市長以外の実施機関は、保存期間満了公文書について、重要公文書に該当すると認めるものにあっては市長に移管し、それ以外のものにあっては廃棄しなければならない。

(準備行為)
8　第33条第2項の規定による審議会の委員の委嘱のために必要な準備行為は、同項の規定の施行前においても行うことができる。

(札幌市情報公開条例の一部改正)
9　札幌市情報公開条例の一部を次のように改正する。
　（次のよう略）

(札幌市個人情報保護条例の一部改正)
10　札幌市個人情報保護条例（平成16年条例第35号）の一部を次のように改正する。
　（次のよう略）

(札幌市情報公開・個人情報保護審議会及び札幌市情報公開・個人情報保護審査会条例の一部改正)

11　札幌市情報公開・個人情報保護審議会及び札幌市情報公開・個人情報保護審査会条例（平成16年条例第36号）の一部を次のように改正する。
（次のよう略）

（札幌市特別職の職員の給与に関する条例の一部改正）
12　札幌市特別職の職員の給与に関する条例（昭和26年条例第28号）の一部を次のように改正する。
（次のよう略）

　　附　則（平成28年条例第17号）
1　この条例は、平成28年4月1日から施行する。
2　行政庁の処分その他の行為又は不作為についての不服申立てであってこの条例の施行前にされた行政庁の処分その他の行為又はこの条例の施行前にされた申請に係る行政庁の不作為に係るものについては、なお従前の例による。

2.相模原市公文書管理条例の制定
~適正な公文書管理を目指して~

相模原市　総務局総務部
前　情報公開課長　佐藤　正五

I　公文書管理条例制定までの経過

1　公文書管理条例制定までの背景

　相模原市は、平成25年12月定例会に公文書管理条例を提案し可決、12月24日に交付、翌年の平成26年4月1日から施行している。(歴史的公文書の利用に係る部分は同年10月1日施行)

　平成26年4月1日現在で、神奈川県内では県も含めて本市が初であり、政令指定都市においても大阪市、札幌市に次いで3番目である。全国の地方自治体の中では秋田市、香川県、小布施町そして高松市と同着で11番目であり、全国の公文書管理条例の制定状況から見ると比較的早期に条例制定を行ったところである。

　本市の公文書管理については、従来から、公文書管理規則等に基づき、統合文書管理システム(電子決裁システム)の活用による一元的な管理を推進し、これまでも適正に取り組んできたところである。

　本市における公文書管理の歴史を追うと(表1参照)昭和29年11月1日に市制を施行したが、同年7月1日に「文書取扱いに関する規程」を施行している。昭和38年には「公文書管理規程」として全面改正し、昭和61年の公文書公開条例の施行の際でも規程という位置付けは変更せず、平成13年に公文書管理条例を全面改正した情報公開条例の施行の際、初めて「公文書管理規則」として公文書の管理に関する例規を規則で定めることとなった。

　平成21年には、公文書を国民共有の知的資源と位置付け、統一的なルールに

表1　相模原市における公文書管理の例規の変遷

	国・市の動き	本市の公文書管理
昭和29年	市制施行（29.11.1）	文書取扱いに関する規程施行（29.7.1）
38年		公文書管理規程施行（公文書科目表の導入）
61年	公文書公開条例施行	
平成13年	情報公開条例施行（全面改正）	公文書管理規則施行
16年		統合文書管理システム導入
21年	公文書管理法公布	
22年		公文書管理規則改正（永年保存を廃止、歴史的公文書を定義）
23年	公文書管理法施行	
26年		公文書管理条例施行（26.4.1）（一部は10月施行）

よる公文書管理と歴史公文書等を適切に保存するとともに国民が利用する仕組みを定めた、「公文書等の管理に関する法律」（公文書管理法）が公布されたが、「地方公共団体は、この法律の趣旨にのっとり、その保有する文書の適正な管理に関して必要な施策を策定し、及びこれを実施するよう努めなければならない。」と地方自治体の責務を示した法第34条の規定を受け、本市は敏感な対応をすることとなる。

　平成22年3月、法の施行を待たずして、公文書管理規則の改正を行い、国と同様に、永年保存としていた公文書の保存期間を30年とするとともに、保存期間が終了した公文書のうち重要なものは歴史的公文書選別基準に基づき選別し、永久的に保存することとした。

　経過措置として当該規則の施行後5年間は歴史的公文書の当否に関わらず保存し、この間に選別作業を行うこととしたものである。また旧規則等で既に市に引き渡された歴史資料も歴史的公文書と位置付けている。

　なお、永年保存文書はマイクロフィルム管理規程に従いマイクロフィルム化するとそのマイクロフィルムを原本とみなす規定があったため原本は廃棄せず、市史編さんのために教育委員会（博物館）移管を行った。そして市史編さんに

伴う利用が終了したため当該公文書は再度の移管替えを行い、歴史的公文書として保存している。

次の対応として、公文書管理の仕組みの条例化への動きであるが、将来の相模原市の「まちづくりの指針」となる新・総合計画（平成22年4月スタート）のうち、平成23年度から25年度の計画を定めた「前期実施計画」から「公文書館機能の構築」に向けた取組みに着手し、平成26年度から28年度の計画を定めた「中期実施計画」においては、その事業の内容を「市が保有する公文書を市民共有の知的資源として保存・利用するため、公文書の管理体制の整備やそのための条例の施行など、公文書館機能の構築を進めます。」とした。

事業名	事業の概要	事業内容		
		平成26年度	平成27年度	平成28年度
公文書館機能の構築	市が保有する公文書を市民共有の知的資源として保存・利用するため、公文書の管理体制の整備やそのための条例の施行など、公文書館機能の構築を進めます。	○公文書管理条例の施行 ○公文書館開館 ○公文書館の運営	○公文書館の運営 ○歴史的公文書目録検索システム導入	○公文書館の運営

2　公文書管理条例制定までの手続き

公文書管理条例制定に向けた幾つかの手続きを記すと（表2　参照）まず初めに、相模原市情報公開・個人情報保護・公文書管理審議会（以下、「審議会」という。）に、平成24年4月24日、歴史的公文書の保存・利用を含めた公文書の管理の在り方等について、相模原市長から諮問を行った。

これを受け、審議会の中に、公文書の管理の在り方等を専門的に調査審議する、「公文書管理部会」（委員6名、公文書管理に関する学識経験者や公募の市民で構成）を設置し、「現用公文書の管理の在り方について」、「歴史的公文書の保存及び利用の在り方について」及び「その他公文書の管理に関し必要な事項」に関し、7つの論点を挙げ、およそ1年をかけ慎重に調査審議を行い、平成25年6月17日に市長に答申を行った。

答申では「地方自治体の公文書及び歴史的公文書については、地方自治の本

旨に鑑みれば、当然に市民のものであり、共有の知的資源として、適正に管理・保存・利用していくためには、行政の内部規定である規則ではなく、条例においてその仕組みや基準を定めることが必要である。」とし、諮問事項に関し、留意点を挙げた上で、早期に条例化を検討するよう求めるとともに、条例の実効性を担保するために、歴史的公文書を保存し市民が利用する仕組みである公文書館機能の拠点となる公文書館の設置を早期に検討することを求めている。(資料1　審議会からの答申を参照)

　市(情報公開課)では、さっそく答申を踏まえた条例案の作成に取り掛かった。勿論、これまでも公文書管理の担当部局として条例案の検討を進めてきており、答申が求める条例の姿との差異に苦慮しながらも答申を最大限尊重するとともに実効性の高い条例案の作成に当たった。

　そして、平成25年7月、条例案を、市の基本方針や重要施策を審議する意思決定の会議体である庁議[※1]に諮った。庁議の結果は、「原案どおり承認する。」こととされ、市内部の意思決定がなされた。

　※1　庁議とは、行政運営の基本方針、重要施策などを審議するとともに各局区等の相互の総合調整を行い、市政運営の適切かつ効果的執行を推進するための庁議制度で、経営会議、政策会議、局経営会議等があり、出席者は会議により、課長、部長、局長、副市長、また、経営会議にあっては市長が出席する。

　次に、検察庁との協議であるが、条例案には「秘密を漏らした審査会の委員(その職を退いた者を含む。)は、1年以下の懲役又は50万円以下の罰金に処する。」とした罰則規定があるため、横浜地方検察庁と協議を行った。

　9月に入って相模原市パブリックコメント手続実施要綱に従い、平成25年9月17日〜10月16日までの期間に公文書管理条例案について、市民等に広く意見を求めたが、残念ながら一件も意見が寄せられることはなかった。

　同じく9月には相模原市議会9月定例会時に総務部会に対し条例素案の情報提供を行った後、12月定例会において公文書管理条例案を提案した。条例案は総務委員会に付託され議論されたが賛成総員で可決した。

　また、本会議においても賛成総員であった。なお、本会議における質疑と答弁は、資料2　相模原市議会における主な質疑と答弁のとおりである。

　こうして公文書管理条例は平成25年12月24日付けで交付し、翌年平成26年4

表2　公文書管理条例ができるまで

平成24年4月	・情報公開・個人情報保護・公文書管理審議会へ「公文書の管理の在り方等」について諮問 〈同年6月～翌年6月、全8回の調査審議〉
平成25年6月	・相模原市長に答申～条例案作り
7月	・庁議（ちょうぎ）　・横浜地検と罰則規定の協議
9月	・パブリックコメントの実施　　・議会へ報告
12月	・市議会へ条例案の提案～可決～公布
平成26年 1～3月	各実施機関は、「規則」、「歴史的公文書選別基準」、「公文書作成指針」等の作成
4月	・公文書の管理の部分について施行
10月	・歴史的公文書の部分について施行予定

月1日に施行することとなった。

　なお、条例の整備にあたっては法と同じように、現用公文書と歴史的公文書の両方の公文書の管理の仕組みと歴史的公文書の利用請求の仕組みを定めるとともに、（図1）公文書の管理に関しては現行の「規則」から「条例」に格上げする格好となった。（図2）

　なお、条例の交付後、平成26年4月1日の施行までに各実施機関が整備しなければならない事項は次の4点であった。

・「規則」の作成
・公文書の分類（条例第6条第1項）

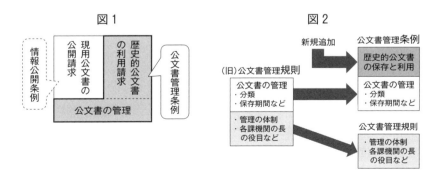

・歴史的公文書選別基準の作成（条例第6条第5項）
・公文書作成指針の作成（条例第5条第2項）

Ⅱ 公文書管理の仕組みを条例で制定した理由

　本市が条例化を検討した理由であるが、ひとつは情報公開・個人情報保護・公文書管理審議会からの答申である。
　「Ⅰ　2　公文書管理条例制定までの手続き」でも触れたが、情報公開・個人情報保護・公文書管理審議会から、地方自治体の公文書及び歴史的公文書について、「地方自治の本旨に鑑みれば、当然に市民のものであり、共有の知的資源として、適正に管理・保存・利用していくためには、行政の内部規定である規則ではなく、条例においてその仕組みや基準を定めることが必要である。」との答申をいただいたこと、
　次に、相模原市条例等整備方針に基づく考えである。
　本市の条例等の在り方を示す「相模原市条例等整備方針」には、「市政に関する基本的事項若しくは基本理念又は市民、事業者等に対しての責務を定めるもの」については原則として条例として定めるとあり、公文書管理がこの項目に該当していると考えている。
　情報公開制度と公文書管理は車の両輪の関係と言われてから久しい。言うまでもなく情報公開条例における情報公開とは、具体的には公文書の公開請求であり、市民等に請求権を定めてもその対象である公文書が存在しなければそもそも制度が成り立たない。文書不存在として非公開決定をした場合、行政不服審査法に基づく不服申し立て、行政事件訴訟法に基づく訴訟の提起が可能であり、情報公開条例においても不服申立ての際には実施機関による情報公開・個人情報保護・公文書管理審査会への諮問を義務付けるなど、その請求権の保証がなされている。
　さて、平成26年7月15日の読売新聞の記事によると、1972年の沖縄返還を巡る日米間の文書の開示を国に求めた訴訟で、最高裁は原告側の上告を棄却する判決を言い渡した。最高裁判決は「行政側が文書がないという理由で不開示とした決定取り消し訴訟では、原告側に行政が文書を保有していることを立証す

る責任がある。」との判断を示した。あたりまえの話ではあるが、公文書そのものが存在していないとなれば、公開・非公開の判断の機会さえ喪失されてしまうのである。

　本市においても公文書が不存在との理由で非公開とした処分は少なくない。「その文書は作成していない。」「その文書は保有していない。」「保存期間の満了で廃棄した。」それぞれ理由は別にしても、公開請求された公文書は物理的に存在していないと実施機関は処分をしている。

　万が一でも、公文書の不適切な取り扱いを原因とした公文書の不存在はあってはならず、そのために公開・非公開の議論もできない状況は回避されるべきである。情報公開制度を運用する以上、行政自らが公文書の適正管理を宣言することが求められ、それには条例において公文書管理に関する仕組みを定めることが重要である。

　青森県では、公文書管理条例はまだ整備されていないものの、青森県公文書管理・個人情報保護審査会では不服申し立ての案件において、「文書作成の必要性」、「行政文書の適正管理」等について適切な付言を付している。

　本市も公文書管理条例が施行され、不服申し立てに対する調査審議を行う審査会も「情報公開・個人情報保護審査会」から「情報公開・個人情報保護・公文書管理審査会」となった。今後、文書不存在による非公開決定に対する調査審議において、公文書の管理に関する部分についても必要に応じ深く議論されることを期待している。

Ⅲ　条例構築のコンセプト

　条例構築の上で心がけたコンセプトは次のとおりである。

・市制施行時から実施している公文書管理体制の継承
・公文書管理法が求める公文書管理の適正な管理等の実現
・国や他自治体を参考にしつつも、実効性の高い条例を目指す

　冒頭でも触れたが、相模原市は市制を施行した昭和29年11月1日には「文書

取扱いに関する規程」に基づき公文書の管理を行っている。そこには公文書の保存期間が、永久、10年、5年、1年の4種類とされ、永久保存とされる文書は、「例規及び令達その他将来例証となる通知及び照会書類」、「廃置分合、改称及び境界等に関する書類」などと規定されており、それぞれの保存期間に属する文書が列挙されている。

昭和38年には「公文書管理規程」として改正し、公文書科目表を定めるとともに分散保管集中保存方式（各課ではファイリングキャビネットに1年間保管した後、文書担当課に移管する方式）の導入を図った。その後改訂を行いながら適正な公文書管理に貢献し、平成13年に公文書管理条例を全面改正した情報公開条例の施行の際、初めて「公文書管理規則」として公文書の管理に関する例規を規則とした。

平成16年度にはペーパーレスを図るとともに事務の効率化を図るため、電子決裁を行う「統合文書管理システム」の活用による一元的な管理を図るなど、公文書の適正管理に取り組んできており、条例化にあたってもこれらの仕組みや決まりを継承することとした。

一方、平成21年7月の公文書管理法の公布を受け、本市は敏感に反応し、公文書管理規則の改正を行ったことは先に述べたが、第三者機関の活用、法令遵守の仕組み、歴史的公文書の利用促進といった法に定められているいくつかの仕組みについて法の趣旨を充分考慮しながらも、市制施行時から実施している公文書管理体制を継承しつつ、更に適正な公文書管理実現のための実効性の高い本市独自の仕組みを構築した。詳しくは次の「相模原市の公文書管理条例の特徴」で述べる。

Ⅳ　相模原市公文書管理条例の特徴

1　重要事項は審議会への諮問・答申を義務付け

国においては法に基づく一元的な公文書の管理を行うこととされ、必要に応じて内閣総理大臣（内閣官房）が現地調査や勧告まで行う権限を有している。選別の結果、歴史公文書は国立公文書館に移管され公文書館長の権限の下、そ

の保存や利用の仕組みが構築されている。（図3　参照）
　しかしながら本市においては公文書管理の仕組みを規程や規則で定めていた頃から何十年も間、市長部局の情報公開課（かつては総務課）が、全ての実施機関に係る公文書の保存や廃棄等について専属的に行ってきた経過がある。条例制定後は法における内閣総理大臣と同様な組織が必要であるものの8つの実施機関は同等・同格であり、情報公開課が属する市長部局が特段の権限を持ち勧告などを行うことは例規上困難である。

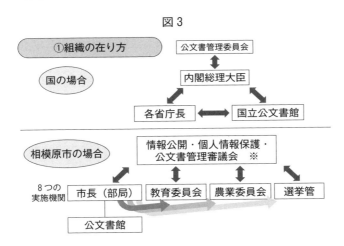

図3

　法の趣旨からは、独立した権限を持つ組織体制を構築することが望ましいが、本市では組織だけに頼るのではなく仕組みにこだわり、歴史的公文書の保存と市民等の利用を進めていくものとした。具体的には法における内閣総理大臣の権限を審議会に与えるというものである。（表3　参照）
　法では公文書の廃棄にあたっては、あらかじめ内閣総理大臣と協議し、その同意を得なければならないと規定されている。そこで条例では公文書の廃棄にあたっては、あらかじめ審議会の意見を聴かなければならないと規定したのである。
　また法では特定歴史公文書（条例では歴史的公文書）の廃棄にあたっては、国立公文書館長は、あらかじめ内閣総理大臣と協議し、その同意を得なければならないと規定があるが、条例では歴史的公文書の廃棄にあたっては、あらか

じめ審議会の意見を聴かなければならないと規定したのである。
　また、内閣総理大臣の勧告権限にあたる部分については、「市長は、この条例の目的を達成する範囲内において必要があると認めるときは公文書の管理について、実施機関に対し、報告を求め、又は助言することができる。」とした規定や「市長は、公文書の適正な管理を確保するために必要があると認めるときは、実施機関に対し、公文書の管理について、当該職員に実地調査をさせることができる。」と規定することで市長部局がその職責を担うものとした。

表3　内閣総理大臣の権限と条例の規定

内閣総理大臣の権限等の規定（概要）	公文書管理委員会への諮問の有無	条例の規定（概要）
第8条（移管又は廃棄） 　行政機関の長は保存期間が満了した公文書を廃棄しようとする時あらかじめ、内閣総理大臣に協議し、その同意が必要。		第9条第6項（保存期間が満了した公文書の取扱い） 　保存期間が満了した公文書を廃棄しようとするときは、目録を公表するとともに、<u>あらかじめ審議会の意見を聴かなければならない</u>。
第9条（管理状況の報告等） 　内閣総理大臣は、行政文書の適正な管理の確保のため必要がある場合に行政機関の長に対し、行政文書の管理の状況報告・資料提出を求め、実地調査が可能。		第10条（管理状況の報告等） 　市長以外の実施機関は公文書の管理の状況について毎年度市長に報告しなければならない。 第37条（市長の調整） 　2　市長は、公文書の適正な管理を確保するために必要があると認めるときは、実施機関に対し、公文書の管理について、当該職員に実地調査をさせることができる。
第25条（特定歴史公文書の廃棄） 　国立公文書館の長は歴史的公文書が重要でなくなった時、内閣総理大臣と協議、同意を得て廃棄が可能。	○	第31条（歴史的公文書の廃棄） 　市長は歴史的公文書が重要でなくなったと認める場合には目録を公表するとともに、<u>あらかじめ審議会の意見を聴き</u>、廃棄することができる。
第31条（内閣総理大臣の勧告） 　内閣総理大臣は、この法律を実施するため特に必要があると認める場合には行政機関の長に対し、勧告をし報告を求めることが可能。	○	第37条（市長の調整） 　市長は、条例の目的を達成する範囲内において必要があると認めるときは公文書の管理について、実施機関に対し、報告を求め、又は助言することができる。

さて、審議会の権限の話に戻るが、内閣総理大臣との協議や同意にあたる事項について審議会の意見を聴くことにしたと書いたが、この他の重要事項についても公正・中立な第三者機関である審議会へ諮問・答申し公文書管理の専門的な意見や・客観的な立場からの意見をいただくこととした事項がある。（表4　参照）

　まず、歴史的公文書選別基準を制定、改廃するときである。歴史的公文書を保存する仕組みがあっても、そもそもどのような公文書が歴史的公文書に該当するかは重要な問題である。よって、歴史的公文書選別基準を制定、改廃するときも審議会の意見を聴くこととした。

　更に、公文書の保存期間を延長するときも同様に審議会意見を聴くこととした。保存期間の延長に何の支障があるのかと疑問を感じる方もいると思うが、保存期間を延長するということは、公文書から歴史的公文書への移行を妨げるものである。公文書の利用には情報公開条例に基づく公文書公開請求行為が必要となる。市民等の利用を大前提とした歴史的公文書とはその性質を異にしている。よって保存期間を延長することに合理的理由があるか否かの審議を必要としたものである。

2　歴史的公文書の誤廃棄を防ぐ4つのハードル

　次に、公文書の誤廃棄を防ぐ仕組みである。

　保存期間が満了し、歴史的公文書に該当しないものは廃棄されることとなるが、万が一、歴史的公文書として残すべきものが誤廃棄されてはいけない。当然のことであるが、廃棄されたものは二度と元に戻らない。そこで本市独自の

表4　審議会に諮問、報告が必要な事項

事　　項	審議会への手続き
・歴史的公文書選別基準を制定、改廃するとき	諮　問
・公文書の保存期間を延長するとき	
・公文書を廃棄するとき ・歴史的公文書を廃棄するとき	
・分類の基準を制定・改廃するとき	報　告

仕組みとして、廃棄に至るまで4つのハードルを設け、一度誤った判断があっても複数の手続きにおいて廃棄か？歴史的公文書として保存するか？の判断がなされることで誤廃棄を防ぐ仕組みとした。（図4　参照）

一つ目は、文書の作成時に歴史的公文書か否かを判断するものである。

条例では、保存期間の満了前のできる限り早い時期に、保存期間が満了したときの措置として、歴史的公文書選別基準に該当するものにあっては引き続き保存する措置を、それ以外のものにあっては廃棄する措置を採るべきことを定めなければならない。と規定したが、そのできる限り早い時期とは文書作成時のことである。これは最も内容を熟知している当該公文書の作成者が歴史的公文書か否かの判断できるとされているからである。

実務では、作成者はあらかじめ公文書の分類と保存期間、更に歴史的公文書か否かが整理された「公文書科目表」に従って公文書の作成を行うこととしている。

図4

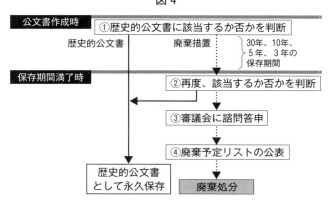

公文書科目表の一例

大分類		中分類		小分類		選別	個別名称		保存期間	編さん区分	除紙	摘要
0	総務	4	広聴広報	5	情報公開		01	庶務	1			
						歴	02	公文書公開請求	5			
						歴	03	情報公開・個人情報保護・公文書管理審査会	5(30)			諸問答申に係るものは30年保存。
							04	運用状況報告書	5			
						歴	05	情報公開・個人情報保護・公文書管理審議会	5(30)			諸問答申に係るものは30年保存。

　二つ目のハードルは、保存期間が満了した時である。

　条例では、廃棄の措置を採るべきと定めた公文書にあっても、当該公文書が歴史的公文書選別基準に該当すると認めるときは、保存しなければならない。と規定した。一つ目の考え方と逆行しているようだが、作成時はさして重要と思われなかった事柄が、文書作成時から時が経過し社会情勢の変化により重要となる場合を否定できないため、保存期間が満了した時点で担当である職員が歴史的公文書か否かの判断を行うことは有用であると考えたものである。また、文書作成時において歴史的公文書であるにも関わらず歴史的公文書となっていない場合であっても、ここで再チェックが可能となるものである。

　三つ目のハードルは、審議会の意見を聴くことである。これに関しては「Ⅴ　相模原市公文書管理条例の特徴　1　重要事項は審議会への諮問・答申を義務付け」で述べたため割愛する。

　四つ目のハードルは廃棄予定リストの公表である

　条例では、保存期間が満了した公文書を廃棄しようとするときは、当該公文書の目録を公表するとともに〜と規定した。職員による二度のチェック、そして審議会での調査審議を終えた廃棄予定の公文書の最後のハードルは廃棄公文書リストの公表である。パブリックコメント制度に乗せることまでは想定はしていないが、インターネット、つまり市のホームページ上に一定期間、廃棄公文書のリストを掲載することで、市民等から意見をいただく機会を提供している。もし廃棄に関して意見等があった場合には実施機関が再度、歴史的公文書

への該当性等について検討を行うことを想定している。

　さて、三つ目のハードル、審議会における調査審議であるが、平成26年4月の条例施行後、保存期間を満了した公文書（平成25年度で保存期間満了するもの）の廃棄について条例の規定に基づき公文書管理審議会で調査審議を行った。
　条例の制定以前は、公文書の廃棄は保存期間が終了した廃棄リストに従い機械的に廃棄してきたが、条例の規定に従い、廃棄に前にあらかじめ審議会に諮問答申を行ったものである。
　対象文書は市長部局1,274冊、教育委員会261冊、議会44冊、選挙管理委員会42冊、農業委員会37冊、監査委員12冊、人事委員会5冊の全1,675冊である。
　抽出スタイルではなく全ての簿冊について廃棄の妥当性について、適正な保存期間であるか否か、廃棄した場合の影響度、また、廃棄文書の中に歴史的公文書として保存すべきものはないか等につき調査審議が行われた。
　調査審議は平成26年5月21日、6月30日、7月11日の計3日間に及んだ。
　調査審議の結果、「諮問は適当なものと認める。」とされたが、現在の簿冊名称では内容が分かりにくいことから表記の改善の求めや、公文書は存在するものの公文書科目表に整理されていないといった指摘など、より適切な公文書の管理方法についての意見をいただいたところである。
　このことは、公文書管理条例がもたらす適正な公文書管理の実効性を感じた最初の手応えであった。
　ただ、この条例スタートを機にすべてが一気に改善するものではないと感じる。例えば先ほどの簿冊名称だが、昭和41年から公文書科目表が整備され運用しているが、老舗のタレの様に長い時間継ぎ足しを繰り返してきたものであり、確かに簿冊名称だけでは公文書の内容が推測できないものも散見された。年次計画を立て、庁内の全ての課・機関の文書科目の徹底的なチェックが必要である。
　なお、調査審議の円滑化のために対象文書は次のとおりカテゴリー分けを行った。

〈廃棄リスト公文書の類型の例〉
・県等からの照会に対する回答や報告
・市がメンバーとして参加した会議報告
・許可申請等の提出書類
・市支出、市歳入の補助金書類
・服務、会計書類
・後援、共催書類
・請願、陳情、要望書類など

コラム　相模原市立公文書館の開館

　審議会の答申でも「歴史的公文書を保存し市民が利用する仕組みである公文書館機能の拠点となる公文書館の設置を早期に検討すること。」と公文書館の設置に言及があった。

　本市の条例では、「歴史的公文書を永久保存し、市民等が利用する。」いわゆるソフトとしての公文書館機能の仕組みを定めており、必ずしもハードとしての公文書館が存在しなくてもその機能を発揮することは可能である。しかしながら、博物館や市の出先機関の倉庫等、市内6か所に分散保管している歴史的公文書の適切な保存や、市民が閲覧や利用を行う拠点づくりは、公文書管理条例の実効性を担保するために必要不可欠であると考える。

　厳しい財政状況の中で、数億円の予算が必要となる公文書館の新設は断念し、既存施設を利用した相模原市立公文書館を平成26年10月1日、開館した。公文書管理条例施行から、わずか6か月後のことである。

Ⅴ　公文書管理条例の特記事項

条例を整備する上で特に配慮した点を明記する。

1　目的規定

第1条　この条例は、市の諸活動や歴史的事実の記録である公文書が、市民

> 共有の知的資源として、市民が主体的に利用し得るものであることに鑑み、公文書の管理に関する基本的事項を定めることにより、公文書の適正な管理、歴史的公文書の適切な保存及び利用等を図り、もって市政が適正かつ効率的に運営されるようにするとともに、市政に関する市民の知る権利を尊重し、市の諸活動を現在及び将来の市民に説明する責務が全うされるようにすることを目的とする。

・目的規定に関しては、平成24年4月24日付の情報公開・個人情報保護・公文書管理審議会からの公文書の管理の在り方等に関する答申(以下「答申」という。)にもあるように、法の趣旨を充分考慮したものとなっている。具体的には、公文書が行政活動や歴史的事実の記録であること、公文書が市民共有の知的資源であり主体的に利用でき得るものであること等、知る権利に関する部分以外、ほぼ法の目的に沿ったものとなっている。

更に地方自治の本旨(市民及び市が自己の意思と責任で行政運営を行うという考え)の観点から、地方自治体の公文書及び歴史的公文書については、当然に市民共有の知的資源であり、適正に管理・保存・利用していくためには、行政の内部規定である規則ではなく、条例においてその仕組みや基準を定めることが必要であると考えたものである。

(なお、条項に「地方自治の本旨及び公文書管理に関する法律の趣旨にのっとり〜」の明記も検討したが、条例で仕組みや基準を定めること自体が憲法で保障した地方自治の本旨を全うするものであること。また、法第34条の規定は行政手続法などの規定と同様に、その地方自治体に一定の努力義務を課したものであり自治事務の範疇である。こういった場合、本市の法制執務では明示しないこととしているため両方とも明記に至らなかった経過がある。)

・「知る権利の尊重」に関しては、本市情報公開条例の目的規定にも同様に明記しているが、どちらの条例も「説明責任を果たす」という目的が同じであることや、両制度は両輪の関係であること、さらに、「知る権利については、相模原市情報公開条例との整合を図り、市民の知る権利を尊重するとともに、

さらに、市民自身が「知る権利」に対する認識を高めるためにも、基本的な理念として明示すること。」という答申を受けたものである。

・答申には「考慮要素として、地域特性や市の独自性に配慮した規定を設けることが適当である。」との意見をいただいたが、「地域特性」に関する特段の規定は設けていない。平成23年6月17日発行、地方公共団体公文書管理条例研究会報告書「公文書管理条例の制定に向けて〜より良い公文書等の管理を目指して〜」（以下、「研究会報告書」という。）38頁において条例の目的には「地域特性に配慮した目的とすること。」として「必要に応じて、目的に『郷土学習』、『郷土理解』、『教育、学術、文化の向上』を入れること。」との留意事項も考慮し検討は行ったものの、本市の地域特性についての記述には至らなかった。

　ただし、平成18年、19年に合併した津久井4町には明治時代からの歴史的公文書が多く保存されており、これらを適切に保存利用することが包含的に地域特性に配慮したものであると考えている。

2　定　義

第2条　この条例において「実施機関」とは、市長、教育委員会、選挙管理委員会、人事委員会、監査委員、農業委員会、固定資産評価審査委員会及び議会をいう。

2　この条例において「公文書」とは、実施機関の職員が職務上作成し、又は取得した文書（図画及び電磁的記録（電子的方式、磁気的方式その他人の知覚によっては認識することができない方式で作られた記録をいう。以下同じ。）を含む。第20条を除き、以下同じ。）であって、当該実施機関の職員が組織的に用いるものとして、当該実施機関が保有しているものをいう。ただし、次に掲げるものを除く。

(1)　新聞、雑誌、書籍その他不特定多数の者に販売することを目的として発行されるもの

(2)　文書の作成の補助に用いるため一時的に作成した電磁的記録

(3) 相模原市立図書館条例（昭和39年相模原市条例第31号）第２条に規定する図書館、相模原市立博物館条例（平成７年相模原市条例第13号）第２条に規定する博物館その他の市の施設において、一般の利用に供することを目的として管理されているもの

3　この条例において「歴史的公文書」とは、後世に残すべき重要な公文書のうち、第９条第１項から第４項までの規定により保存されているものをいう。

・実施機関については、本市の機関すべてを含んでおり、除外している組織はない。この８つの実施機関は、本市情報公開条例及び個人情報保護条例の実施機関と同じである。

　なお、地方独立行政法人が実施機関に含まれていないのは、本市には存在しないためである。他の自治体の条例が実施機関として位置付ける地方独立法人とは、地方独立行政法人法に基づくもので、「地方公共団体の義務ではないが民間だとやらない可能性があるもので、住民の生活、地域社会の安定性に必要」とされている「市立病院」「市立大学」などである。ただし、市の出資法人や本市の公の施設の管理等を行う指定管理者の文書管理については条例第33条及び第34条で定めている。

・公文書の定義であるが、本市情報公開条例及び個人情報保護条例の実施機関と同様とした。

・歴史的公文書の定義において寄贈や寄託された古文書は含んでいない。あくまでも、生まれが公文書（明治22年の市制町村制の施行後の公文書）のものを保存、利用する仕組みを考えている。つまり、保存期間満了後の公文書の位置付けを明確にすることが目的であると考えている。

　理由としては法の趣旨を受け市民共有の知的資源である公文書そのものを歴史的公文書と定義したからである。

　本市において古文書等は市立博物館で収集・整理・保存がなされている実態がある。今後、公文書館における保存場所の確保や、学芸員やアーキビス

※公文書の定義の変遷（抜粋）

	公文書の定義	備　考
公文書管理規則	この規則において、「公文書」とは、職員が職務上作成し、又は取得した文書、図画（これらを撮影したマイクロフィルムを含む。）及び電磁的記録（電子的方式、磁気的方式その他人の知覚によっては認識することができない方式で作られた記録をいう。）をいう。	平成13年3月30日、公文書公開条例を情報公開条例に全面改正したとき
公文書管理規則	この規則において、「公文書」とは、職員が職務上作成し、又は取得した文書、図画（これらを撮影したマイクロフィルムを含む。）及び電磁的記録（電子的方式、磁気的方式その他人の知覚によっては認識することができない方式で作られた記録で、職員が組織的に用いるものとして保有しているものをいう。）をいう。	平成22年3月31日、公文書管理法の交付を受け改正したとき
公文書管理条例	この条例において「公文書」とは、実施機関の職員が職務上作成し、又は取得した文書（図画及び電磁的記録（電子的方式、磁気的方式その他人の知覚によっては認識することができない方式で作られた記録をいう。）を含む。）であって、当該実施機関の職員が組織的に用いるものとして、当該実施機関が保有しているものをいう。	平成26年4月1日、公文書管理条例を制定したとき

トなどの専門職員の配置等の受け入れ態勢が整った時点で、公文書館での受け入れを考えていく必要があると考えている。

3　公文書の作成

> 第5条　実施機関の職員は、当該実施機関における経緯も含めた意思決定に至る過程並びに当該実施機関の事務及び事業の実績を合理的に跡付け、又は検証することができるよう、文書を作成しなければならない。ただし、事案が軽微なものであるときは、この限りでない。
> 2　実施機関は、前項の文書が適切に作成されるようにするため、公文書の作成に関する指針を定めるものとする。

・各実施機関では第2項の規定に従い「公文書の作成に関する指針」を作成した。その中で作成すべき公文書を大きく3つに分け、①会議録②相談・交渉の記録③事務事業の実績の記録とした。

・①会議録は、経緯も含めた意思決定に至る過程の記録の最たるものであり、その対象を次のとおり明記した。
　　(ア)　経営会議、政策会議、局経営会議等の市としての意思決定に係る会議
　　(イ)　市が主催し、市民等が出席する会議
　　(ウ)　審議会等や協議会等
　　(エ)　国や県等の外部機関等との会議
　　(オ)　連絡調整会議等
　　(カ)　複数の組織の課長（以上）が参加する会議は目的や効果を考慮し会議録の作成を判断する。
・②相談・交渉の記録は、互いの主張や意見等を、客観的な視点に基づき記録すべきとし、次のとおり明記した。
　　(ア)　給付事務、賦課事務、違反指導事務等における行政処分、行政指導に関する相談や苦情対応等の経過
　　(イ)　土地の買収交渉や建物移転に係る補償交渉等における交渉等の経過
・③事務事業の実績の記録は、どのような効果や成果が得られたかを記録した文書であって次のとおり明記した。
　　(ア)　定期的に作成されている報告書
　　　　例　市政の概要、市政に関する世論調査等
　　(イ)　特徴的な事業について作成された報告書
　　　　例　政令指定都市へのあゆみ、東日本大震災1年間の取組み等
　　(ウ)　その他の細かな記録
　　　　例　毎日記録すべき業務に係る日報、施設利用報告書等

資料1　審議会からの答申（概要）

　地方自治体の公文書及び歴史的公文書については、地方自治の本旨に鑑みれば、当然に市民のものであり、共有の知的資源として、適正に管理・保存・利用していくためには、行政の内部規定である規則ではなく、条例においてその仕組みや基準を定めることが必要である。

【条例の目的について】
〇目的には、地方自治の本旨及び法の趣旨にのっとり、公文書等の管理に関する基本的な事項を定めるとともに、行政の適正かつ効率的な運営を図ることを規定すること。
〇考慮要素として、地域特性や市の独自性に配慮した規定を設けることが適当である。
〇「知る権利」については、情報公開条例との整合を図り、市民の知る権利を尊重するとともに、さらに、市民自身が「知る権利」に対する認識を高めるためにも、基本的な理念として明示すること。
〇「説明責任」については、条例の基本的な理念の実現のために、現在及び将来の市民に対する説明責任を全うすべきことを条例の目的に規定すること。

【公文書等の定義について】
〇公文書、歴史的公文書などの定義を条例において明らかにするとともに、条例の適用対象となる範囲については、なるべく幅広くなるよう検討すること。

【公文書の管理について】
〇作成から保存や廃棄という公文書のライフサイクルの各段階をルール化し遵守することが適正な文書管理につながることから、その仕組みを条例において明確にすること。

【出資法人等の文書管理について】
〇実質的に市の業務を担っていると考えられる出資法人等の文書管理については、法人の実態に応じて、市に準じた取扱いとすること。

【歴史的公文書の保存及び利用の在り方について】
〇歴史的公文書を永久的に保存する仕組みを条例において定めること。また、歴史的公文書を利用請求する権利を保障するとともに、利用しやすい仕組みを整えること。

【その他公文書の管理に関し必要な事項】
〇制度の改善等について
　　客観的・専門的視点から公文書管理制度の改善や不服申立てに対する調査審議を行う審議会・審査会を設置するなど条例の実効性を高める制度を検討すること。
〇その他検討事項
　　歴史的公文書を保存し市民が利用する仕組みである公文書館機能の拠点となる公文書館の設置を早期に検討すること。
　　また、公文書を取り巻く課題解決にも積極的に取り組むこと。

資料2　相模原市議会における主な質疑・答弁

【公文書管理条例制定意義】
Q　従来から公文書管理規則や規程で公文書は管理されてきた。条例制定の意義は。
A　文書が市民共有の知的資源である認識の下、適正に管理、保存、利用を図るには行政の内部規定でなく条例において仕組みや基準を定めることが重要と考える。

【本市条例の特色】
Q　他の自治体との違い、特色は何か。
A　歴史的公文書選別基準の制定・改廃や公文書の廃棄、保存期間の延長などについて、第三者機関である審議会の意見を聴くことを義務付けていることである。

【公文書の作成義務】
Q　作成の必要のない軽微なものとは何か。
A　市民への説明責任の観点から限定的に考えている。所掌事務に関する単なる照会・問合せに対する答え、日常業務の連絡・打合せを想定している。

【会議録の作成】
Q　説明責任を果たす上で、会議録の作成ルールを定めることが重要では。
A　会議録は、経緯も含めた意思決定に至る過程の記録。作成、保存することは説明責任を果たすために重要。従来から適正に作成しているが、条例の規定を受けた「公文書の作成に関する指針」の中にルールを明記する。

【歴史的公文書選別基準】
Q　どのようなものが歴史的公文書となるのか。
A　市の総合計画、重要施策、市の廃置分合、境界変更、条例規則、議会の議事に関するものなど、後世に残すべき重要な公文書である。

【公文書の廃棄】
Q　歴史的公文書となるべき公文書の誤廃棄の防止策は。
A　歴史的公文書に該当しない公文書の廃棄に当たり、廃棄目録を公表するとともに審議会の意見を聴くことを義務付けて誤廃棄を防止する仕組みとする。

【歴史的公文書の廃棄】
Q　歴史的公文書が重要でなくなる場合とは何か。
A　紙の劣化が極限にまで進んで判読や修復が不可能となり資料としての価値がないときや、資料が重複しいてる場合である。

【指定管理者の文書管理】
Q　指定管理者の文書管理の指導はどうするのか。
A　市の施設管理に関する文書は協定上、市と同様の文書管理を求めており、指定管理者とのモニタリング時などに指導する

【公文書破棄の防止】
Q　職員が故意に公文書を破棄した場合の罰則規定が必要ではないか。
A　事案に応じて、地方公務員法に基づく懲戒処分や刑法（公用文書毀棄罪）の適用となるため、職員の罰則規定は設けていない。

【公文書以外の保存・利用】
Q　ポスターやパンフレット等の保存と活用は。
A　公文書以外の資料（ポスター、パンフレット、記念品等）は条例の対象外だが、現状を後世に伝える貴重な歴史資料。管理の方法や保存の場所も検討する。

【公文書館の整備は】
Q　歴史的公文書の集中管理と市民利用の窓口についての検討状況は。
A　約2万5千冊を市内6か所で保管している。条例では歴史的公文書を保存し市民等が利用する仕組みを定めており、散逸防止のための集中管理と市民利用の観点から閲覧場所の提供は、条例の実効性を高める上で重要となる。既存施設を有効利用して公文書館の設置を検討している。

資料3　相模原市公文書管理条例

○相模原市公文書管理条例
　　平成25年12月24日条例第46号

目　次
　第1章　総　則（第1条—第3条）
　第2章　公文書の管理（第4条—第12条）
　第3章　歴史的公文書の保存、利用等（第13条—第32条）
　第4章　雑　則（第33条—第40条）
　附　則

第1章　総　則
（目　的）
第1条　この条例は、市の諸活動や歴史的事実の記録である公文書が、市民共有の知的資源として、市民が主体的に利用し得るものであることに鑑み、公文書の管理に関する基本的事項を定めることにより、公文書の適正な管理、歴史的公文書の適切な保存及び利用等を図り、もって市政が適正かつ効率的に運営されるようにするとともに、市政に関する市民の知る権利を尊重し、市の諸活動を現在及び将来の市民に説明する責務が全うされるようにすることを目的とする。

（定　義）
第2条　この条例において「実施機関」とは、市長、教育委員会、選挙管理委員会、人事委員会、監査委員、農業委員会、固定資産評価審査委員会及び議会をいう。
2　この条例において「公文書」とは、実施機関の職員が職務上作成し、又は取得した文書（図画及び電磁的記録（電子的方式、磁気的方式その他人の知覚によっては認識することができない方式で作られた記録をいう。以下同じ。）を含む。第20条を除き、以下同じ。）であって、当該実施機関の職員が組織的に用いるものとして、当該実施機関が保有しているものをいう。ただし、次に掲げるものを除く。
(1)　新聞、雑誌、書籍その他不特定多数の者に販売することを目的として発行されるもの
(2)　文書の作成の補助に用いるため一時的に作成した電磁的記録
(3)　相模原市立図書館条例（昭和39年相模原市条例第31号）第2条に規定する図書館、相模原市立博物館条例（平成7年相模原市条例第13号）第2条に規定する博物館その他の市の施設において、一般の利用に供することを目的として管理されているもの
3　この条例において「歴史的公文書」とは、後世に残すべき重要な公文書のうち、第9条第1項から第4項までの規定により保存されているものをいう。

（他の法令等との関係）
第3条　公文書の管理については、法令又は他の条例（以下「法令等」という。）の規定により、特別の定めがある場合を除くほか、この条例の定めるところによる。

第2章　公文書の管理
（公文書管理の原則）
第4条　実施機関の職員は、この条例の目的を十分認識し、公文書の作成、整理、保存等を適切に行わなければならない。

（公文書の作成）
第5条　実施機関の職員は、当該実施機関における経緯も含めた意思決定に至る過程並びに当該実施機関の事務及び事業の実績を合理的に跡付け、又は検証することができるよう、文書を作成しなければならない。ただし、事案が軽微なものであるときは、この限りでない。
2　実施機関は、前項の文書が適切に作成されるようにするため、公文書の作成に関する指針を定めるものとする。

（公文書の整理等）
第6条　実施機関の職員が公文書を作成し、又は取得したときは、当該実施機関は、事務及び事業の性質、内容等に応じ、系統的に分類するとともに、保存期間及び保存期間の満了する日を設定しなければならない。
2　実施機関は、前項の規定による公文書の分類に関する基準を定めなければならない。
3　公文書の保存期間は、法令等に別に定めがあるもののほか、別表に定める期間を基準とする。
4　実施機関は、次の各号に掲げる公文書については、第1項の規定により設定した保存期間及び保存期間の満了する日を、当該各号に定める期間を経過する日までの間、延長するものとする。この場合において、一の区分に該当する公文書が他の区分にも該当するときは、それぞれの期間が経過する日のいずれか遅い日までの間、保存するものとする。
(1) 現に監査、検査等の対象になっているもの　当該監査、検査等が終了するまでの間
(2) 現に係属している訴訟における手続上の行為をするために必要とされるもの　当該訴訟が終結するまでの間
(3) 現に係属している不服申立てにおける手続上の行為をするために必要とされるもの　当該不服申立てに対する裁決又は決定の日の翌日から起算して1年間
(4) 相模原市情報公開条例（平成12年相模原市条例第39号。以下「情報公開条例」という。）第5条の規定による公開請求又は相模原市個人情報保護条例（平成16年相模原市条例第23号）第14条第1項の規定による開示の請求、同条例第28条第1項の規定による訂正の請求若しくは同条例第36条第1項の規定による利用停止の請求があったもの　当該請求に対する諾否の決定の日の翌日から起算して1年間
(5) 前各号に掲げるもののほか、実施機関が職務の遂行上必要とするもの　実施機関が必要と認める期間
5　実施機関は、保有する公文書について、後世に残すべき重要な公文書を選別するための基準（以下「歴史的公文書選別基準」という。）を定めなければならない。
6　市長は、保有する公文書について、保存期間（延長された場合にあっては、延長後の保存期間。以下同じ。）の満了前のできる限り早い時期に、保存期間が満了したときの措置として、歴史的公文書選別基準に該当するものにあっては引き続き保存する措置を、それ以外のものにあっては廃棄する措置を採るべきことを定めなければならない。
7　市長以外の実施機関は、必要に応じて市長と協議を行い、保有する公文書について、保存期

間の満了前のできる限り早い時期に、保存期間が満了したときの措置として、歴史的公文書選別基準に該当するものにあっては市長へ移管する措置を、それ以外のものにあっては廃棄する措置を採るべきことを定めなければならない。
8 実施機関は、第2項の基準を制定し、又は改廃したときは、相模原市情報公開・個人情報保護・公文書管理審議会（以下「審議会」という。）に報告しなければならない。
9 実施機関は、第4項第5号の規定により保存期間及び保存期間の満了する日を延長しようとするとき又は歴史的公文書選別基準を制定し、若しくは改廃しようとするときは、あらかじめ審議会の意見を聴かなければならない。

（公文書の保存）
第7条 実施機関は、公文書について保存期間の満了する日までの間、その内容、時の経過、利用の状況等に応じ、適切な保存及び利用を確保するために必要な場所において、適切な記録媒体により、識別を容易にするための措置を講じた上で保存しなければならない。
2 前項の場合において、実施機関は、公文書の集中管理の推進に努めなければならない。

（公文書目録の作成及び公表）
第8条 実施機関は、公文書の適正な管理を行うため、規則その他の規程で定めるところにより、公文書の目録を作成し、インターネットの利用その他の方法により、一般の閲覧に供するものとする。ただし、1年以下の保存期間が設定されたものについては、この限りでない。

（保存期間が満了した公文書の取扱い）
第9条 市長は、保存期間が満了した公文書について、第6条第6項の規定による定めに基づき、保存し、又は廃棄しなければならない。
2 市長は、前項の規定にかかわらず、第6条第6項の規定により廃棄の措置を採るべきと定めた公文書にあっても、当該公文書が歴史的公文書選別基準に該当すると認めるときは、保存しなければならない。
3 市長以外の実施機関は、保存期間の満了した公文書について、第6条第7項の規定による定めに基づき市長に移管し、又は廃棄しなければならない。この場合において、市長は、当該移管された公文書を保存しなければならない。
4 市長以外の実施機関は、前項の規定にかかわらず、第6条第7項の規定により廃棄の措置を採るべきと定めた公文書にあっても、当該公文書が歴史的公文書選別基準に該当すると認めるときは、市長に移管しなければならない。この場合において、市長は、当該移管された公文書を保存しなければならない。
5 実施機関は、第1項若しくは第2項の規定により保存し、又は第3項若しくは前項の規定により市長に移管する公文書について、第15条第1項第1号に掲げる場合に該当するものとして利用の制限を行うことが適切であると認める場合には、その旨の意見を付さなければならない。
6 実施機関は、第1項又は第3項の規定により、保存期間が満了した公文書を廃棄しようとするときは、当該公文書の目録を公表するとともに、あらかじめ審議会の意見を聴かなければならない。ただし、1年以下の保存期間が設定されたものについては、この限りでない。

（管理状況の報告等）
第10条 市長以外の実施機関は、公文書の管理の状況について、毎年度、市長に報告しなければならない。

2　市長は、毎年度、実施機関における公文書の管理の状況を取りまとめ、その概要を公表しなければならない。

(公文書管理体制の整備)
第11条　実施機関は、規則その他の規程で定めるところにより、公文書を適正に管理するために必要な体制を整備しなければならない。

(適用除外)
第12条　この章の規定は、歴史的公文書には適用しない。

第3章　歴史的公文書の保存、利用等

(歴史的公文書の保存等)
第13条　市長は、歴史的公文書について、第31条の規定により廃棄されるに至る場合を除き、永久に保存しなければならない。
2　市長は、歴史的公文書について、その内容、保存状態、時の経過、利用の状況等に応じ、適切な保存及び利用を確保するために必要な場所において、適切な記録媒体により、識別を容易にするための措置を講じた上で保存しなければならない。
3　市長は、歴史的公文書に相模原市個人情報保護条例第2条第3号に規定する個人情報が記録されている場合には、当該個人情報の漏えいの防止のために必要な措置を講ずる等適正な管理を行わなければならない。
4　市長は、規則で定めるところにより、歴史的公文書の適切な保存及び利用に資するために必要な事項を記載した目録を作成し、インターネットの利用その他の方法により、一般の閲覧に供するものとする。

(歴史的公文書の利用の請求)
第14条　何人も、この条例の定めるところにより、前条第4項の目録の記載に従い、市長に対して歴史的公文書の利用の請求(以下「利用請求」という。)をすることができる。
2　利用請求をしようとするものは、市長に対して、次の事項を記載した書面(以下「利用請求書」という。)を提出しなければならない。ただし、利用請求に係る歴史的公文書に、公表を目的として作成し、又は取得した情報その他明らかに利用することができる情報が記録されている場合であって、市長が利用請求書の提出を要しないと認めたときは、利用請求以外の規則で定める簡便な方法によることができる。
(1)　氏名又は名称及び代表者の氏名
(2)　住所又は所在地
(3)　利用請求に係る歴史的公文書の目録に記載された名称
(4)　前3号に掲げるもののほか、規則で定める事項
3　市長は、利用請求書に形式上の不備があると認めるときは、利用請求をしたもの(以下「利用請求者」という。)に対し、相当の期間を定めて、その補正を求めることができる。この場合において、市長は、利用請求者に対し、補正の参考となる情報を提供するよう努めなければならない。

(歴史的公文書の利用請求の取扱い)
第15条　市長は、利用請求があった場合には、次に掲げる場合を除き、これを利用させなければ

ならない。
(1) 当該歴史的公文書に次に掲げる情報が記録されている場合
　ア　情報公開条例第7条第1号に掲げる情報
　イ　情報公開条例第7条第2号に掲げる情報
　ウ　情報公開条例第7条第3号に掲げる情報
　エ　情報公開条例第7条第5号ア又は第6号に掲げる情報
(2) 当該歴史的公文書の原本を利用に供することにより当該原本の破損若しくはその汚損を生ずるおそれがある場合又は市長が修復作業等のために当該原本を現に使用している場合
2　市長は、利用請求に係る歴史的公文書が前項第1号に該当するか否かについて判断するに当たっては、当該歴史的公文書が公文書として作成又は取得されてからの時の経過を考慮するとともに、当該歴史的公文書に第9条第5項の規定による意見が付されている場合には、当該意見を参酌しなければならない。
3　市長は、第1項第1号に掲げる場合であっても、同号に係る情報が記録されている部分を容易に区分して除くことができるときは、利用請求者に対し、当該部分を除いた部分を利用させなければならない。ただし、当該部分を除いた部分に有意の情報が記録されていないと認められるときは、この限りでない。

(歴史的公文書の利用請求に対する決定)
第16条　市長は、利用請求に係る歴史的公文書の全部又は一部を利用させるときは、その旨の決定をし、利用請求者に対し、その旨並びに利用させる日時及び場所を書面により通知しなければならない。
2　市長は、利用請求に係る歴史的公文書の全部を利用させないときは、利用させない旨の決定をし、利用請求者に対し、その旨を書面により通知しなければならない。
3　市長は、前項の利用させない旨の決定(前条第3項の規定により、利用請求に係る歴史的公文書の一部を利用させないときを含む。)をした場合は、その理由を併せて通知しなければならない。

(歴史的公文書の利用決定等の期限)
第17条　前条第1項及び第2項の規定による決定(以下「利用決定等」という。)は、利用請求のあった日の翌日から起算して14日以内に行わなければならない。ただし、第14条第3項の規定により補正を求めた場合にあっては、当該補正に要した日数は、その期間に算入しない。
2　市長は、事務処理上の困難その他正当な理由があるときは、前項に規定する期間を利用請求があった日の翌日から起算して60日以内に限り延長することができる。この場合において、市長は、利用請求者に対し、遅滞なく、延長後の期間及び延長の理由を書面により通知しなければならない。
3　前2項の規定にかかわらず、利用請求に係る歴史的公文書が著しく大量であるため、利用請求があった日の翌日から起算して60日以内にその全てについて利用決定等を行うことにより事務の遂行に著しい支障が生ずるおそれがある場合には、市長は、利用請求に係る歴史的公文書のうち相当の部分につき当該期間内に利用決定等を行い、残りの歴史的公文書については相当の期間内に利用決定等を行うものとする。この場合において、市長は、第1項に規定する期間内に、利用請求者に対し、次に掲げる事項を書面により通知しなければならない。

(1) 本項を適用する旨及びその理由
(2) 残りの歴史的公文書について利用決定等をする期限

(本人情報の取扱い)
第18条　市長は、第15条第1項第1号アの規定にかかわらず、同号アに掲げる情報により識別される特定の個人（以下この条において「本人」という。）から、当該情報が記録されている歴史的公文書について利用請求があった場合において、規則で定めるところにより本人であることを示す書類の提示又は提出があったときは、本人の生命、健康、生活又は財産を害するおそれがある情報が記録されている場合を除き、当該歴史的公文書につきこれらの規定に掲げる情報が記録されている部分についても、利用させなければならない。

(第三者保護に関する手続)
第19条　利用請求に係る歴史的公文書に市及び利用請求者以外のもの（以下「第三者」という。）に関する情報が記録されている場合には、市長は、当該歴史的公文書を利用させるか否かについての決定をするに当たって、当該情報に係る第三者に対し、利用請求に係る歴史的公文書の名称その他規則で定める事項を通知して、意見書を提出する機会を与えることができる。

2　市長は、第三者に関する情報が記録されている歴史的公文書の利用をさせようとする場合であって、当該情報が情報公開条例第7条第1号イ又は第2号ただし書に規定する情報に該当すると認めるときは、利用させる旨の決定に先立ち、当該第三者に対し、利用請求に係る歴史的公文書の名称その他規則で定める事項を書面により通知して、意見書を提出する機会を与えなければならない。ただし、当該第三者の所在が判明しない場合は、この限りでない。

3　市長は、歴史的公文書であって第15条第1項第1号ウに該当するものとして第9条第5項の規定により市長以外の実施機関から意見を付されたものを利用させる旨の決定をする場合には、あらかじめ、当該歴史的公文書を移管した実施機関に対し、利用請求に係る歴史的公文書の名称その他規則で定める事項を書面により通知して、意見書を提出する機会を与えなければならない。

4　市長は、第1項又は第2項の規定により意見書を提出する機会を与えられた第三者が当該歴史的公文書を利用させることに反対の意思を表示した意見書（以下「反対意見書」という。）を提出した場合において、当該歴史的公文書を利用させる旨の決定をするときは、その決定の日と利用させる日との間に少なくとも2週間を置かなければならない。この場合において、市長は、その決定後直ちに、当該反対意見書を提出した第三者に対し、利用させる旨の決定をした旨及びその理由並びに利用させる日を書面により通知しなければならない。

(歴史的公文書の利用の方法)
第20条　市長が歴史的公文書を利用させる場合には、文書又は図画については閲覧又は写しの交付の方法により、電磁的記録についてはその種別、情報化の進展状況等を勘案して規則で定める方法により行う。ただし、閲覧の方法により歴史的公文書を利用させる場合にあっては、当該歴史的公文書の保存に支障を生ずるおそれがあると認めるときその他正当な理由があるときに限り、その写しを閲覧させる方法により、これを利用させることができる。

(歴史的公文書の閲覧の手数料等)
第21条　この条例の規定に基づく歴史的公文書の閲覧に係る手数料は、相模原市手数料条例（平成12年相模原市条例第7号）の規定にかかわらず、無料とする。

2 この条例の規定に基づき歴史的公文書（前条ただし書の規定により歴史的公文書を複写したものを含む。）の写しを交付する場合の当該写しの交付に要する費用は、利用請求者の負担とする。

(審査会への諮問)
第22条 利用決定等について、行政不服審査法（昭和37年法律第160号）の規定に基づく異議申立てがあったときは、市長は、次の各号のいずれかに該当する場合を除き、相模原市情報公開・個人情報保護・公文書管理審査会（以下「審査会」という。）に諮問し、その議を経て、当該異議申立てについての決定を行うものとする。
(1) 異議申立てが不適法であり、却下するとき。
(2) 決定で、異議申立てに係る利用請求に対する処分を取り消し、又は変更し、当該異議申立てに係る歴史的公文書の全部を利用させることとするとき。ただし、当該異議申立てに係る歴史的公文書の利用について反対意見書が提出されているときを除く。

(諮問をした旨の通知)
第23条 市長は、前条の規定により諮問をしたときは、次に掲げるものに対し、諮問をした旨を通知しなければならない。
(1) 異議申立人及び参加人
(2) 利用請求者（利用請求者が異議申立人又は参加人である場合を除く。）
(3) 当該異議申立てに係る利用決定等について反対意見書を提出した第三者（当該第三者が異議申立人又は参加人である場合を除く。）

(第三者からの異議申立てを棄却する場合等における手続)
第24条 第19条第4項の規定は、次の各号のいずれかに該当する決定をする場合について準用する。
(1) 利用決定に対する第三者からの異議申立てを却下し、又は棄却する決定
(2) 異議申立てに係る利用決定等を変更し、当該利用決定等に係る歴史的公文書を利用させる旨の決定（第三者である参加人が当該歴史的公文書の利用に反対の意思を表示している場合に限る。）

(審査会の調査権限等)
第25条 審査会は、必要があると認めるときは、市長に対し、利用決定等に係る歴史的公文書の提示を求めることができる。この場合においては、何人も、審査会に対し、その提示された歴史的公文書の公開を求めることができない。
2 市長は、審査会から前項の規定による求めがあったときは、これを拒んではならない。
3 審査会は、必要があると認めるときは、市長に対し、利用決定等に係る歴史的公文書に記録されている情報の内容を審査会の指定する方法により分類し、又は整理した資料を作成し、審査会に提出するよう求めることができる。
4 第1項及び前項に定めるもののほか、審査会は、異議申立てに係る事件に関し、異議申立人、参加人又は市長（以下「異議申立人等」という。）に意見書又は資料の提出を求めること、適当と認める者にその知っている事実を陳述させることその他必要な調査をすることができる。

(意見の陳述等)
第26条 審査会は、異議申立人等から申出があったときは、当該異議申立人等に、口頭で意見を

述べる機会を与え、又は意見書若しくは資料の提出を認めることができる。
（提出資料の閲覧等）
第27条　異議申立人及び参加人は、市長に対し、第25条第4項若しくは前条の規定により市長が審査会に提出した意見書又は第25条第3項若しくは第4項若しくは前条の規定により市長が審査会に提出した資料の閲覧又は写しの交付を求めることができる。この場合において、市長は、第三者の利益を害するおそれがあると認めるときその他正当な理由があるときでなければ、その閲覧又は写しの交付を拒むことができない。

2　市長は、前項の規定による閲覧又は写しの交付について、その日時及び場所を指定することができる。

3　第1項の規定による意見書又は資料の閲覧に係る手数料は、相模原市手数料条例の規定にかかわらず、無料とする。

4　第1項の規定による意見書又は資料の写しの交付に要する費用は、これらの写しの交付を求めるものの負担とする。

（調査審議手続の非公開）
第28条　第22条の規定による諮問に基づき審査会の行う調査審議の手続は、公開しない。
（利用の促進）
第29条　市長は、歴史的公文書（第15条の規定により利用させることができるものに限る。）について、展示その他の方法により積極的に一般の利用に供するよう努めなければならない。
（実施機関による利用の特例）
第30条　実施機関が作成し、又は取得した歴史的公文書について、当該実施機関が所掌事務を遂行するために必要であるとして利用請求をした場合には、第15条第1項第1号の規定は、適用しない。
（歴史的公文書の廃棄）
第31条　市長は、歴史的公文書として保存されている文書が重要でなくなったと認める場合には、当該歴史的公文書の目録を公表するとともに、あらかじめ審議会の意見を聴き、当該文書を廃棄することができる。
（保存及び利用の状況の公表）
第32条　市長は、毎年度、歴史的公文書の保存及び利用の状況について公表しなければならない。

第4章　雑　則

（出資法人等の文書の管理）
第33条　市が出資その他の財政上の援助を行う法人であって、実施機関が定めるもの（以下「出資法人等」という。）は、この条例の趣旨にのっとり、その保有する文書の適正な管理に関して必要な措置を講ずるよう努めるものとする。

2　実施機関は、出資法人等の文書の適正な管理が推進されるよう必要な施策を講ずるものとする。

（指定管理者の文書の管理）
第34条　指定管理者（地方自治法（昭和22年法律第67号）第244条の2第3項に規定する指定管理者をいう。以下同じ。）は、この条例の趣旨にのっとり、本市が設置する公の施設（同法第

244条第1項に規定する公の施設をいう。）の管理に関する文書を適正に管理するため必要な措置を講ずるよう努めるものとする。

2　実施機関は、指定管理者の前項の文書の適正な管理が推進されるよう必要な施策を講ずるものとする。

(審議会及び審査会の委員の守秘義務)
第35条　審議会及び審査会の委員は、職務上知り得た秘密を漏らしてはならない。その職を退いた後も、同様とする。

(罰　則)
第36条　前条の規定に違反して秘密を漏らした審査会の委員（その職を退いた者を含む。）は、1年以下の懲役又は50万円以下の罰金に処する。

(市長の調整)
第37条　市長は、この条例の目的を達成する範囲内において必要があると認めるときは、公文書の管理について、実施機関に対し、報告を求め、又は助言することができる。

2　市長は、公文書の適正な管理を確保するために必要があると認めるときは、実施機関に対し、公文書の管理について、当該職員に実地調査をさせることができる。

(電子化の推進)
第38条　実施機関は、適正な公文書管理、事務事業の効率化、市民利用の促進等に資するため、公文書の電子化の推進に努めなければならない。

(研　修)
第39条　実施機関は、職員に対し、公文書の管理を適正かつ効果的に行うために必要な知識及び技能を習得させ、及び向上させるために必要な研修を行うものとする。

(委　任)
第40条　この条例の施行について必要な事項は、規則で定める。

附　則

(施行期日)
1　この条例は、平成26年4月1日から施行する。ただし、次の各号に掲げる規定は、当該各号に定める日から施行する。
(1)　第6条第8項及び第9項の規定並びに附則第6項（附属機関の設置に関する条例（昭和37年相模原市条例第17号）別表の改正規定中相模原市情報公開・個人情報保護・公文書管理審議会に係る部分に限る。）の規定　公布の日
(2)　第13条第4項及び第14条から第30条までの規定　公布の日から起算して1年を超えない範囲で規則で定める日（平成26年規則第77号で平成26年10月1日から施行）

(経過措置)
2　この条例の施行の日前に作成し、又は取得した公文書の保存期間は、実施機関が現に定めている保存期間とする。
3　この条例の施行の際現に保存期間が満了した公文書を廃棄しようとするときは、実施機関は、あらかじめ審議会の意見を聴かなければならない。ただし、1年以下の保存期間が設定されたものについては、この限りでない。

4 この条例の施行の際現に後世に残すべき重要な公文書として保存期間満了後も保存している公文書については、歴史的公文書とみなす。
(相模原市非常勤特別職職員の報酬及び費用弁償に関する条例の一部改正)
5 相模原市非常勤特別職職員の報酬及び費用弁償に関する条例(昭和31年相模原市条例第31号)の一部を次のように改正する。
　(次のよう略)
(附属機関の設置に関する条例の一部改正)
6 附属機関の設置に関する条例の一部を次のように改正する。
　(次のよう略)
(附属機関の設置に関する条例の一部改正に伴う経過措置)
7 この条例の施行の際現に前項の規定による改正前の附属機関の設置に関する条例(以下「改正前の条例」という。)に定める相模原市情報公開・個人情報保護審査会の委員である者は、同項の規定による改正後の附属機関の設置に関する条例(以下「改正後の条例」という。)に定める相模原市情報公開・個人情報保護・公文書管理審査会の委員とみなし、その任期は、改正前の条例による任期の残任期間とする。
8 この条例の施行後最初に委嘱される改正後の条例に定める相模原市情報公開・個人情報保護・公文書管理審査会の委員の任期は、改正後の条例の規定にかかわらず、改正前の条例により委嘱された相模原市情報公開・個人情報保護審査会の委員の任期満了の日までとする。
9 この条例の施行の際現に改正前の条例に定める相模原市情報公開・個人情報保護審査会が調査審議している事案は、改正後の条例に定める相模原市情報公開・個人情報保護・公文書管理審査会が諮問され、調査審議している事案とみなす。
(情報公開条例の一部改正)
10 情報公開条例の一部を次のように改正する。
　(次のよう略)
(相模原市個人情報保護条例の一部改正)
11 相模原市個人情報保護条例の一部を次のように改正する。
　(次のよう略)

別表(第6条関係)

公文書の区分	保存期間
1　市の総合計画及び基本方針に関するもの 2　特に重要な事務及び事業の計画に関するもの 3　市の廃置分合、境界変更及び行政区画に関するもの 4　市の沿革に関するもの 5　条例、規則、訓令及び要綱の制定及び改廃に関するもの 6　議案、報告その他市議会に関するもの 7　叙勲、褒章及び市表彰に関するもの 8　諮問及び答申に関するもの 9　市長等の事務引継に関するもの	30年

10	職員の任免及び賞罰に関するもの	
11	公有財産の取得、処分等に関するもの	
12	予算及び決算に関するもので重要なもの	
13	前各項に掲げるもののほか、30年保存とする必要があると認めるもの	
1	重要な事務及び事業の計画及び実施に関するもの	10年
2	市の行政運営の基本方針、重要施策等を審議する会議で重要なもの	
3	審査基準、処分基準及び行政指導指針の制定及び改廃に関するもの	
4	許認可等の行政処分に関するもので重要なもの	
5	予算、決算及び出納に関するもの	
6	工事の施行に関するもので重要なもの	
7	訴訟等に関するもの	
8	行政代執行に関するもの	
9	前各項に掲げるもののほか、10年保存とする必要があると認めるもの	
1	事務及び事業の計画及び実施に関するもの	5年
2	請願、陳情、要望等に関するもの	
3	不服申立てに関するもの	
4	附属機関等に関するもの	
5	許認可等の行政処分に関するもの	
6	表彰及び行事に関するもの	
7	工事の施行に関するもの	
8	施設の管理に関するもの	
9	補助金及び交付金に関するもの	
10	出納に関するもので軽易なもの	
11	職員の服務、研修、給与等に関するもの	
12	非常勤職員の任免に関するもの	
13	寄附又は贈与の受納に関するもの	
14	調査研究、統計等に関するもの	
15	監査及び審査に関するもの	
16	前各項に掲げるもののほか、5年保存とする必要があると認めるもの	
1	申請、報告及び届出等に関するもの	3年
2	後援又は共催に関するもの	
3	会議、講習及び研修事業に関するもの	
4	前3項に掲げるもののほか、3年保存とする必要があると認めるもの	
1	照会、回答及び通知等で軽易なもの	1年
2	事務及び事業の実施に関するもので軽易なもの	
3	文書の収受及び発送に関するもの	
4	前3項に掲げるもののほか、1年保存とする必要があると認めるもの	
1	軽易なもので供覧、回覧等により用務が終了するもの	事務処理上必要な1年未満の期間
2	軽易なもので1年以上保存する必要がないと認めるもの	

3．豊田市の公文書管理制度と現状

中京大学国際教養学部教授　　酒井恵美子
豊田市総務部庶務課文書担当　担当長　　八木　寛元
豊田市総務部庶務課文書担当　主査　　内藤　千枝

1　はじめに

　豊田市は愛知県東北部にあり、その面積は918.32平方キロメートル、県全体の17.8％に及ぶ広大な面積を持つ政令指定都市である。周知の如くトヨタ自動車とその関連企業が点在する産業都市として知られているが、実は農業、林業も盛んで、市の面積の7割が森林で覆われている。

　歴史的には、昭和25年に誕生した挙母市がその母体で、その後、昭和34年に豊田市と改称された。当初より隣接する町村との合併を繰り返し、さらに平成17年4月いわゆる「平成の大合併」の結果、西加茂郡藤岡町、小原村、東加茂郡足助町、下山村、旭町、稲武町を新たに管轄区域として編入し、面積では愛知県最大、人口も約42万人、名古屋市に次ぐ人口を有することになった。

　このように豊田市は拡大を続けてきたわけであるが、特に平成17年の合併は市の機能を大幅に拡大し、同時に扱う公文書の量も増加した。また、合併に伴い移管された旧町村の公文書の整理業務も発生した。

　以下、その経緯も踏まえ、合併による管轄区域の公文書も含めた公文書管理について、その制度と実態について述べる。また、これら公文書の作成と管理の現状を職員の側から考えるために2015年に豊田市のｅ-ラーニングシステムを利用して、アンケート調査「行政文書の管理及び歴史文書の保存に関する意識調査」[1]を実施した。以下ではそれらも利用し、公文書作成と管理に関わる豊田市職員の公文書に関わる意識と管理の実態についても言及したい。

2　豊田市における公文書管理組織

　豊田市では、公文書は豊田市文書管理規程に基づき管理されている。現在の規程は合併の前年平成16（2004）年にそれまでのものから全面的に改正された

もので、これは文書の収受、処理から保管、保存、廃棄にいたるまでの公文書の管理について定めたものである。

　所定の保管年限が過ぎ現用から外れた文書は廃棄されるが、そのうち選別された一部は歴史公文書として平成24年制定された豊田市歴史公文書等管理規程により3.1に詳述する本庁7階公文書管理センターで保存管理されている。この公文書管理センターは歴史公文書だけでなく、豊田市情報公開条例による現用の公文書の開示業務も行っている。

　以上に述べた現用及び歴史公文書の管理等の文書事務を統括的に管理するのは、総務部庶務課文書担当である。文書事務担当課は各課における豊田市の現用文書の管理を担うファイリングシステムが適正に管理されているかを点検、確認するだけでなく、収受、発送、また、保存、廃棄等によって生じる事務の管理を一括して行っている。たとえば、文書の保管場所の確保、書庫の管理、文書の破棄のための手配、文書作成のマニュアルの作成、担当各部署に対する文書事務の指導、文書管理に関する研修の実施や各課での管理のための備品の発注に至るまで文書管理に関するすべての業務を統括管理している。そればかりでなく、後述するように公文書管理センターの業務、つまり、歴史公文書の選別、収集、移管、整理、目録の作成、保存管理、情報公開条例による文書の開示業務などもこの文書担当が行う態勢になっている。この現用および歴史公文書の一括管理は豊田市の公文書管理の大きな特色と言える。

　このために配置されている人員は市の総務部庶務課文書担当の正規職員2名で、その他歴史公文書の管理に特に非正規職員2名であり、正規職員は他の業務も兼任している。

　この他、各部署での文書事務を効率的に運用するため、各課に、文書管理を担当する文書管理者が1名とこれを補佐する者として文書担当者が数名、必要に応じて置かれている。文書管理者は担当長（係長）以上の職員が選任される。

　管理者は主管課の文書管理者は、文書管理・保管に関する基幹的なシステムであるファイリングシステムの推進者として、上記キャビネットや書庫の保全だけでなく、課員のファイリング指導や課内のファイリングシステムの維持・管理という役割を担っている。保管のためのキャビネット内での文書の移し替えや書庫への配架、課内で問題が発生した場合の課員への指導は管理者が行っ

図表1　豊田市公文書管理年間スケジュール

	内　容	作業課
4月	文書事務説明会	庶務課
	キャビネット内文書の移替え・置き換え	主管課
	マイクロフィルム撮影文書の照会	庶務課
6月	廃棄対象文書分別	主管課
	ファイリング点検依頼	庶務課
7月	文書廃棄	主管課
	ファイリング点検結果提出	主管課
	マイクロフィルム撮影	主管課
8月	ファイリング点検実施	庶務課
	書庫点検実施	庶務課
9月	ファイリング、書庫点検及び改善依頼	庶務課
10月	機密文書廃棄	主管課
2月	機密文書廃棄	主管課
3月	次年度文書管理者、登録	庶務課
随時	文書分類表、ファイル基準表修正	庶務課 主管課

ている業務である。また、庶務課と協力して庶務課からの依頼業務や文書管理業務に関する情報の伝達等も適宜行っている。図表1にこれら業務の年間スケジュールを示した。例えば、4月に庶務課は文書事務説明会を開くが、これに参加し変更点を課員に周知したり、庶務課にマイクロフィルムで撮影して保存すべきものがあるかどうかの照会があれば、主管課の文書管理者が調査して庶務課に回答する。

　豊田市ではこのように全体を管理統括する庶務課文書担当と各課の文書関係業務を指導管理する文書管理者、文書担当者といった二重の協力的な管理体制をとり、文書管理業務を分担して実施している。このような階層的な管理は、庶務課の文書管理を徹底し、各課での問題点を共有し解決するための契機となっている。また、各課内で発生する文書管理の問題を課内で解決するために機能していると考えられる。

　アンケート調査にはいくつか文書管理者、文書担当者の業務についての質問がある。一つは文書の保管場所についてで、書庫への保存を聞いたものであるが、保存していないものがあると答えたのは6.8%にすぎない。文書管理者が計画し、実施している文書の書庫への置き換えはほとんど完了していると言える。また、「文書の作成・保管・保存・管理のことで分からないことがあった場合には、誰によく聞きますか？（複数回答可）」という質問に回答を求めたところ、直接庶務課文書担当に聞くという回答もあったが、質問先として最も多く上がったのが文書担当者で38.2%、文書管理者は32.5%であった。この他同僚や課長・管理職なども上がっており、文書担当者、文書管理者をはじめと

する課内で問題を解決しようとする傾向がみられる。全体的に見れば、階層的な管理体制は機能していると考えられよう[2]。

3　公文書管理の制度と現状

3.1　豊田市における公文書管理の概要

　では、次に、豊田市の公文書管理の概要を見てみよう（図1）。豊田市の文書管理業務の文書も同一組織によって管理されているので、ここでは両方を同じ図の中に示した。図中には示さなかったが、図1の全体を管理しているのは庶務課である。そして、現用文書は文書を作成して3年間は主管課が、それ以後は庶務課が管理する。但し、実際の利用においては現用を外れるまで主管課の利用に自由度が確保されている。

　文書には紙媒体で作成された紙文書と電子媒体で作成された電子文書があるが、それぞれ管理の仕方が異なっている。図では上下に分けて図示した。公文書管理センターへの移管は現在該当する文書がないため、方法が確定されておらず、図中では点線で記した。

図表2

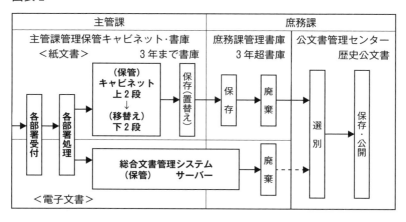

　以下、時間軸に従い、豊田市の公文書管理のシステムについて述べる。

3.2　公文書の作成と保管

　まず、公文書にかかわる業務は各部署で受付されることからはじまる。業務を処理する段階で公文書が作成される。豊田市では、全庁で統一的に文書の管理・保管を行うため、1972（昭和47）年からファイリングシステムを導入している。対象となる文書は豊田市の全ての行政文書である。これは、組織の維持発展に必要な文書を一切私物化せず、必要に応じ即座に利用し得るよう文書を体系的に整理・保管し、一方、不要となった文書は確実に廃棄するための一連の制度を指す。

　文書は紙媒体または電子媒体で作成される。作成後の保管・利用方法は紙媒体で作成された紙文書と電子媒体で作成された電子媒体により異なる。

　紙文書はキャビネット及び書庫内での管理となる。文書は作成後、まず主管課に設置されている保管用キャビネットに保管される。このキャビネットは4段になっており、上2段が作成年度のものである。次年度4月になると下段へ移し替えが行われ、さらに1年後には、庶務課の管理する書庫に移管される。つまり、3年間は課内のキャビネットに保存され、それ以降保存年限が過ぎるまで、庶務課の管理する書庫で保管されるのである。この書庫は各課に近い場所に設置されており、庶務課が管理している。主管課の課員は庶務課で鍵を借りて作成された文書を自由に利用することができる。

　書庫に保管されたものの一部は紙媒体ではなくマイクロフィルムシステムにより保管される。マイクロフィルムシステムとは、一定の文書をマイクロフィルムに撮影し、保存するためのシステムである。撮影後の検査の結果、撮影された文書が正写されている場合には原本を廃棄し、原本に代えてマイクロフィルムを保存する。マイクロフィルムシステムにより、撮影し保存する文書の範囲は、原則として10年保存以上、またはマイクロ化により保存性、活用性が向上すると考えられる文書である。

　マイクロフィルム化により原本よりも容積が非常に小さくなるので、マイクロフィルムシステムには、保管スペースが縮小されるという大きな利点がある。また、適正な管理を行えば、文書は劣化することなしに長期間にわたり保存することが出来る。そして、閲覧による破損の恐れなく、古い文書を利用することができ、複製も容易である。

以上の理由により、平成25年度は約220,000コマ、平成26年度は約180,000コマをマイクロフィルムに撮影した。予算ベースでいうと、毎年500万円程度計上している。
　それに対し、電子文書は、職員の文書管理事務の効率化を支援し、情報の共有を推進することを目的に豊田市が独自開発し、平成16年4月から運用を開始した「総合文書管理システム」により管理されている[3]。このシステムの実際の開発は総務部情報システム課が当たった。運用開始後も文書の形式の変更、画面の調整など改善を重ねてきた豊田市独自のシステムである。
　総合文書管理システムの主な機能は、収受文書の回覧、保管、起案文書の登録、決裁、施行等、決裁経路の管理、文書の検索、文書分類表の閲覧、ファイル基準表の加除、保存文書管理票の作成、印刷、廃棄文書の管理、ひな形文書の管理である。その他、各課に届いた特殊郵便、小包の確認なども行える。電子文書はこの総合文書管理システムで管理し、文書はイントラネットで管理されているサーバーに保管される。
　この電子文書システムは、やがては豊田市の公文書管理の中枢を占めることが予想されるが、運用を始めてまだ10年ほどで、日が浅く、作成された文書の破棄や公文書管理センターへの移管の道筋がまだ不明確である。

3.3　電子文書か紙文書か

　文書は紙媒体で作成される場合もあるが、電子媒体で作成される場合もある。豊田市では、全体としては電子化の方向へ向かっているが、多くの文書でどの媒体で作成するかは作成者の選択に任せている。では、作成者はどのようにして選択しているのであろうか。
　アンケート調査では、起案を紙媒体で行うか、電子媒体で行うかを質問した。選択肢には選択の理由として作成媒体の指示があることとか、前例があるなどの外部的な要因と、添付資料とか、決裁の利便など個々の判断を左右する内部的な要因を加味した。自由記述以外の回答は図表3の通りである。

図表3　起案はどのように行っていますか？

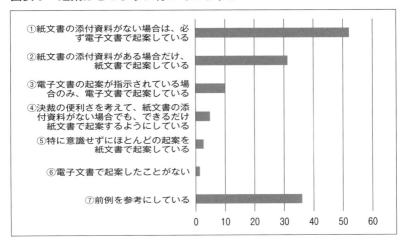

　上記の選択肢のうち、①②の回答者は電子文書媒体での作成に積極的なグループ、③④⑤⑥が紙媒体での作成に積極的なグループだと考えられる。紙文書を中心としている回答者もいるが、その割合は少なく、全体としては電子文書で作成するようにしている回答者の割合が多い。①②は二つとも紙文書の添付資料の有無が媒体の選択に大きく関わっているが、基本的には電子文書での作成を行っている。この二つの選択肢は表裏一体の内容になっているが、回答数には開きがある。その理由はこの質問の自由記述の欄に書かれた内容で理解することができる。それは、紙媒体の資料が添付されていても電子文書にする場合があることである。冊子や大型設計図のようにスキャンできないもの以外であれば、スキャンして電子文書として起案するとした記述が散見される。その理由として、事務負担の軽減のためとか、電子文書でも保管した方が後で探すのが早い、紙媒体で作成しても電子媒体でも保管した方がいい等の理由が挙げられている。事務の過程が他の課員にもわかる点を電子文書の利点ととらえる回答者もあった。文書を作成する過程で、効率性や検索の利便などの利点により、自覚的に電子文書を選択している様子がうかがえる。一方紙媒体には閲覧しやすいことや伝達の確実性、様々な資料を添付できることを利点としてあげている。また、本来なら、電子文書の方が決裁までの時間を短縮できるはず

であるが、紙文書の方が確実で早いことを複数の回答者が指摘し、決裁までの時間の余裕がないものを紙媒体で作成すると回答している。使用してみて初めてわかる電子文書の特性である。

　しかし、作成後の文書の利用に関しては電子文書の利便性は勝っていると言える。アンケート調査の紙文書の「書庫の保存文書を閲覧・持ち出ししたことがありますか？」という質問に関し、93.2％が年に１、２回以下、ほとんどしたことがない人が51.5％もある。書庫の文書は実質的に利用されていないと言えよう。では、何を参照しているかというのを図表４に示した。総合文書管理システムやファイルサーバを参照することが多い人が86.4％にのぼり、キャビネットや書庫の文書を主に参照する人は12.5％しかない。電子文書利用を開始して10年になり、最新の文書が電子文書になっていることもあるが、自由記述によれば紙の参考資料もスキャンするという人が多いこと、また電子文書に資料の添付がないことを不満に思う人があることから、むしろ職員は電子文書の利便性を意識し、紙文書も全て電子文書にして利用することが一般化しているようである。

図表４　起案等のために過去の文書を参考・参照する場合に何をよく見ますか？

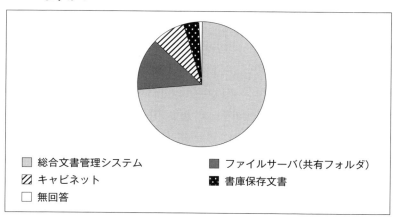

　紙文書には確実性という利点があり、重要文書、緊急決裁を必要とする文書では、完全にはなくならないことが予想されるが、職員は作成や利用の利便性

を考えて、電子文書へ移行していることは確実である。この背後にはもちろん豊田市が効率化のために電子文書のためのシステムを自前で開発し、改善を重ねたことや研修に力を入れていることがあるは言うまでもない。

3.4　文書の分類と管理

　先に述べたように豊田市では1972（昭和47）年ファイリングシステムを採用すると同時に、ファイル基準表により、文書を整理し、保管してきた。ファイル基準表は、各保管単位のファイルの配列、移替え時期、保存期間等を示すもので、文書の所在を明らかにし、散逸を防ぐために不可欠のものであった。これにより公文書の維持管理が可能となり、必要な保管文書を探す手がかりとして利用されてきたのである。

　これに対し、1990（平成2）年4月より文書や情報を組織全体で標準化し、文書や情報を誰でも容易に活用できるようにすることを目的にすべての文書を体系的に分類し、保存期間等の統一を図るために、文書分類表を新たに作成し、運用を開始した。この時、図表5のように、既にあったファイル基準表もすべての項目を見直し、文書分類表と統合した。

図表5　ファイル基準表と文書分類表

		階　　層	管理
ファイル基準表		①課名 ②キャビネット番号	主管課
	文書分類表	③基本分類 ④第1分類 ⑤第2分類 ⑥標準フォルダ	庶務課
		⑦個別フォルダ	主管課

　文書分類表は大きく「共通文書」と「固有文書」とに区分されている。共通文書とは、庁内各課に共通して存在している文書で、各機能に共通する管理事務（庶務、経理等）に関する文書および本来の事務に対して補助的な役割を持つ文書（照会、回答等）をいい、15種類に分類している。固有文書とは、それぞれの行政目的に対する固有の事務に関する文書をいう。組織・機構の変更に左右されないように、原則として市の行政事務の機能別、主題別に3段階に分類してある。

　文書分類表の階層は、課名－キャビネット番号－基本分類－第1分類－第2分類－標準フォルダ－個別フォルダで、主管課が管理するキャビネットの下に、

図表 6

```
課名：(総) 庶務係
キャビネット番号：002（文書担当）
基本分類：A総務
第1分類：04　文書
第2分類：03　文書の管理
標準フォルダ：01　職員の文書事務研修資料
　　　　　　　　　（保存期間3年）
個別フォルダ：001　職員の文書事務研修
```

庶務課が管理する文書分類表をつける形となっている。たとえば、2014年4月に行われた職員の文書事務研修のために作成された「職員の文書事務研修資料」は図表6のような文書分類情報がつけられている。

豊田市では作成された文書は、紙文書、電子文書を問わず、文書分類表により、分類される。

分類体系が時間とともに変化してしまうと文書の所在がわからなくなるため、できるだけ不変的な要素を基に体系を作る必要がある。このため、標準フォルダも可能な限り変更をしない基準とするが、社会の変化、業務の追加・変更に対応するための見直しと修正は、業務上避けがたい。文書担当課の承認の上、随時変更を行っている。

一方、個別フォルダは各課で管理となる。この個別フォルダは課において実際に文書を収納するためのフォルダとなる。文書の検索性を高めるために具体的かつ客観的な、そして、課内の誰もが検索できるようなキーワードを用いてタイトルを付けるようにしている。

このファイリングシステムは、業務を円滑かつ適正に行うために欠くべからざるものである。課員は頻繁に移動する。もし、分類基準が誤解されていたり、変更を周知していなかったりすると文書を探し出すことができず、非効率的であるばかりでなく、業務の遂行に影響する。これが適正に管理されているかを確認するのが、庶務課文書担当であり、庶務課では年に数回時期を定めて点検を実施している。先に述べた主管課の文書管理者は、このファイリングシステムの主管課での推進者として位置づけられている。キャビネットや書庫の保全だけでなく、課員のファイリング指導や課内のファイリングシステムの維持・管理をすることが重要な任務なのである。

では、ファイリングシステムによる業務の実態はどのようなものであろうか。

アンケート調査では収受、起案（作成）した紙文書は、全てファイリングシステムによりキャビネットの中に保管されているかどうか聞いたが、これにつ

いて74.9％の職員ができている、24.7％が保管できていないものがあると答えている。その理由としてキャビネットの中にしまいきれない文書や常用のために事務の利便性を考えて手元に置く文書の存在がうかがわれる。

また、総合文書管理システムに関して収受文書や起案文書の範囲についての質問では、21.7％の人がよく迷う、63％の人が理解しているが迷うときがあると答えている。豊田市では新任者、文書管理者への研修、e-ラーニングでの研修などを適宜行っているが、理解はしていても新しい状況が常に出現する現場での戸惑いが想像できる結果である。

4　歴史公文書の保存と公開

豊田市では作成された文書は法令により特別に定められたもの以外を除き、30年、10年、5年、3年、1年の保存期間に分ける。書庫に保管された文書は保管年限が来ると順次廃棄される。毎年6月頃主管課で廃棄する文書の分別を行うが、この時、フォルダ単位で廃棄が決定される。このフォルダとは、ファイル基準表にいう個別フォルダ単位のもので、この中には電子文書も紙文書も入っている。2015（平成27）年度廃棄決定を行ったのは、2015年3月31日が保存期限満了となるフォルダで、総件数は21,057フォルダで、うち電子文書と紙文書、または紙文書のみが入っていたフォルダが14,944フォルダ、電子文書のみが入っていたフォルダは6,113フォルダであった。

これら廃棄された文書のうち、歴史公文書として保存する価値のある文書として選別されたものが公文書管理センターに移され、保存公開されている。毎年廃棄された文書の10数％が歴史公文書として選別されている[4]。

歴史公文書公開事業の基本方針は、平成18年度に有識者からの提言を受け、市長の意向を踏まえ、旧町村廃棄文書の収集[5]と歴史公文書保存に関する庁内検討会議を立ち上げたことに始まる。歴史的価値のある公文書の将来に渡る保存体制を確立するとともに、情報公開制度の中で公開することにより市行政の歩みを広く市民に知らせ、これまでの運営の検証と将来の施策への参加の促進を図ることを基本方針として、豊田市の歩みが記載された歴史的価値のある公文書を選別・保存・公開することで、豊田市の歴史を残し、後世の利用に供することがこの事業の目的である。

豊田市では、ハコモノを作らないという市長の方針から、公文書館を建設せず、平成19年度に新しく建設する東庁舎で文書の保存と公開を行うことが決まり、東庁舎に7階に公文書管理センターを設置することになった[6]。それまでは、南庁舎1階の市民相談課で情報公開の申し出があると、庶務課職員が請求手続きなどを説明していたが、これ以後は公文書管理センターが窓口となり、歴史公文書を含む情報公開の請求と利用ができるようになる。

　これを実施するため、平成24年12月議会で現行の情報公開制度の対象範囲に歴史公文書を加えるなど、必要な条例等の改正を行い、現用の公文書と歴史公文書を一つの制度の中で公開する現行の体制ができた。管理者の効率性とともに利用者にとっての利便性が高まることが期待された。

　公文書管理センターの延床面積は491㎡余（うち書庫は327㎡余）で、歴史公文書を含む公文書や行政資料を、収集から公開まで包括的に管理している。常駐するのは特別任用職員3名で、うち1名は市を定年退職した職員である。

　平成20年度から歴史公文書の収集を開始し、平成25年度からは公文書管理センターを開設して、歴史公文書公開事業は開始した。対象機関は、市長、教育委員会、選挙管理委員会、監査委員、公平委員会、農業委員会、固定資産評価審査委員会、事業管理者、消防長、議会で、これらの機関が廃棄決定した文書のうち、豊田市の行政の歩みを確認することができる文書が選別され、また、発端となった合併町村の行政文書についても同一の基準で選別されている。制度上は、公文書管理センターは庶務課が管理する一つの部署であり、歴史公文書は市長（庶務課）へ移管される。

4.1　歴史公文書の保存までの流れ

　次に歴史公文書の保存までの流れを見ていきたい。図表6にその概要を記した。

　まず、4月に前年度末に保存期間満了した文書について、廃棄か延長かの決定処理を各課で行う。この中で廃棄決定された公文書について、個別フォルダ名で、選別基準に該当するかの1次選別を庶務課が行う。その後、選別意見を各課へ投げかけ、主管課では、対象となる文書を庶務課に提出する。

　2次選別は、庶務課と文化財課の市史編さん室職員が実際に文書を見て行う。

図表6　歴史公文書の保存までの流れ

	内　容	作業課
4月	前年度保存期間満了文書処理（廃棄または延長）	主管課
5月	1次選別・意見照会	庶務課
	1次選別文書意見照会の回答	主管課
6月	1次選別文書の決定通知・提出依頼	庶務課
	1次選別文書の提出	主管課
7月	2次選別後、公文書管理センターへ移管（随時）	庶務課 文化財課 公文書管理センター
8月	移管後、歴史公文書公開準備作業開始	
随時	市ホームページでの件名公開	庶務課

　ここでさらに選別された文書が、歴史公文書として公文書管理センターへ移管される。移管後、公開準備作業を行い、随時その目録が市HPで公開される。

　なお、歴史的公文書保存及び開示事業を行うにあたり、効率的で確実な文書選別の支援と統括的な文書管理をすることで職員の事務負担軽減と行政情報を保存することを目的として、2012（平成24）年度から総合文書管理システムのサブシステムとして「歴史公文書管理システム」の運用を開始している。

4.2　歴史公文書の公開について

　2013（平成25）年から歴史公文書を公開するにあたり、豊田市情報公開条例等を改正するとともに一方で豊田市歴史公文書管理規程を新設した。改正内容としては、歴史公文書の定義付け、開示手続き、時の経過を考慮する際の開示の目安とする期間などである。

　他市では、公文書館等で保存される文書は利用文書となり、情報公開請求の対象からははずされることになるが、豊田市では公文書管理センターを「施設」と位置付けていないことから、歴史公文書を現用の公文書の一部として、情報公開条例に位置付けている。市民から見ると、現用の公文書であっても歴史公文書であっても、公文書の開示であることに変わりはなく、申請手続き、審査、不服申立て手続きが同一であることの方が利用しやすい。歴史公文書は2013（平成25）年より使用されている「情報公開用歴史公文書目録検索システム」で、現用の公文書は2007（平成19）年より公開されている「情報公開用行政文書目録検索システム」[7]により検索し、請求することができる。

　ただ、この情報公開システムを利用した歴史公文書の公開請求は情報管理セ

ンターの発足後間もないこともあり、きわめて少ない。アンケート調査でも職員ですら半数は公文書管理センターの業務について知らない。今後積極的に市民に働きかけていることが必要である。

5 おわりに

　以上、豊田市の公文書管理についてみてきた。豊田市は市の広域化にあわせるように公文書管理システムの構築に努力し、変化する市の状況にあわせて合理的な制度を構築することに努力してきた。結果、自前の文書システムを独自開発したり、ｅ-ラーニングを取り入れたりと少ない人員で管理できる合理的で効率的な制度の構築に至っている。制度の構築にはシステム自体を情報メディア課により自前で開発するなど、公文書管理部門以外の努力も大きい。現用文書と歴史公文書を別組織でなく、一括して管理するシステムは文書量に対し、要する人員の少なさにも反映している。

　ただし、利用公開の面ではさらに制度と運用を吟味する必要がある。平成25年にできた公文書管理センターは、まだ業務を開始して間もないこともあり、利用者も限られている。庁内でさえ、周知されているとは言いがたい。やがては主流となっていくだろう電子文書の活用方法も考えなければならない。新しい公文書管理センターの機能の充実が望まれるところである。

1）以下「アンケート調査」と称する。詳細は桑原他（2016）参照。
2）岡田（2013b）は、各主管課での事務業務にこの階層的な管理体制が機能していないことを指摘しているが、必ずしもそうとは言えないだろう。
3）2004（平成16）年度に合併準備として、豊田市側は、旧町村分の引継ぎ文書を管理するため、総合文書管理システムの改修を行った。
4）近い将来電子文書の公文書管理センターへの移管が大量に発生することが予想されるが、現在までに電子文書の移管はなく、対応が検討されている。
5）この経緯と現状については大友（2013）参照。2012（平成24）年度一次この事業は中断されたが、2014（平成27）年度より、中断していた旧町村文書の確認、収集作業を再開した。今後、全ての旧町村文書について、廃棄決定等作業を行い、順次、歴史公文書を選別し収集する予定である。
6）豊田市役所は矢作川に近く、水害を避けるために庁舎最上階に設置された。
7）公開されている起案文書の標題が検索できる。

参考文献

大友昌子(2013)「豊田市における市町村合併と公文書管理の課題」社会科学研究第33巻第1号

岡田俊樹(2013ａ)「豊田市の情報公開と行政文書の管理」アーカイブズ51号

岡田俊樹(2013ｂ)「豊田市の情報公開と行政文書の管理」広文協通信第24号

桑原英明・酒井恵美子・上代庸平他(2016)「行政文書の管理及び歴史文書の保存に関する意識調査」社会科学研究第36巻第1・2号合併号

Ⅲ
地方公文書管理制度の国際比較

1．ドイツ

上代　庸平

I　はじめに

1　ドイツ公文書管理法制の特徴とドイツにおける「地方」

　ドイツにおける「地方公文書管理制度」を論じようとする場合、その「地方」というものの概念づけについて多少の説明が必要となる。ドイツは、16の州（Bundesländer）から成る連邦共和国であり、その連邦州の内部にはそれぞれ地方自治体（Kommunen）が存在している。そのため、連邦から見れば州は「地方」であると言いうるであろうし、州から見た地方自治体は、もちろん「地方」であると位置づけられることになろう。ただ、制度上は、連邦と州との関係はあくまで連邦制の枠内での議論がなされ、州内部の地方自治体についてだけが、我が国でいうところの地方自治制度の対象となっている。また、州の中には一つの都市だけで州の地位を認められた3つの都市州（Stadtstaat、ベルリン・自由ハンザ都市ハンブルク・自由ハンザ都市ブレーメン）が存在しているが、この3州については州でありつつ地方自治体としての性格をも併有するとされていることから、地方制度の全体的理解はより困難なものとなっている。

　本稿は、ドイツの地方制度の把握を目的とするものではなく、あくまでドイツの地方行政における公文書管理制度の形成について概観することを目的とするものであるから、さしあたりここでは、州と地方自治体の両方における公文書の管理のあり方とその方向性について、「地方公文書管理制度」の枠に収めて論じることにしたい。

2　ドイツの公文書管理法制への基本的視点

　ところで筆者はこれまで、それぞれ別稿において、公文書管理に関するドイツの法制度の特徴として、以下の三点を指摘してきた。すなわち、第一に法治国家原理に基づく公文書管理制度の形成、第二に連邦制及び地方自治制のもとでの公文書管理行政権限の適正な垂直的配分、第三に法律による制度形成上の機能適性の確保である。

　第一点目の「法治国家原理に基づく公文書管理制度の形成」については、ドイツにおいて連邦及び各州が公文書館法を制定し公文書管理制度を整備するに至った憲法上の要因として、連邦憲法裁判所国勢調査決定が明らかにした「情報自己決定権」が存在していることを指摘した[1]。公文書へのアクセス及びその利用の確保が国民の基本権に属する問題である以上、国家はその基本権を保障し、かつ制度として具体化する義務を負うことになる。そして、公文書管理制度が基本権の具体化のために形成される制度であるならば、その制度の具体化は、法規創造力を認められた「法律」の形式によって行われなければならないことになる。

　第二点目の「連邦制及び地方自治制の下での公文書管理権限の適正な垂直的配分」について、ドイツ基本法における国家の権限配分は基本的には州を基本としており、特に各州の政治及び歴史に強い関連性を持つ公文書管理権限については、全て各州の立法権限に委ねられていることを指摘した[2]。これは、各州ごとに区々の公文書管理法制が存在することを意味するものではないが、各州の歴史・行政に立脚した公文書法制のバラエティをもたらす要因になっている。

　第三点目の「法律による制度形成上の機能適性の確保」については、国家による公文書の保存管理と、その利用の確保が国民の基本権に基づく要求である以上、国家は制度の整備によりその機能を適切に確保する義務を負うことを指摘した[3]。公文書管理のための法制度は、それ自体が目的であるわけではなく、あくまで国民の基本権を実現するための手段でなければならない。この考え方に基づくドイツの公文書管理法制においては、公文書を万全に管理することのできるしくみが存在していることそれ自体が追求されるようになっている。

ドイツにおける法治国家原理は権力分立原理に基づく抑制と均衡をその具体化形態とし、また国家機関の活動能力及び実効性は法治国家原理の規範的要請であると理解されている[4]ため、これら三点は、その視角に置かれる現象面は異なるものの、いずれも公文書管理法制は法治国家原理の具体化形態であるという基本的視点に立つものである[5]。

以下では、ドイツの地方行政に浸透している法治国家原理が、いかなる形で公文書管理法制として具体化し、その機能を発揮しているかの観点から、各州及びその内部の自治体の公文書管理法制の構造と現状を概観する。

II 州における公文書管理の制度形成

1 州の立法権限と公文書管理法制

州は、基本法に定めるところに従い、それぞれの固有の権限を独立して行使することが認められている。すなわち州は、連邦国家のもとで「制限された国家の権限」を行使する主体であり[6]、したがって各州はそれぞれの憲法を有し、立法権、行政権及び裁判権を行使する。基本法の規定上は、州は連邦の立法権が及ばない範囲での立法権を行使し（70条、州専属立法権限及び競合的立法権限）、かつ、基本法が定める範囲における固有行政としての連邦法律の執行を含む執行権を担う（83条）。

公文書管理行政は、その州の行政文化と歴史を反映する行政分野として州固有行政の領域であり、従って基本法上、州の立法権限に属する事項である。また、基本法上、文化に関する権限については連邦ではなく各州が担うべきものとされていることから[7]、各州は公文書管理行政に関する制度を規律する権限を有し、かつ、自らそのための制度形成をしなければならない。

2．州の公文書管理法制の共通要素

こうして制定されている各州の公文書館法は、「公文書館法（Archivgesetz）」と通称されることが多いが、この「公文書館法」という名称を公文書管理行政に関する法律の正式名称とする州はバイエルン州、ハンブルク州、ヘッセン州、

メクレンブルク・フォアポンメルン州、ラインラント・プファルツ州、ザールラント州、ザクセン州及びザクセン・アンハルト州の8州にとどまっており、その他の州の法律の正式名称は通常「（公的な）記録資料の保存及び利用に関する法律（Gesetz über die Sicherung und Nutzung von [öffentlichen] Archivgut）」となっている[8]。その名から判る通り、ドイツ各州の「公文書館法」は我が国の公文書館法とは異なり、組織法としてよりも、各州における公文書管理の権限を作用法として規律することに主たる役割がある。ドイツ各州における公文書館法の共通要素については、以下の四点に整理されている[9]。

①公の行政機関としての公文書管理官庁の設置及びその任務。特に州の行政レベルと地方自治行政レベルで区別して規律される。
②原理的に公正で、かつ、統一的な観点から行われる、公的な記録資料の登録、引き渡し、保管及び保存のための権限の根拠付け。
③文化及び歴史の継承材としての記録資料の広範な利用の保障。
④情報に関する個人の権利の保護と、記録資料に含まれる個人情報に対する適法なアクセスの保障。

この要素から見る限りでも、ドイツ各州の公文書館法は、我が国における公文書館法と公文書管理法だけでなく、情報公開法や個人情報保護法の一部を包含する規律内容と妥当範囲を有し、広く国民の情報自己決定を保障するために制定されたものであることが理解できよう[10]。なお、ドイツの公文書管理官庁も、中間管理（委託による管理）又は文書管理支援の場合を除いては現用文書に対して権限を行使することは通常なく、そのため公文書館法が規律する利用権及び個人情報保護請求権は、もはや業務に必要がなくなったものとして原機関から公文書管理官庁に引き渡された公文書及び引き渡された公文書から公文書館が評価選別を行って永久保存することを決定した記録資料に限って及ぶことになる[11]。

3　州の公文書管理法制の条文構造

各州の公文書館法の条文構造については、非常に雑駁な整理ではあるが、以下の5要素から成っているということができる[12]。

(1) 定義及び分類規定

　記録資料（Archivgut）や資料の保存価値（Archivwürdigkeit）など、公文書管理法制に特有の用語・概念の定義を明らかにするともに、他の法令における既存の用語・概念を公文書管理法制に接続するための手がかりを与えるものである。この中で重要になるのが、「記録資料（Archivgut）」及び「文書資料（Unterlagen）」の定義である。

　記録資料については、どの州においても「保存の価値を有する文書資料」と定義されており、その保存の価値については、規定に濃淡はあるものの、概ね連邦公文書館法3条の条文に依拠し、「州の文化又は歴史の研究」・「国民の正当な権利及び法的な利益の保障の確保」・「立法、行政及び司法に関する国民への情報の提供」の三点を基準とし、公文書館が自らの権限として決定することになっている[13]。

　一方、「文書資料」の定義については、デジタル化の流れに対応して、情報伝達媒体を包括的に捕捉できるようにする傾向が見られるようになっている。比較的新しいヘッセン州の2012年公文書館法では、「文書、公務資料、書類、ファイル、官庁の出版物、カード、地図、図面、掲示物、公印、印章、写真・映像並びに音声の記録媒体、及びその他全ての情報化体物であり、デジタル情報の媒体もそれに含まれ、その蓄積の形態を問わない。」（2条）と定義されている。これは、同州においてデジタル文書の公文書館への引き渡しと保存の制度を設ける必要が生じたことに伴うものであり[14]、併せて9条にデジタル文書の取り扱いに関する特則が挿入されている[15]。この法改正に伴い、ヘッセン州政府は文書取扱規則（Aktenführungserlass）の全面改正を行っているが[16]、そこには「ハイブリッド文書」（文書であって、その一部が電磁的形態によって、他の一部が紙文書の形態によって作成されたもの、2-5項）や「事後スキャニング」（完結済みの物理的文書又は関連資料（古い文書）について、保存期間の継続のためにデジタル化して用いる必要がある場合に行われるスキャン処理、2-9項の3）などの定義が登場している。州政府としての電子行政・電子政府化への意気込みが伝わってくる立法例と言えよう。なお、ヘッセン州公文書館では、他州に先んじて、デジタルアーカイブの構築に取り組んでいるが[17]、最近では連邦公文書館を中心にデジタル文書の保存やデジタル中間

書庫制度の研究も進められており、今後の立法及び制度形成の動向に注視が必要な分野と言える[18]。

なお、立法技術としては、我が国の立法に見られる定義規定と同じように、目的規定や適用範囲に関する規定に続けて、多くは第2条や第3条の位置にまとめて定義規定を置くタイプ（バイエルン州法2条、ヘッセン州法2条など）や、公文書管理官庁の権限規定の中に溶け込ませて「前項に規定する文書資料とは…」という項を起こすタイプ（バーデン・ヴュルテンベルク州法2条2項など）があるが、近年では重要な定義については独立の条を起こし、「第〇条（記録資料）」として、その中で網羅的に定義を行う例が多く見られる（ラインラント・プファルツ州法1条・テューリンゲン州法2条など）。

(2) 公文書管理官庁（＝公文書館）の任務規定及び権限規定

公文書管理官庁としての公文書館（Landesarchiv）を設置し、その組織形態と権限について定めるものである。公文書館は州の公文書に関する広汎な権限を与えられるが、その権限と組織の根拠は、法律によって規律される必要がある。そのため、「組織」という標題（例えばバーデン・ヴュルテンベルク州法1条「州の公文書行政の組織」）であったとしても、その内容は組織法にとどまるものではなく、作用法に当たる内容にも及ぶ。

立法技術としては、包括的な位置づけとして公文書館を「州の公文書に関わる全ての事項に関する権限を有する専門（及び州上級）官庁」であると位置づけた上で、その公文書管理行政の内容を事細かに列挙する方式が典型的であった（バイエルン州法4条など）。現在の各州公文書館法の原型の成立は1980年代後半に集中しているが、当時はコンピュータの登場とその急速な進化に伴う情報技術の発展が見込まれた時期であったことから、あえて制限列挙事項にその権限を限定することなく、事情の変化に対応するための包括的な権限名義を与えておく必要性が考慮されていたものであるとされる[19]。近年の立法では、包括的な位置づけに関する規定を欠く例が多くなっているが、それは最初に公文書館法が制定された1980年代後半から30年が経過して公文書管理行政の内実が立法事実として固まりつつあること、また、現在の公文書管理官庁が比較的新しい技術に対応してきていることが関係していると思われるが、その議論を

踏まえた上で、包括的な位置づけに関する規定を維持する例もある[20]。包括的な規定を欠く場合の権限規定は極めて詳細になる傾向があり、例えばブレーメン州法は、州公文書館の任務を「官庁、裁判所並びにその他の州の官署及びブレーメン市の文書について、その保存の価値の有無を評価し、保存価値があるものと評価した部分について記録資料として引き取り、保存し、補完を施し、保存状態を維持し、保存状態の改善を行い、編綴し、利用に供しうる状態にし、かつその状態を維持し、及び公開する」ことであると定めている（1条1項）。また、公文書専門職の教育・研修は、通常は州公文書館の権限となる（ブランデンブルク州法3条3項など）。

現在のドイツでは、公文書管理官庁としての公文書館を設置していない州は、都市州を含めて存在しない。従って、各州の公文書館法には必ずこのような規定が置かれているが、これは公文書館以外の公文書管理官庁の存在を否定するものではない。例えば、ヘッセン州法では州地域史研究庁（Landesamt für geschichtliche Landeskunde）による歴史公文書の引き受け（ヘッセン州法6条）や、マールブルク公文書学校（Archivschule Marburg）による公文書専門職の育成（ヘッセン州法5条）[21]について規定している。旧東ドイツ領域に属していた各州では、連邦法律である連邦公文書館法により連邦公文書館に設置された「旧ドイツ民主共和国の政党・大衆団体に関する文書財団（SAPMO）」が旧ドイツ社会主義統一党やその関連組織の文書に関する権限を有し、また同じく連邦法律である「シュタージ文書法（Stasi-Unterlagen Gesetz）」により、連邦又は州のシュタージ文書管理庁がシュタージ文書に関する権限を有するため、その適用除外規定が設けられていることがある（ベルリン州法6条など）。

(3) 記録資料のライフサイクルの制度規定

公文書の作成・引き渡し・評価選別・保存・利用、及び中間管理などの各段階における州官庁と公文書館の関係を規律し、併せて利用段階にある文書に関する国民の利用権を規定するものである。広い意味では公文書管理官庁の権限規定に含まれるが、国民の基本権に直接関わる部分であるため、それぞれの作用について独立の条文を起こして規定される例が多く、条文目次を見るだけで、その州における公文書管理行政の流れが分かるようになっている例もある。例

えば、テューリンゲン州法の11条以下の標題を並べると、「記録資料の選別及び引き渡し」「保存価値の判定」「評価手続の基準」「現用の保存期間内の保存」「データ保護、永続的な保存及び編綴」「記録資料の利用」となっている。

　州公文書館の任務の内容については、別稿にて詳細に紹介しているため[22]ここでは重複して記述することを避けるが、基本的には、上述のテューリンゲン州法の標題から判るように、原機関からの引き渡し、評価及び選別、収集、永続的な保存管理及び利用の保障がその内容となる。

　なお、通常の記録資料のライフサイクルに関する権限の他に、原機関における現用文書としての所定の保存年限の間、公文書館が中間管理又は委託を受けて管理することができることを定める例（中間管理［Zwischenarchivierung］、ノルトライン・ヴェストファーレン州法2条4項など）、現用文書の保存について、公文書館が地方自治体など本来その権限が及ばない機関に対して文書保存援助を提供する権限を規定する例（文書管理支援［Archivpflege］、テューリンゲン州法10条）、更には、州の歴史の継承のために価値を有する文書を所有する者が永続的な保存に適した状態を確保できない場合に、州公文書館がその文書の寄託を受けて保存することが定められている例（受託［Deposita］、ザクセン州法7条）がある。

(4) 地方自治体の公文書管理行政に関する規定

　州の内部に存在する地方自治体は、州憲法による自治の保障を受けており、地方自治体が自ら処理する公文書管理行政については、州公文書館法の適用の対象外となる。ただし、各州の憲法では、州は地方自治体の権限の行使に関する適法性の監督（Rechtsmäßigkeitsaufsicht）権限を認められているため、地方自治体の公文書管理行政が準拠すべき最低基準やそれを下回った場合の州公文書館の権限の行使についての規定が設けられている。

　地方自治体の公文書管理の権限と州公文書館法の関係については、後述する。なお、都市州の公文書館法には通常この規定は含まれない[23]。

(5) 終末規定

　我が国の立法においては、附則に該当する部分である。適用除外規定、関係

法令の改正規定、施行日に関する規定、経過規定が含まれているほか、公文書館を所管する州最高官庁の監督権限や規則制定権を定める規定が置かれることがある。

　公文書館法に基づく州による記録資料の保存管理及び利用に性質上なじまない文書は、公文書館法の適用除外となる。典型的には、以下の4つのパターンがある[24]。第一に、公法上の地位を認められた宗教的又は世界観を有する集団であって、その活動において州の監督に服しないものである[25]。これらの集団は憲法または法律により特別な地位を認められており、それに介入することは集会及び結社又は信仰・思想の自由に対する侵害を構成することとなるおそれがあるため、通常、適用除外が定められる。第二に、公法上の放送施設である。ドイツにおいては、放送は極めて影響力の強いメディアであり、それゆえに国家権力と交接してはならないものと位置づけられている[26]。従って、州による介入を可能な限り排除するため、適用除外が定められる。第三に、法人格を有し市場競争に参加する公法上の企業である。市場競争に参加する以上、営業情報や営業秘密が生じうるはずであるが、これらの情報は公企業が自らの営業のために用いるべきものであり、公文書館における集積・公開にはなじまないことが明らかである。第四に、私人であって保存価値のある文書を保有するもの及びそれが設置する文書館である。私人の文書はその者の財産そのものであり、それに州が介入することは許されない。なお、私人が保有する文書について、その保存の水準が永続的な保存に適しないと公文書館が認めたときは、文書管理支援又は受託の対象となることがある。

　公文書館法の運用に当たって個人の基本権に対する介入が生じうるときは、法治国家原理の構成要素たる法律の留保の要請に基づいて、その根拠は形式的意味の法律で定められなければならない[27]。従って、例えばザクセン・アンハルト州法14条は「この法律により、州憲法6条1項及び基本法2条1項の意味における個人関連データの保護権及び信書・郵便並びに遠隔通信の秘密に関する基本権（基本法10条）は制限される。」と明文で規定している。ただし、立法技術としては、これは基本法及び州憲法において法律の留保が付されている基本権についてのみ許されるものであるため[28]、我が国においてこのような規定を法律や条例に置いた場合には、違憲又は違法とされるリスクがあろう。

また、最近では行政評価のために時限法として制定される法律もあるため、いわゆるサンセット条項が置かれることもある（ヘッセン州法22条など）。技術の進歩や社会事情の変化に伴う公文書管理行政へのニーズの変遷への対応を柔軟にするという意味においては、ひとつのアイデアと言えよう。

Ⅲ　地方自治体における公文書管理の制度形成

1　地方自治体の規律権限と公文書管理

　地方自治体は、基本法によって「自治の権利」を保障される主体であり[29]、法律の範囲内で地域に関する権限事項を特段の権限名義なく担うことが認められ、かつ、それを自己の責任に基づいて執行することが認められている（全権限性と自己責任性、基本法28条2項）。その保障の要素として、地方自治体は、基本法及び州憲法によって「地域の事項を自ら規律する権限」を与えられる。地方自治体の公文書管理行政は、この「地域の事項」に属するものであるから、地方自治体は自らこの事項について規律する権限を有し、かつ規律しなければならない。

　地方自治体が公文書管理行政を規律する際の形式は、「条例（Satzung）」である。バーデン・ヴュルテンベルク州法7条3項のように、自治体が公文書管理行政に関する規律を行う場合にはこの形式によるべき旨を、州法律に明記する例もある。このSatzungは、ドイツでは執行権による一定の拘束力を伴った規約の定立行為であると見なされており[30]、我が国における地方公共団体の自主立法としての条例とはやや事情が異なることに留意が必要であるが[31]、ここでは地方自治体が定立する法形式であり、州法律との規律関係が問題となる例として取り上げることとする。

2　地方自治体の公文書管理規律の要素

　各地方自治体は、公文書館条例又は公文書管理条例（原語はいずれもArchivsatzung）を制定して、その公文書管理行政を規律しているが、その際に問題となるのは、州公文書館法との関係である。地方自治体の規律権限はあ

くまで法律の範囲内で与えられるものであるから、条例の内容はどうしても州公文書館法と接近したものにならざるを得ず、また公文書管理行政の業務の内容それ自体は州であっても地方自治体であってもそれほど変わりはないため、州公文書館法の要素とそれほど変わりのない規定で構成されることになる。公文書館条例は無数に存在するため、全ての共通項を見いだすことはできないが、概ね以下の三つの共通の要素を含んでいるとされている[32]。

　第一に、地方自治体がそれ自体として設置する公文書管理部署の組織と運営である。通常は自治体公文書館を置いて公文書管理行政を所管させることになる。すなわち、地方自治体は自らの行政上・財政上の責任に基づき、自らの公文書管理機関を設置し、州公文書館法の規定する規準に従って公文書の収集及び管理保存を行い、利用に供しなければならない[33]。そのためであるかどうかは判らないが、ドイツの市町村公文書館には、駅舎の一角に設けられているところ[34]や、博物館や図書館と同居しているところ[35]、そして古城やかつての砦にひっそりと入っているところ[36]など、既存の建物をうまく利用しているところが多い。身の丈に合った形で、州公文書館法の要求する水準を満たそうとする地方自治体の工夫なのだろう。

　第二に、地方自治体による公文書管理制度は、その制度の運営自体が目的であってはならず、住民の基本権の実現の観点から、自治体の記録資料を適切に収集し、保存し、かつ利用に供することが可能になっていなければならない。従って、記録資料の利用に関する規定が設けられている必要がある。特に文書の利用権に対する制限を設ける場合には、拘束力を有する規約であるSatzungの形式による必要がある[37]。なお、公文書のライフサイクルに関する規定は、州であっても地方自治体であっても、文書の作成・引き渡し・評価選別・保存・利用などの各段階における官庁と公文書館の関係はほとんど変化することはないため、州の公文書館法の規定と似通う傾向が出てくることになる。例えば、ザクセン州の州都であるドレスデン市の公文書館条例[38]の目次は、以下のようになっている。

　　　第一章　総則
　　　　第１条　適用範囲
　　　　第２条　定義規定

第二章　自治体公文書管理行政の任務
　　　　第3条　市公文書館の任務
　　　　第4条　記録資料の引渡しと引取り
　　　第三章　ドレスデン市公文書館の利用
　　　　第5条　利用
　　　　第6条　利用の請求
　　　　第7条　保存期間
　　　　第8条　記録資料の提示
　　　　第9条　利用の際の責任
　　　　第10条　記録資料の活用と献本義務
　　　　第11条　複写と複製
　　　　第12条　記録資料の帯出
　　　　第13条　利用料金
　　　　第14条　施行期日

　第三に、公文書管理行政の空白の防止である。地方自治体は州と違い、その行政上の条件や財政状況も区々である。そうであるとすると、規模や財政上の理由により公文書管理部署を置くことのできない自治体が存在しうることも事実であろう。しかしそうなった場合、住民の基本権の実現を担う公文書管理行政について空白が生じることになり、これは当該地方自治体のみならず州の公文書管理法制の形成義務に対する問題を生じさせることになる。そのため、州公文書館法には、通常、地方自治体が自らその記録資料を管理することができないと州公文書館が認める場合に、州公文書館が地方自治体の文書に対して権限を行使することを認める規定が置かれている。この場合は、州公文書館法の定めるところにより、州公文書館又は州公文書館法が指定する機関に、その記録資料となるべき文書を引き渡すことになる。例えば、メクレンブルク・フォアポンメルン州公文書館法12条2項は、地方自治体が自ら公文書管理を行っているものと認めることができるための条件として、次の三つを挙げている。すなわち、①自らの文書館を設置し、運用すること、②記録資料の管理保存を目的として設置された共同公文書館を利用し、又は加盟すること、③その記録資料を、権限を有し受託可能な州の公文書館に保存のために寄託すること、であ

る。三つの条件のうち③はいわば「最後の手段」として州が権限を行使することになる場合であると理解される。

3　地方自治体の公文書管理のこれから：共同施設の試み

　ノルトライン・ヴェストファーレン州法10条3項は、公文書管理のための共同施設（Gemeinschaftseinrichtungen）の利用によって地方自治体が公文書管理行政を処理することを認めている。同州では、州公文書館が、地方自治体の公文書管理部署について管理能力があると認めることができる場合の条件が規定されているが、その内容は「公文書専門職のラウフバーンに属し、又はその他特に専門性を有すると認めることのできる専任かつ専門職の人員によって記録資料の管理に関する事務が担当されること」又は「公文書専門職のラウフバーンに属する公文書専門職員によってその権限が行使される官署から、記録資料の管理に関する事務の遂行に際して専門的な助言を受けられること」のいずれかを満たさなければならず、地方自治体にとっては相当厳しい条件となっていることは容易に想像できる。

　共同施設の制度は、このような背景への州としての対応の一つでもあるが[39]、近年はデジタル化への対応の必要や行政の効率化への要求の高まりから、むしろ積極的にこのような仕組みを利用しようとする例も見られるようになっている。例えば、ノルトライン・ヴェストファーレン州のフィーアゼン郡とフィーアゼン市は、2017年1月1日より州公文書館法に基づく市の公文書管理に関する義務的事務を郡が引き受ける形式で公文書館を統合し、2020年までに共同施設の開設を目指すことを発表した[40]。将来的には開館日を増やし、図書閲覧設備を増備するなどして、利用者の利便を図る方針であるという[41]。ドイツの市町村公文書館は、週に2、3日のみの開館であったり、職員が兼任のため予約来館者のみの対応となっていたりところも実は少なくない。これは、あくまで地方自治体がその能力の範囲内でなんとか公文書館を運営しようとする工夫でもあるのだが、その現状からは、統合によって開館日が増え、デジタル閲覧にも対応できるようになる共同施設が出てくれば、利便性が大きく向上することも期待されよう。

Ⅳ　まとめに代えて

　本稿では、ドイツの16の州と地方自治体による公文書管理法制の構造と現状を概観した。筆者はかつて、ドイツの連邦制による複雑な立法・行政権限の配分や、データ保護に対する高い意識、行政組織の伝統的性格からして、ドイツは我が国にとっての公文書管理法制の準拠国たり得ないと論じたことがある。その印象は現在でも変わってはいないが、しかし、幾分か緩和されてきている。

　印象が変わっていない原因は、やはり日本の感覚から見れば立法技術が精緻に過ぎることである。我が国では公文書管理が基本的人権の問題であるという捉え方はまだ十分に浸透を見ているとは言えない。しかし、ドイツでは情報自己決定が基本権であるという前提の下、データ保護と公文書管理を車の両輪と位置づけて、極めてシリアスに制度形成を行ってきた経緯がある。法の隅々まで染み込んだ法治国家原理の理念や、それに基づく詳細な定義規定、厳格な原則と例外の規定関係など、ドイツの公文書管理法制の研究を手がけてきてもなお、極めて厳格であるように感じられることもあった。しかし、厳格で精緻である分、そのまま我が国に導入することには適さないものの、例えば公文書管理部署の包括的な権限規定の有無と権限の限定列挙のバランスや、州が地方自治体の権限に介入することができる例外的事情の設定の方法、利用権に対する介入と侵害の線引きなど、立法技術として見るべきところは多いと思われる。

　幾分か印象が緩和されてきている点は、制度形成の現実である。公文書管理制度に関して、国民の基本権と憲法の価値決定の実現のための制度形成が必要であることは、我が国とドイツを含めた法治国にとっては普遍的な事実であるはずである。そのようなシリアスな問題設定が存在し、厳格な法規範に根拠づけられるものでありながら、特に地方自治体レベルの公文書館を訪ねてみると、ときに古城に招き入れられたり、週に2日しか開館していないという館があったりなど、牧歌的とも思える光景も存在した。ひとつの国としての文化を共有する人々が予め定められた目的に対して、自らの置かれた状況や歴史、そして自分たちの国や都市をどうしていきたいのかを考え、ひとつひとつ自分たちなりにできることを積み上げた結果が現状の制度なのだとすれば、その積み上げ

を我が国でも試みない手はないのではないか。

　我が国の地方公文書管理制度は、まだ発展の途上にある。そのさらなる発展のために、ドイツの経験がどのような処方箋を示せるかについては、特殊ドイツ的な事情が多分に妨げになる可能性があり、その点をなお腑分けしていく必要があると考える。この点の検討の継続については、今後の課題としたい。

1) 拙稿「ドイツ連邦州における公文書館法の特色」社会科学研究31巻2号（2011年）9頁以下。
2) 前注・4頁以下。ただし、連邦の政治やドイツの全領域に関連する歴史資料については、各州の公文書館法に対して補充的に連邦が立法権限を有することになる。そのため連邦公文書館と各州公文書館の間には権限上・職務上の「上下関係」はなく、それぞれ必要に応じて補完し合いながら、その任務を自ら独立して遂行していくことになる。この点では、日本の国立公文書館と自治体公文書館との関係に似ているとも言いうる。
3) 拙編『アーカイブズ学要論』（尚学社、2014年）84頁以下（上代庸平執筆）。
4) Klaus Stern, Das Staatsrecht der Bundesrepublik Deutschland.Bd.I, 2.Aufl., 1984, S.792,824.＝赤坂正浩・片山智彦・川又伸彦・小山剛・高田篤（編訳）『シュテルン　ドイツ憲法Ⅰ　総論・統治編』（信山社、2009年）189、215頁以下。
5) Bartholomäus Manegeld, Archivrecht. 2002. S.44.
6) BVerfGE 1,14(32).
7) 基本法30条は、基本法に定めがない限りにおいて、国家の権限は各州に属する旨を規定しており、連邦憲法裁判所は、同条の解釈において文化行政に関する権限である文化高権（die Kulturhoheit）を「州の自律的国家性の核心的要素」であると位置づけている。Vgl. BVerfGE 6,309(346f.). そのため、連邦が文化行政に関する立法権限を有するのはその権限の範囲内においてのみに限られる。実際に、連邦には文化に関する事項を所管する省は設置されておらず、連邦最高官庁としては「文化及びメディアに関する連邦政府全権受任庁」とそれを担当する国務大臣（Staatsminisiter、通常の省を所管する「大臣」である連邦大臣Bundesministerよりもラウフバーンにおいては格下の官職と位置づけられる）がそれを所管することになっている。なお、連邦公文書館は「文化及びメディアに関する連邦政府全権受任庁」の傘下に設置される連邦上級官庁であり、連邦公文書管理行政に特化した権限のみを有する専門官庁である。
8) その例外は、バーデン・ヴュルテンベルク州の法律「記録資料の保護［Pflege］及び利用に関する法律」であるが、基礎となる発想や規定内容については他の州と変わることはない。
9) Hans-Joachim Schreckenbach, Archivgesetze in den Bundesländern Brandenburg, Mecklenburg-Vorpommern, Sachsen, Sachsen-Anhalt und Thüringen. LKV 1998, S.290.
10) Janbernd Oebbecke=Christian Nienkemper, Archivbenutzung in verändertem Umfeld. DVBl 2004, S.1511f.
11) 現用文書に含まれる個人情報の保護や開示請求については、各州におけるデータ保護法（Datenschutzgesetz）と称される法律の規律範囲となる。我が国でも情報公開法・個人情報保護法に規定される現用文書の開示請求権と、公文書管理法に規定される特定歴史公文書等の利

用請求権とは根拠を異にしているが、これとほぼ同じ発想である。連邦及び各州のデータ保護法は、公文書館法と並んで、基本権である情報自己決定権を具体化する法制度であり、かつ、行政の透明性と民主的決定の基盤をなすものであると位置づけられている。Vgl. Oebbecke=Nienkemper, a.a.O.(Anm.10), S.1512.

12) シュレッケンバッハによる旧東ドイツ諸州の公文書館法の規定内容の整理（4項目）を基に、旧西ドイツ諸州の公文書館法の特色を加味して、筆者が補った。Vgl Schreckenbach, a.a.O.(Anm.9), S.291.

13) Manegeld, a.a.O.(Anm.5), S.176.

14) Hessischer Landtag, LT-Drucksache 16/6067. S.14f.

15) Hessischer Landtag, LT-Drucksache 16/6067. S.18f.

16) Erlass zur Aktenführung in den Dienststellen des Landes Hessen v. 14.12.2012: StAnz. 1/2013 S.3.

17) https://landesarchiv.hessen.de/dienststellen/digitales-archiv（letzter Zugriff 20.2.2017）

18) この点については、内閣府公文書管理委員会第52回議事録（平成28年6月24日）11頁以下（上代庸平発言）及び同配付資料119頁以下において紹介を行っている。

19) Bayerischer Landtag, Drucksache 11/8185. S.12.

20) Landtag Nordrhein-Westfalen, LT-Drucksache 16/5774 S.13f.

21) マールブルク公文書学校は、バイエルン州を除く全連邦領域における公文書専門職を養成する機関であるが、その設置根拠はヘッセン州公文書館法であり、連邦・州間協定によって教育・研修を他州にも提供している形式になっている。マールブルクに公文書学校が置かれた経緯については、拙稿「ドイツの公文書専門職養成制度 ―『番人』・『翻訳者』としての職業倫理の形成」社会科学研究33巻1号（2012年）156頁以下。

22) 拙稿・前掲（注1）23頁以下

23) 都市州のうちブレーメン州は、厳密には単独の都市州ではなく、ブレーメン市の他に飛び地であるブレーマーハーフェン市を含んでいるため、同州の公文書館法には同市の公文書に関する規定がある。

24) Schreckenbach, a.a.O.(Anm.9), S.291.

25) この典型例は教会である。ドイツ基本法140条は、教会に公法上の独立した地位を認めるワイマール憲法の規定は、自らの構成要素であると定めており、それにより教会は憲法上の独立の地位を有する公法上の法人となっている。なお、公文書館法の適用除外ではあるが、ドイツ社会における教会は俗界における領主としての地位を保有していたことも多く、また礼典や秘蹟に際して住民の記録を残していることが通常であり、その保存のために、教区や州単位で自らの文書館を有している。我が国で例えれば、宗教法人たる寺院が、その保有する過去帳の保存のために文書館を設けるという例になるだろうか。

26) 石川明「ドイツにおける公共放送像」関西学院大学社会学部紀要89号（2001年）123頁。なお、ドイツの全国ネットの放送局であるARD（ドイツ公共放送連盟）とZDF（第二ドイツテレビ）はいずれも放送に権限を持つ州同士の協定によって設置されている。

27) Hans Jarass/Bodo Pieroth, Grundgesetz für die Bundesrepublik Deutschland Kommentar. 14.Aufl., 2016.Art.2 Rdnr.14f.

28) 一般的な法律の留保原則は基本法には明確に規定されてはいないが、連邦憲法裁判所は、法律の優位を根拠として、立法者の一定の基本的決定の余地を認めている。Vgl. BVerfGE 33,125 (158).
29) 地方自治は、基本法には「権利」であると規定されてはいるが、これはもちろん個人の基本権と同質のものではあり得ず、あくまで制度的に保障されるものに過ぎないというのが、ドイツでも判例・通説になっている。Vgl. BVerfGE1,167.(175)＝ドイツ憲法判例研究会編『ドイツの憲法判例（第2版）』（信山社、2003年）447頁（高橋洋）。
30) 大橋洋一『現代行政の行為形式論』（弘文堂、1993年）351頁以下。
31) そのため、立法事項の広範性・包括性という点で、我が国の法律と条例との関係の比較対象に適するのは、ドイツにおける連邦法律と州法律の関係でもあるといえなくもないとの指摘がある。人見剛「『枠組み法』研究序説― ドイツの『大綱法』の紹介と検討」自治総研438号（2015年）55頁。ただ、ドイツにおける州法律の規律範囲が連邦法律に対して一般的な事項を包摂する関係にあるのに対して、日本における条例はあくまで国の法令の範囲内でのみ制定することが認められるものであるという違いは無視すべきではないと思われる。
32) Schreckenbach, a.a.O.(Anm.9), S.295.
33) Manegeld, a.a.O.(Anm.5), S.187.
34) ザールラント州フェルクリンゲンの公文書館は、旧駅舎の一角を占めている。
35) ラインラント・プファルツ州トリーア市の公文書館は、図書館及び歴史博物館との共同施設である。
36) ノルトライン・ヴェストファーレン州のライン・ノイス郡とドルマーゲン市の共同公文書館は、かつてその地を支配したケルン大司教の代官が使っていたというドルマーゲンの砦と隣の穀物倉庫跡に入居していた。
37) 公文書館における利用料金を徴収することが利用権への介入に当たるかどうかが問題となり得るが、公文書管理制度及びそれに基づいて設けられる施設は、基本権を住民が実現するための道具となるものと理解し、その維持に必要な負担が生じる場合には、その一部について利用者負担を求めても基本権への介入にはならないと理解されている。ただし、その負担については形式上・実質上の正当化が必要となるため、形式的な法規としての効力を有する規範で負担内容を定めることのほか、実質的に基本権行使を躊躇させない程度の比例的な範囲での負担であることが必要となろう。Vgl. Oebbecke= Nienkemper, a.a.O.(Anm.10), S.1510.
38) Satzung der Landeshauptstadt Dresden für das kommunale Archivwesen(Archivsatzung)v. 29.2.1996. Dresdner Amtsblatt Nr. 13/96.
39) Landtag Nordrhein-Westfalen, LT-Drucksache 16/5774 S.13.
40) RP Zeitung Online v. 23.10.2016.（http://www.rp-online.de/nrw/staedte/viersen/neues-kreisarchiv-wird-in-viersen-gebaut-aid-1.6280120: letzter Zugriff 20.2.2017.）
41) Ebenda.なお、当時のフィーアゼン市の公文書館は週に3日ほどの開館日としていたようである。

2. イタリア

人間文化研究機構　国文学研究資料館
特任助教　　湯上　良

イタリアの地方公共団体の構成
地方公共団体におけるアーカイブズの管理の概要
地方公共団体アーカイブズ関連の法律
州のアーカイブズ
県のアーカイブズ
コムーネのアーカイブズ
文書保護局の役割
文書保護局の活動
MiBactアーカイブズ総局のプロジェクト
イタリア地方公共団体アーカイブズの事例から提言

　イタリアは、膨大な量のアーカイブズの蓄積や地方ごとに特色のある歴史、そして近代化の過程など、日本との共通点が少なくない。一方、アーカイブズの運用では、歴史研究の枠組みに留まらず、産業遺産の保護や地域ブランドの確立に重要な役割を果たし、先端的な取り組みも行われている。限られた予算で現実的な対処もしており、我が国の地方公共団体におけるアーカイブズの運用にとって、幅広い示唆に富んでいる。
　イタリアは、ローマ文明まで遡り、華やかさとともに、複雑な歴史的経緯をたどり、19世紀の統一以前は、各都市がさまざまな支配形態の下に国として運営されていた。したがって、多様なアーカイブズが各地の国立文書館だけではなく、全国の地方公共団体[1]でも保存されている。基礎自治体にあたるコムーネでは、定期的に開館する歴史的文書館を設置し、専門知識をもつアーキビストと、目録や各種の探索補助資料を備えている場合もあれば、閲覧の可能性がほぼなく、打ち捨てられた状態のアーカイブズまで、都市ごとにさまざまな現

実が存在する。
　また、各地の多様な歴史を反映する地方公共団体のアーカイブズに対して、国も積極的に関与することが、イタリアの地方公共団体における文書管理の大きな特徴となっている。

イタリアの地方公共団体の構成

　イタリアの地方公共団体は、州・県・コムーネの三層から成る。州は20、県は100強、コムーネは8000以上を数えるが、その歴史的経緯は、大きく異なる。各団体の成立年代の違いは、アーカイブズ管理においても大きな違いとなって表れる。

　各地にそびえる教会の鐘楼（カンパニーレ）の数だけ、郷土意識「カンパニリズモ」が存在すると言われる基礎自治体、コムーネから最初に見ていこう。コムーネは、制度上、イタリア共和国憲法で定められたものだが、文化や住民意識といった文化的背景まで目を向ければ、都市国家時代の影響を色濃く受け継いでいる。大都市のローマやナポリから、ペデジーナやモルテローネといった人口30人ほどの規模のものや、フィエラ・ディ・プリミエーロやアトラーニといった面積が１平方キロメートルに満たない規模のものに至るまで、ほぼすべてがコムーネと呼ばれ、日本のように市町村に分類されることはない。また、山岳部には、「山岳共同体」も設置されている。

　一方、19世紀のイタリア統一後、「カンパニリズモ」が色濃く残る各地域へ、中央から派遣された県長官の元で組織化されたのが県の起源である[2]。県の管轄領域は、かつて各都市国家によって統治された部分と重なる場合もあるものの、制度的にはフランス革命前の旧体制国家に起源を持たない[3]。ファシズム期に統制が強められた時期もあったが、現在では役割や権限が縮小されている。

　州に関しては、1953年に州機関の設置と役割に関する法律第62号が発布されたが、1968年にようやく、州議会議員選挙の規定が設けられた。1970年の修正を経て、州制度が本格的に施行された[4]。限定的ではあるが、設立当初より立法権も有していた。1990年代以降、欧州統合の進展とともに、州の立法権の範囲が拡大しただけでなく、地方分権が大きく進展し、財政自治権に向けた取り組みも見られる[5]。また、州、県、コムーネのすべてで首長が選ばれ、議会が

設けられている。

地方公共団体におけるアーカイブズの管理の概要

このように異なる歴史的経緯をもつ各地方公共団体は、運営形態も、収蔵内容も、さまざまな違いがあるが、文書の公開には積極的に取り組んでいる。例えば、イタリア北東部のヴェネト州では、州内の県やコムーネにおける文書管理の状況を調査し、県ごとに分類の上、公開している[6]。それによれば、県についてはヴェネト州内の全7県、そして調査に回答した600弱のほぼすべてのコムーネが、事前の手続きを行なった上でのアーカイブズの閲覧を受け付けている[7]。数は少ないが、開館時間を定め、定期的に閲覧できる常設の文書館を備えたコムーネも見られる[8]。また、特に歴史的アーカイブズに関しては、コムーネ内の公立図書館、博物館、地域とつながりの深い財団等に収蔵、閲覧する形で運用する事例も見られ、「ハコモノ」に依存しない現実的な解決方法とも言えよう[9]。

さらに地方公共団体のアーカイブズは、国の機関との関係も決して無縁ではない。全土に網の目のように広がり、ほぼ各県庁所在地に設置されている国立文書館との補完関係や、州ごとに設置され、非国有アーカイブズの保護と監視を担う国の文書保護局との連携が挙げられる。

元々、国立文書館は、おもに国の地方機関のアーカイブズを担当するが、都市国家の伝統が長い地方公共団体ともなると、各地方公共団体だけでは、保管・管理が可能な文書量ではなく、国立文書館に納入される事例も存在する[10]。

一方、文書保護局は、地方公共団体や私企業、各種団体の所有するアーカイブズに対し、管理や保存、運用のためのガイドライン策定や調査、各種プロジェクトの実施、また大きな災害やテロなどが発生した際には、アーカイブズの救出作業に乗り出す。地方公共団体のアーカイブズ運用において、密接な協業関係にあり、非常に重要な役割を果たしている。

地方公共団体アーカイブズ関連の法律[11]

イタリアでは、早い時期から地方公共団体におけるアーカイブズの重要性が認識され、1875年の規定でも、行政の管理下にあるアーカイブズを整理、保存

する義務を県とコムーネに課した[12]。そしてコムーネに対して1897年3月1日第17100-2号として内務大臣によって公布された、通称「アステンゴ通達」が現用文書の運用に関して約1世紀もの間、規定した[13]。

現在、地方公共団体のアーカイブズは、民法第822条と第824条によって「公的財産で、譲渡不可能なもの」と定義され、アーカイブズ行政全体の基準となる規定、2004年1月22日委任命令第42号「文化財および景観法 Codice dei beni culturali e del paesaggio」では、「文化遺産」とされている。

アーカイブズ保護のため、2000年12月28日共和国大統領令第445号「行政文書に関する法規・規定統一法 Testo unico sulla documentazione amministrativa」において、文書作成・保存・移転について定められた。2005年3月7日委任命令第82号「デジタル行政法 Codice dell'amministrazione digitale」では、電子化文書の取扱いについて、1990年8月7日法律第241号「行政プロセスと行政文書への開示権に関する新規定 Nuove norme in materia di procedimento amministrativo e di diritto di accesso ai documenti amministrativi」では、情報へのアクセス権について、2003年6月30日委任命令第196号「個人情報保護に関する法令 Codice in materia di protezione dei dati personali」では、個人及びプライバシーに関する情報の保護規定を定めている。

また、先の「文化財および景観法」の各条項では、文書の体系的な保護と保存や、予測可能な危険を除去し、安全性を確保した上で、一般公開する義務を課している。さらにアーカイブズ所蔵機関に、保護活動と価値評価において他の公的機関と協業し、未整理のアーカイブズを整理するだけではなく、現用文書が秩序だって作成される仕組みを考案し、整理、目録化する義務を課している（第3、5、7、29、30条）。

これらを実現するため、各公的機関は、電子記録簿、分類システム、運用マニュアル、廃棄判例集、簿冊目録、配達証明付電子メール、文書保存システムなどを整備する。

職務上の怠慢や放棄等、文書の良好な保存に関する規定に反した場合、責任者や担当者には「文化財および景観法」第160、169-171、173-174、180条と刑法第328条、第650条の罰則が適用される。

州のアーカイブズ

　州制度は第二次世界大戦後に創設が決まり、実際に設置されたのは、1970年代に入ってからである。後に見る五つの特別州を除き、最初の州議会議員選挙に関する公聴会が行われた1970年が、各州で直接的に文書の作成が開始された最初の年となる[14]。したがって、アーカイブズ保存の問題が本格化するのは、20世紀末からである。

　州のアーカイブズは、主にアーカイブズ構造が比較的単純な州議会Consiglioのものと、国で言えば内閣に当たり、多様な題材を扱う州政評議会Giuntaのものから構成される。議会アーカイブズは、州知事室、議会会派、常任委員会、特定の問題に関する各諮問機関の文書から成る。一方の州政評議会は、1948年の憲法によって、法律と委員会決議の執行を行う機関として規定され、現在では予算案と決算報告書の作成も担当し、いくつかの分野で決定権も持っている。秘密投票で顧問の中から選出された議長と、議長に指名され、議会に選出された評議員から構成される。州政評議会の事務局は、さまざまな場所に、作成した文書とともに離れて位置しており、記録簿の作成方法等も統一されていない。したがって、そのアーカイブズは、統一性が低く、流動的な性格となっている[15]。

　ここでは、他の州より成立が早かった、特別州のアーカイブズを事例として見てみよう。ヴァッレ・ダオスタ、トレンティーノ・アルト・アディジェ、シチリア、サルデーニャ、フリウリ・ヴェネツィア・ジュリアの各州は、憲法第116条で特別州と規定されている。フリウリ・ヴェネツィア・ジュリアのみ1963年まで待たねばならなかったが、他の特別州は、1948年に特別州制度が承認、公布され、文書の作成も通常の州より早くから開始された[16]。

　ヴァッレ・ダオスタ州とトレンティーノ・アルト・アディジェ州内のボルツァーノ自治県は、アーカイブズ管理の成功事例である。

　ヴァッレ・ダオスタ州内に国立文書館が設立されたことはなく、1977年以来、国のピエモンテ＝ヴァッレ・ダオスタ文書保護局との協力関係の下、州立歴史文書館によって文書管理が行われている。この文書館は、1950年に創設され、地域のアーカイブズ管理を担っている。

トレンティーノ・アルト・アディジェ州は、トレント自治県とボルツァーノ自治県という二つの特別な形態の県から成る。トレントには、国立文書館も国の文書保護局も所在しているが、ボルツァーノでは、独自の管理組織が展開されている。1970年代に歴史的文書の一部が、国立文書館から県の歴史文書館に移された[17]。現在では、1985年に設立された県立ボルツァーノ文書館の一部門である、県立ボルツァーノ文化財保護局によって活動が展開され、文書館自身が保存活動と監視活動の双方を担っている[18]。

シチリア州に関しては、州議会、州知事と12の評議会から構成される州政評議会に分かれている。地方部局も起源が古く、無数の公社に枝分かれし、好ましい保存状況ではない[19]。

サルデーニャ州では、州議会やいくつかの州の評議会のアーカイブズの再整理に関して、国の文書保護局による広範な協力を得ている。しかし、文書の作成場所が各地に分散し、保存もそこで行われているという懸念も存在する[20]。

フリウリ・ヴェネツィア・ジュリア州では、各地方の図書館でアーカイブズを保存するよう州法で規定している。

県のアーカイブズ

次項で見るコムーネの事例と同様に、各県のアーカイブズ管理は、多様な状況にある。適正規模の歴史文書館が市民に常時開放されている事例もあれば、各県に所在する国立文書館にアーカイブズを預け入れている県もある。または、そのどちらも行われず、適切な保存がなされていない県も存在する[21]。

コムーネと大きく異なる点として、県はフランス革命以前の旧体制国家に起源を持たず、19世紀半ばのイタリア王国による統一後に創設された。したがって、ボローニャ県やフィレンツェ県などの例外はあるものの、管理しているアーカイブズも19世紀以降のものを中心に構成されている[22]。

全体の約三分の一に当たる33県が、各県庁所在地に設置された国立文書館への文書の預け入れを実施しており、その方法や期間は県ごとに異なる[23]。代表的な県として、ブレッシャ、インペリア、レッチェ、ノヴァーラ、ペルージャ、ラヴェンナ、サレルノ、ウーディネなどが挙げられる[24]。

国立文書館にアーカイブズを預け入れている県に関しては、文化財省発行の

『全国国立文書館総合ガイド[25]』を通じて全体像を把握できる。それ以外の県のアーカイブズに関しては、国の文書保護局による調査結果、または、国立中央文書館で公開されている手書きの調査票を参照する以外、適切な探索補助資料が存在しない状況であるが[26]、トレント自治県とボルツァーノ自治県は、すでに州の項目で見た通り、特殊な形態で成り立っている。

また、アーカイブズ内部の構成については、文書を分類する際に用いる「ティトラーリオ titolario[27]」と呼ばれる分類方法が各県ごとに異なっており、他県との比較検討が困難な状況になっている[28]。この点では、複雑な歴史的背景をもつコムーネに関しては、すでに19世紀の段階から、アステンゴ通達によって統一されたティトラーリオが導入され、州に関しても20世紀後半に創設され、ティトラーリオが整備されたのとは、対照的な状況と言えよう。

コムーネのアーカイブズ

コムーネは、イタリアの地方公共団体の中で起源が最も古く、共同体を円滑に運営するために何世紀も蓄積され、さまざまな行政機関によって作成されたアーカイブズを引き継いでいる。コムーネのアーカイブズは、中世期に遡る都市国家からの蓄積だけではなく、外来の勢力に支配された際に行われた整理方法の変更や、イタリア統一後にもさまざまな影響を受けている。例えば、19世紀前後のナポレオン支配下で、コムーネのアーカイブズは、文書作成団体の役割ごとに分化し、何段階ものレベルからなる、詳細な分類方法で再編成された。一方、イタリア統一後の1897年には、内務省のアステンゴ通達が全土に適用され、統一した形で運用された[29]。

現状を規模ごとに大まかに述べると、都市国家の伝統を色濃く受け継いでいる大規模なコムーネは、独自の文書館を備えていることが多い。一方、中規模コムーネの多くは、地元の公立図書館内に歴史的アーカイブズを収蔵している。この方法の起源は古く、昔から市民の文化的生活の中でこうした図書館が役割を果たしていた[30]。小規模コムーネも文書保存を行なっているが、閲覧に関しては原則的に個別の予約に基づいて行われ、ほぼすべての県庁所在地に設置されている国立文書館に預け入れている場合もある。保存文書の目録化、適正な保存環境や設備、専門知識をもった人材登用などの面で、改善が必要とされる状

況である[31]。また、中小規模のコムーネの内、州の援助が得られた場合、アーカイブズ保存にとって望ましい結果も出ている[32]。

次に各地の状況を見ていくと、大都市では、その大部分が歴史文書館を設置しているが、かつて、バーリやボローニャでは、アーカイブズの一部を国立文書館に預け入れていた[33]。

ヴェネツィアは、ヴェネツィア本島とメストレにそれぞれ文書館が設置されている。18世紀末に滅亡したヴェネツィア共和国時代のアーカイブズは、その大半が国立文書館に納入され、コムーネが保存する同種のアーカイブズは、かつてヴェネツィアとは別の行政区画であった、メストレの都市行政長官によって書かれた文書の中でも古い年代のものに限られている。大部分は、19世紀のアーカイブズであり、20世紀のものになると、充分な目録化がなされていない状況である[34]。

トスカーナ州内のコムーネが所蔵するアーカイブズは、例外的に「地上の楽園」と呼ばれるほどに、整理や目録化の状況が良好である[35]。

文書館という施設を整備しても、すべての問題が解決するわけではなく、例えばトリノの歴史文書館には、書架総延長で20キロメートル分の行政文書が収蔵され、同時に他の27箇所で分散して保管されていたが、後にその状態が解消された。ローマでも、カピトリーノ歴史文書館の収蔵スペースが不足し、収蔵場所が分散していた。1992年の調査によれば、公有の建物や倉庫などに約130箇所の「文書館」が確認された[36]。近年行われた改築によって、何らかの改善がなされたことが期待される[37]。

大都市でアーカイブズを国立文書館に預け入れる例は、わずかであったが、各州や各県の首府であっても、大都市よりも規模の小さいコムーネでは、頻繁に国立文書館へと預け入れが行われた。全土で半分以上の国立文書館が所在地のコムーネのアーカイブズを保管しており、その内、30館では20世紀以前のものも収蔵している[38]。

文書保護局の役割

国は、国有財産が危機的状況にある場合、文化財・文化活動・観光省の直接指揮下にあり、国防省警察に所属する文化遺産保護専門部隊を通じて、財産を

没収する権限を有している。公共の福祉に基づき、文化財への取得優先権を行使し、回復・接収が可能となっている[39]。一方、地方公共団体など国以外の公的団体や個人、私的団体が所有するアーカイブズに関しては、国の機関である文書保護局を通じ、保護や監視のための方策を行う。

　文書保護局は、1939年12月22日法律第2006号によって、全土9箇所に設置された[40]。組織やその役割は、国立文書館と区別されていたが、設立当初は、所在地の国立文書館長が文書保護局長も兼任していた[41]。

　その後、文書保護局は、ピエモンテが合同で管轄したヴァッレ・ダオスタを除き各州都に設置された。2014年11月末の省令によって、大規模な再編成が行われ[42]、さらに2016年には多くの保護局で非国有の古い書籍にも管轄範囲を広げ、各地の文書保護局長は、大きな権限を有している。2014年の再編成と同じようにシチリア文書保護局が国立パレルモ文書館を統合し、フリウリ・ヴェネツィア・ジュリアとサルデーニャを文書保護局とし、残りのラツィオ、ピエモンテ＝ヴァッレ・ダオスタ、ヴェネト＝トレンティーノ・アルト・アディジェ、アブルッツォ＝モリーゼ、ウンブリア＝マルケ、カラブリア、カンパーニャ、リグーリア、ロンバルディア、プーリア＝バジリカータ、トスカーナ、エミリア・ロマーニャを「文書・図書保護局 Soprintendenza archivistica e bibliografica」として再編成された[43]。

　文書保護局によって行われた、地方公共団体関連の重要な活動として、1970年に施行された州の下で作成されるアーカイブズに関して、再編成モデルを構築した作業が挙げられる。2002年にイタリア・アーキビスト全国協会との共同作業の結果、「ティトラーリオ」と呼ばれる分類計画・分類表・分類図のモデルが生み出された。

　全国に8,000以上存在するコムーネは、その規模と歴史的重要性はきわめて多様であり、中世期まで遡る史資料を所有する。先に触れた1897年に内務省が発布したアステンゴ通達は、近年まで形式上存続していたが、通達から一世紀が経過し、実情に合わない状況になっていた[44]。文化財・文化活動省（当時の名称）アーカイブズ総局は、プロジェクトを立ち上げ、全文書保護局からコムーネに人員を派遣し、新しいティトラーリオに基づく分類方法や諸計画の説明を行なった。その後、2000年12月28日大統領令第445号によって、改訂され

たのである[45]。

文書保護局の活動

　国の機関である文書保護局は、地方公共団体や私企業等が所有するアーカイブズに対し、管理や保存、運用のためのガイドラインの策定や調査を実施するだけでなく、大災害やテロなどが発生した際にも活動を行う。2012年5月にエミリア地方で起こった地震では、地方公共団体のアーカイブズも被害を受けた。エミリア・ロマーニャ文書保護局（当時）は、消防と協力し、州内各地の地方公共団体のアーカイブズの救出や保護を行った[46]。また、トスカーナ文書保護局では、河川の氾濫で被害を受けた各地方公共団体のアーカイブズを救出し、復旧作業に協力するだけでなく、かつてフィレンツェ中心部でマフィアによる爆弾テロ事件が起きた際も、いち早く駆けつけ、塵煙の上がる中、アーカイブズの救出に当たるなど、身を挺した活動にも従事している[47]。

　さらに文書保護局は、「文化財および景観法」の規定により、「最重要歴史的価値宣言」を発する権限をもつ。この宣言はイタリアのアーカイブズ行政の大きな特徴であり、該当アーカイブズの歴史的価値に基づき、保存・保護費用への税優遇策や援助、閲覧に関する規定、散逸の防止など、権利と義務を通じた保存・保護を法的に保障している。この宣言によって、アーカイブズを所有する団体や私人には、次のような権利と義務が生じる。まず、アーカイブズの保護作業に当たって、メンテナンス・保護・修復費用に対し、二割近くの税控除が受けられ、文書保護局を通じて、国からの補助金支出が認められる場合もある。一方、義務として、アーカイブズを散逸せずに保存することや、不正な廃棄や破損を防ぎ、アーカイブズ学的に正しい基準に沿った整理と目録化を行うこと、外国へ一時的に輸出する際や修復には、国の許可を得ること、所在地の変更通知や国が先買権を行使することが予想される場合、売却通知をすること、文書保護局を通じ、閲覧請求をした研究者への閲覧を許可し、最低でも5日以内の事前予告に続いて、アーカイブズの状態を確認することが挙げられる[48]。また、相続税の代わりに文書保護局によって歴史的価値があると通知を受けたアーカイブズを国家に譲渡できる。これらが複雑に絡みあった実例として、近年、トスカーナに所在する歴史的に重要なアーカイブズが、相続に絡み、資源

で潤うヨーロッパ某国の私人へ流出しそうになった。トスカーナ文書保護局は、流出前に関連の証拠を収集し、裁判に持ち込み、文化財の流出を防ぐことに成功した。文書保護局は、イタリア文化の守護者としての役割も担っていると言えよう[49]。

また、同文書保護局は、各地方公共団体と協力して活動を行い、産業遺産の保護に取り組んでいる。トスカーナ州南部のアミアータ山麓にて、19世紀後半から20世紀後半まで続いた辰砂鉱山では、辰砂から水銀が作られ、最盛期には全世界の25%、世界第二位の生産量を誇っていた。地方公共団体と私企業が広くかかわっていたため、文書保護局も積極的に関連アーカイブズのとりまとめに従事した。関連アーカイブズは、この後見る文書保護局統一情報システム上で、概要の記述だけでなく、関連アーカイブズや関連情報にリンクが張られている[50]。かつての鉱山関係者へのインタビューなども視聴が可能で[51]、こうした情報は、同地の博物館事業でも有効活用されている[52]。また、全国アーカイブズシステム Sistema Archivistico Nazionale、通称SAN内の「企業アーカイブズ」の項からもリンクされており[53]、行政や歴史研究の範囲を越え、有機的にアーカイブズ情報が利用されている一端が伺えよう。

MiBactアーカイブズ総局のプロジェクト

イタリアのアーカイブズ行政を統括するのが、文化財・文化活動・観光省のアーカイブズ総局 Ministero dei beni e delle attività culturali e del turismo（通称MiBact），Direzione generale archiviである。国有のアーカイブズを軸に活動を行っているが、これまで見てきたように、地方公共団体のアーカイブズに関しても、再整理の基準の策定や普及、デジタル化などの大型プロジェクト、アーカイブズの廃棄基準となる判例集、分類統一基準の策定、全国規模での講演会や著作物の出版も実施している。

ここでは、全国の地方公共団体のアーカイブズ情報も網羅した、文書保護局統一情報システム SIUSA－Sistema informativo unificato per le Soprintendenze archivisticheについて見てみよう[54]。システム構築以前に、アナグラフェ Anagrafeという、全国の国立文書館に収蔵されているアーカイブズの全体調査プロジェクトが開始されたが、規模が大きく、後にさまざまな形で分岐した。

その後、国立文書館に納入されていた地方公共団体のアーカイブズに関する情報などは、ピサ高等師範学校 Scuola Superiore Normale Pisaの文化財情報研究センターとの協業で、この調査で蓄積された情報が文書保護局統一情報システムに統合された[55)]。

文書保護局統一情報システムは、双方向的に他のシステムとの間で、集めた情報の取出しや持込みを可能としたオープンシステムとして誕生した。外部から利用や閲覧が可能な、アーカイブズに関する情報が記載され、地方公共団体を含めた非国有アーカイブズのオンライン目録の閲覧が可能で、各アーカイブズの情報や類型、作成者や歴史的文脈、保持・公開している現在の保存主体についての情報などが得られ、利便性が高い。また、担当地域の該当アーカイブズを支援し、アーカイブズ総局との情報交換のために利用する運営部分もあり、行政運用の面でも使い勝手がよく、これら二つの部分は互いにリンクされている。

イタリア地方公共団体アーカイブズの事例から提言

各地方公共団体では、予算や収蔵スペースなどの現実的な問題を考慮して柔軟に対処し、ハコモノ建設を優先しない。
- 大規模で、歴史的にも重要な文書を保有する地方公共団体では、独自の歴史文書館を備えている場合が多い。
- 中規模　図書館との共同運営。
- 小規模　県立文書館等、上部機関への預け入れや予約制での閲覧請求への対応。

また、整合性があり、安定したアーカイブズの保存・運用のため、国または広域の地方公共団体によるアーカイブズ機関の整備や援助が必要。
- 統一性のあるアーカイブズの分類計画。
- 利便性の高いシステムの構築やデジタル化。
- 災害やテロ等への対策や対処、産業遺産の保護や地域ブランドの確立における、国と地方公共団体との協業。

【資　料】

・外国法令集　（イタリア）
2004年1月22日委任命令第42号「文化財および景観法」D.Lgs. 22 gennaio 2004, n. 42, *Codice dei beni culturali e del paesaggio*
　本稿に関連する主要条項の抜粋

第3条　文化遺産保護
第1項　保護とは、適切な知的活動の基盤に立脚し、役割を果たし、直接の活動をする中で、文化遺産を構成する財産を定め、公的に利用する目的で保護と保存を保証することから成っている。
第2項　保護の役割を果たすことは、権利を具体化し、行動を調整するための措置を通しても具現化される。

第5条　文化遺産の保護における州と他の地域公共団体の協力
第1項　州、コムーネ、大都市圏、県、「他の地域公共団体 altri enti pubblici territoriali」と呼ばれる団体は等しく、本法令第一章第二部によって規定された内容に準じ、保護活動の役割を実行するにあたり、本省と協業するものとする。
第2項　国に帰属していない、または国の保護対象となっていないマニュスクリプト、自筆手稿、手紙、書類、インキュナブラ、書籍、印刷物、版画等を含む物品に対して、本法令によって予見された保護活動の役割は、州によって実行される。
第3項　以降、「国家－州会議 Conferenza Stato-regioni」と呼ばれる、「国・州・トレント・ボルツァーノ自治県常任会議 Conferenza permanente per i rapporti tra lo Stato, le regioni e le province autonome di Trento e Bolzano」の事前評価と、了解や特別な合意にしたがって、州は、私的所有物である書籍収集物のみならず、国に帰属していない地図、楽譜、写真、映画フィルムや他のオーディオヴィジュアル素材にも、関連するネガや原本とともに、保護活動を実施することが可能である。
第4項　第3項によって規定された形と区分、適正化の原則にしたがって、請求を行った州とともに保護対象における詳細な調整の形式を定めることが可能である。
第5項　合意や了解によって、他の地域公共団体との特別な協業の形式を規定することが可能である。
第6項　景観財の保護に関する行政の役割は、本法令の第三部で記載された規定にしたがって、州に付与される。
第7項　第2、3、4、5、6項の役割に関して、本省は、指導・監視権限を行使し、継続的な遅滞や不履行の際に代理権を行使する。

第7条　文化遺産の価値評価に関する役割と任務
第1項　本法令は、文化遺産の価値評価に関する基本原則を定める。この原則において、州はその立法権を行使する。
第2項　本省、州、他の地域公共団体は、公共財の価値評価活動における調整、調和、融合を希

求するものとする。

第29条　保存
第1項　文化遺産の保存は、研究・予防・管理・修復に関して、一貫性があり、調整され、計画的な活動を通じて、保証されるものである。
第2項　予防とは、あらゆる状況下で、文化財に関連した危機的状況を制限するのに適切な活動の総体を意味する。
第3項　管理とは、文化財の状態を制御し、文化財とその関連物の一体性・機能的有効性・独自性を保持することを目的とした、活動と措置の総体を意味する。
第4項　修復とは、対象物の一体性、文化財自身の回復、その文化的価値の保護と伝播を目的とし、一連の作業を通じた、文化財への直接的な介入作業を意味する。現行法に基づいて、地震被害の可能性があると宣言された地域に所在する不動産の場合、修復作業は、構造的な改善作業も含むものとする。
第5項　本省は、州や大学と関連研究機関との協力を通じて、文化財保存に関する介入作業の方針、技術規定、基準、形式を規定する。
第6項および第7項　［文化財的価値をもつ建築物についての規定］
第8項　教育・大学・研究省の協力と、国家－州会議の事前評価の下、1988年法令第400号第17条第3項にしたがった省令によって、修復に関する教育を調整する基準や水準を定めるものとする。
第9項　修復に関する教育は、1998年10月20日委任命令第368号第9条に基づいて設立された高等教育研究学校や、同第11項に基づくセンター、そして国に公認された他の公的・私的団体によって執り行われる。教育・大学・研究省の協力と、国家－州会議の事前評価の下、1988年法令第400号第17条第3項にしたがって採択された省令により、公認方法、組織における最低限の必要事項、団体の役割を明示する。同条項によって、最低でも一人の教員資格のある、本省からの代表者が参加する教育活動と最終試験の実施における監督の方法も定められる。
第10項　修復に関する補足的な活動や他の保存に関する活動を実施する専門家の養成は、州の規定にしたがい、公的・私的団体によって保障される。関連課程は、1997年8月28日委任命令第281号第4条にしたがって、国家－州会議の中での合意によって定められた基準と教育水準にしたがうものとする。
第11項　本省と州、そして大学や他の公的・私的団体とともに結ばれた、所定の合意や了解によって、法人格をもつセンターを共同で設立できる。これは、複数の州をまたがる形も認められ、特定の題材に関する調査・実験・研究活動や文献収集、文化財への保存・修復活動の実施が委託される。さらに、こうしたセンターにおいて、第9項にしたがって修復に関する教育のための高等教育学校を設立することが可能である。

第30条　保存に関する義務
第1項　国、州、他の地域公共団体、さらに他の団体や公的機関は、各々所有する文化財の安全と保存について保証する義務を有する。
第2項　第1項で示された対象団体と利潤を目的としない私的な法人は、各々所有する文化財を

保持し続ける。ただし、現用アーカイブズのみは例外で、保護局長によって示された方法で行き先が定められるものとする。

第3項　文化財の私的な所有者、保有者、保持者は、保存に関して保証し続けねばならない。

第4項　第1項で示された対象団体は、自身のアーカイブズを系統立てて保存し、整理し、さらに事業終結から40年以上が経過した文書によって構成される歴史アーカイブズを目録化する義務を有する。第13条にて宣言された私的アーカイブズの所有者、保有者、保持者等、どのような名称の立場であれ、同様の義務が課される。

1）各地方の公的団体は、イタリア語で一般に「Ente pubblico locale」と表され、直訳すると「地方公共団体」となる。統一後は中央の統制が強く、自治権が拡大された現在でも、その影響が見られるため、本論文では、この用語を用いる。なお、「公文書」の用語は、イタリアの各文書館で私文書の収蔵も行われているため用いず、「アーカイブズ」や「文書」と表現する。

2）芦田淳「11　国と地方自治」『イタリアを知るための62章』【第2版】、村上義和（編著）、明石書店、2013年、58頁。

3）ARIOTI, Elisabetta ; BONELLA, Anna Lia, *Gli archivi degli enti locali*, in *Storia d'Italia nel secolo ventesimo Strumenti e fonti*, volume III, *Le fonti documentarie*, a cura di Claudio Pavone, Istituto nazionale per la storia del movimento di liberazione in Italia, Roma : Ministero per i Beni e le Attività Culturali, 2006, p. 299.

4）*Ibid.*, pp. 308-309.

5）芦田、前掲書、59－60頁。

6）次のURLを参照（本論文内の全URLは2015年8月閲覧）。
http://www.regione.veneto.it/web/cultura/archivi-di-ente-locale

7）回答したのは、ベッルーノ県69コムーネ、パドヴァ県103コムーネ、ロヴィーゴ県50コムーネ、トレヴィーゾ県95コムーネ、ヴェネツィア県44コムーネ、ヴィチェンツァ県121コムーネ、ヴェローナ県98コムーネ。

8）Belluno, Tribano, Venezia（2箇所）。

9）ベッルーノ県ではCibiana di Cadore, Vigo di Cadore。パドヴァ県ではCittadella, Meserà di Padova, San Martino di Lupari, Borgoricco。ロヴィーゴ県ではAdria, Lendinara, Porto Tolle, Loreo。トレヴィーゾ県ではCastelfranco Veneto, Montebelluna, Vittorio Veneto。ヴェネツィア県ではChioggia, Noale, San Donà di Piave。ヴィチェンツァ県ではBassano del Grappa, Lonigo, Recoaro Terme, San Vito di Leguzzano, Schio, Vicenza。ヴェローナ県ではLegnago。統廃合や新設されたコムーネでは、既存の建物を継続的に利用している。

10）次のコムーネが歴史史料を中心に、国立文書館でも収蔵、閲覧を行なっている。Padova, Rovigo（一部、Accademia dei Concordi）, Treviso, Caprino Veronese, San Giovanni Lupatoto, Sommacampagna, Verona, Villafranca di Verona。ロヴィーゴ、ヴェローナは県も同様。国立文書館は、毎日開館する。

11）関連法令は、Ministero per i Beni e le Attività Culturali, Soprintendenza Archivistica per il Piemonte e la Valle d'Aosta, *Obblighi di legge dell'ente pubblico relativi agli archivi*, Torino

2003, 2012にも詳しい。次のURLを参照。
http://www.sato-archivi.it/Sito/images/stories/materiali_strumenti/obblighi_legge_2012.pdf
　各法律の正式名称は、次を参照。マリア・バルバラ・ベルティーニ（拙訳）『アーカイブとは何か－石版からデジタル文書まで。イタリアにおける文書管理』法政大学出版局、2012年、(11)-(15)頁（BERTINI, Maria Barbara, *Che cos'è un archivio*, Roma : Carocci, 2008の邦訳書）。
12）ARIOTI ; BONELLA, *Gli archivi degli enti locali*, cit., p. 277.
13）ベルティーニ、前掲書、59頁。
14）ARIOTI ; BONELLA, *Gli archivi degli enti locali*, cit., p. 308.
15）*Ibid.*, pp. 311-314.
16）*Ibid.*, p. 318.
17）詳細な文書の内容はElio LODOLINI, *Organizzazione e legislazione archivistica italiana, dall'Unità d'Italia alla costituzione del Ministero per i Beni culturali e ambientali*, seconda edizione, Bologna : Pàtron editore, 1983, pp. 458-459.
18）ARIOTI ; BONELLA, *Gli archivi degli enti locali*, cit., p. 320.
19）*Ibid.*, p. 321.
20）*Ibid.*, pp. 321-322.
21）*Ibid.*, p. 298.
22）*Ibid.*, p. 299.
23）*Ibid.*, p. 300.
24）ベルティーニ、前掲書、41頁。
25）*Guida Generale degli Archivi di Stato italiani*, voll. I-IV, Roma : Ministero per i Beni culturali e ambientali, Ufficio centrale per i Beni archivistici, Ufficio Centrale per i beni archivistici, 1981, 1983, 1986, 1994.
26）ARIOTI ; BONELLA, *Gli archivi degli enti locali*, cit., p. 302.
27）「ティトラーリオ」の詳細は、ベルティーニ、前掲書、57－59頁を参照。
28）ARIOTI ; BONELLA, *Gli archivi degli enti locali*, cit., p. 305.
29）*Ibid.*, p. 285.
30）*Ibid.*, pp. 281, 295.
31）*Ibid.*, p. 275.
32）*Ibid.*, p. 296.
33）*Ibid.*, pp. 292-293.
34）BARIZZA, Sergio, *La struttura dell'inventario. Esperienze di Archivi comunali veneziani in L'inventariazione archivistica : aspetti, metodologie, problemi : atti del seminario interregionale sull'inventariazione*, Atti del seminario interregionale sull'inventariazione: Venezia, 15 febbraio 1992 / a cura dell'ANAI, Sezione Veneto, pp. 73-75.
35）ARIOTI ; BONELLA, *Gli archivi degli enti locali*, cit., p. 275.
36）*Ibid.*, p. 293.
37）カピトリーノ歴史文書館の改築については、同館で歴史研究を行っていた慶応大学の原田亜希子氏より伺った。ご協力に対し、この場をお借りして感謝申し上げる。

38) ARIOTI ; BONELLA, *Gli archivi degli enti locali*, cit., p. 294.
39) ベルティーニ、前掲書、67頁。ただし、第三者によって不正に扱われた国の文書を回収する場合、文書保護局がその役割を担う。LODOLINI, *Organizzazione e legislazione archivistica italiana*, cit., p. 197を参照。
40) ARIOTI ; BONELLA, *Gli archivi degli enti locali*, cit., p. 277. またこの法律は、県庁所在地および五万人以上の住民からなるコムーネに、1870年以前のアーカイブズを独自に保存する部署を設置することを課した。
41) LODOLINI, *Organizzazione e legislazione archivistica italiana*, cit., p. 199. 1939年まで国立文書館長は「Soprintendente dell'Archivio di Stato」と呼ばれたが、この法律以後、国立文書館長は「Direttore dell'Archivio di Stato」という呼称になり、文書保護局長が「Soprintendente archivistico」と呼ばれた。
42) Ministero dei beni e delle attività culturali e del turismo, Direzione generale archivi, SA/AS : http://www.archivi.beniculturali.it/index.php/chi-siamo/sa-as
43) Ministero dei beni e delle attività culturali e del turismo, Direzione generale archivi, Soprintendenze archivistiche :
http://www.archivi.beniculturali.it/index.php/chi-siamo/soprintendenze-archivistiche
44) ベルティーニ、前掲書、46頁。
45) ARIOTI ; BONELLA, *Gli archivi degli enti locali*, cit., p. 291.
46) 詳細は次のURLを参照。
http://www.sa-ero.archivi.beniculturali.it/index.php?id=816
47) 中京大学特定研究プロジェクト「公文書管理制度に関する国際比較研究」、2015年3月。トスカーナ文書保護局トッカフォンディ局長への聞き取り調査。
48) ベルティーニ、前掲書、39-40頁。
49) 中京大学特定研究プロジェクト「公文書管理制度に関する国際比較研究」、2015年3月。
50) 次のURL参照。
http://siusa.archivi.beniculturali.it/cgi-bin/pagina.pl?TipoPag=comparc&Chiave=291278
51) 次のURL参照。http://www.archiviovideodistoriaorale.it/parcoamiata/
52) 例えば、http://www.museominerario.it/。なお、この博物館では、トロッコでの周遊も可能である。
53) 例えば、http://imprese.san.beniculturali.it/web/imprese/enterprise/dettaglio-compl-archivistico?step=dettaglio&codiSanCompl=san.cat.complArch.82886&id=82886。
54) URLはhttp://siusa.archivi.beniculturali.it/
55) ARIOTI ; BONELLA, *Gli archivi degli enti locali*, cit., p. 282.

3．スペイン

野口　健格（中央学院大学）

【目次】
Ⅰ　問題の所在―スペイン特有の地方自治制度とそれに伴う公文書管理
Ⅱ　スペインの地方自治体における公文書制度の概要
Ⅲ　スペインの地方自治体における公文書制度の検討
Ⅳ　わが国への示唆・提言

Ⅰ　問題の所在
　―スペイン特有の地方自治制度とそれに伴う公文書管理

　わが国とスペインの大きな違いの一つに地方自治制度が挙げられるが、このことは地方自治体の公文書に関する制度の違いとなって現れる。わが国の地方自治体が地方自治法および条例を中心とする規範の整備を行っているのに対し、スペインでは憲法を含む多重構造の地方自治体それぞれの法的根拠を基にした体制整備がなされている。ただし、すべての地方自治体が全国一律に法規の運用を行えているのかというと必ずしもそうではなく、制度や自治体ごとの事情の違いから、わが国への直接の示唆を与えるような制度紹介になるとは言い切れない。しかし、「後の世に記録を残す」という観点で考えた場合、公文書法制は国家や自治体の権限配分の議論とは別に論じなければならないという見方も可能なわけであるから、ある意味南欧的なスペインの制度を概観し検討を加えることは有益なものであると評価し得るのではないだろうか。もちろん、スペインの地方自治制度の特徴を踏まえつつ、具体的な地方の公文書制度について論じなければならないことは言うまでもないことである。

Ⅱ　スペインの地方自治体における公文書制度の概要

　スペインの公文書制度を概観する前に指摘しておかなければならないことは、スペインの地方自治体[1]には多様な地域性と歴史的な地域間対立が少なからず存在するということである。そのような背景にもかかわらず連邦制を採用せずに、独裁体制の崩壊から今日まで、1978年憲法の下、立憲君主制国家として中央集権的な国家運営を堅持してきた。もちろんのことであるが、公文書行政もまずは新国家の運営に寄与するものが優先されてきた[2]。しかしながら、特色ある地域には、それぞれ独自の住民と行政サーヴィスのニーズが存在する。以下では、スペインに存在する多様な自治形態を概観し、地域的な事情を踏まえつつ自治体が持つ公文書制度について紹介する。なお、スペインにおける公文書管理行政に関しては専ら地方自治体に委ねられており、公文書自体の管理や保存に関しては国家的規範のもとに行われている[3]。

1　多様な自治体

(1) 自治州（Comunidad Autónoma）

　憲法第143条第1項には、「憲法第2条[4]で定められた自治権の行使において、共通の歴史的、文化的および経済的性格を有する隣接諸県、島嶼地域、および歴史的地方団体を有する諸県は、自治を要求し、かつ、本編および各自治憲章の規定に従って、自治州を構成することができる」と明記されており、必ずしも設置しなければならないという憲法上の要請はない。また、同条第2項では、「自治獲得のための発議権は、関係するすべての県議会または当該島嶼間機関、および、その人口が各県または各島の選挙人の少なくとも過半数を占める市町村の3分の2に属する。これらの要件は、当該地方団体のいずれかによって自治を求める最初の決議が採択されてから6ヶ月以内に、これを満たさなければならない」と規定され、同条第3項で「自治獲得のための発議が成立しなかったときは、5年を経過した後にのみ、再びこれを行うことができる」とし、イベリア半島に長きにわたって存在していた独自の歴史的・文化的背景に配慮している。また、憲法第151条第1項は、「自治州設置の発議が、第143条第2項

に定める期間内に、当該県議会または島嶼間機関に加え、関係する各県の各市町村の4分の3にして各県の選挙人の少なくとも過半数を占める市町村によって採択され、かつ、この発議が、組織法で定める条件の下に、住民投票において各県の選挙人の絶対多数の賛成により承認されたときは、第148条第2項に定める5年の期間は、これを経過することを要しない」と規定しており、当該憲法の経過措置にその運用も含めて規定されている[5]。ただし、自治州のうち、6州は、首都マドリードのように1県が1州を構成する州であり[6]、このような場合、県の執行部は設置されず、その権限は州政府が執行する。以上のような状況からも、統治機構に関する制度や名称は自治州ごとに異なる。なお、自治州は議会と州政府を設けてはいるものの、中央政府による統制は、スペインが歴史的に持つ地域性に配慮を示す形で抑制的に運用されている。

(2) 県（Provincia）

憲法第141条第1項は、「県は、固有の法人格を有する地方団体であり、市町村の集団および国の活動を遂行するための地域区分により画定される。県境のいかなる変更も、組織法による国会の承認を必要とする」と明記されており、同条第2項では、「県の統治および自治行政は、県議会または他の代議制機関に、これを付託する」と規定している。スペインにおける県の権限は、地方制度基本法（Ley 7 1985, de 2 de abril, Reguladora de las Bases del Regímen Local.）第36条において、地方行政の調整を国または自治州と同様に行い、それらの上部団体から委託された権限を行使することが出来るとされ、財政的にも統治能力的にも不十分なムニシピオ間の調整に関しても権限を行使する。もちろん、県固有の利益や地域振興に関しても権限を行使することが認められている。ただし、財源に関して県は国および自治州からの交付金のみでまかなわれている。県の統治機構は県議会（Diputación Provincial）であり、議長（Presidente）を代表として常務理事会（Comisión de Gobierno）および本会議（Pleno）によって構成されている。わが国の県制度との決定的な違いは、住民による直接選挙が存在しない点である。ムニシピオ議会議員選挙の得票率によって県議会での議席が配分される仕組みなので、制度としては次節で言及するムニシピオ単位の直接選挙が地方自治体の構成に大きく関係してくる。

(3) ムニシピオ（Municipio）[7]

　憲法第141条第3項は、「県とは別に市町村の集合体を形成することは、これを認める」と規定している。スペインでは、1000人未満の規模のムニシピオが全体の6割弱を占めており、わが国にとって同様の規模の自治体は全体の1パーセント未満である。更に、人口5000人未満の規模の自治体は約6800にのぼり、全体の8割以上がわが国でいうところの小規模自治体に属するものとなっている。以上のことからも、基本的な地方自治体の構成が異なることが見てとれる。このムニシピオという自治体の統治機構は、自治体ごとに設置される議会・（Ayuntamiento）であり、議員（Consejales）の中から選ばれる議長がわが国でいうところの"市町村長（Alcalde）"になるのである。つまり、スペインにおける地方自治体の議会は、自治体の規範を制定する権限と執行機関としての権限の両方を併せ持つ組織として位置づけられている。財源は、約半分がムニシピオが徴収する税（固定資産税、経済活動収益税、自動車税など）で、もう半分が国または自治州からの交付金、公債、事業収入などである。

(4) その他

　わが国の自治体は、スペインと比べると総じて大規模で財政規模も大きく自治体が担う自治事務も広範であるが、スペインの小規模自治体は単体ではすべての業務を負担しきれない場合が多い。その際、各自治体がマンコムニダデス（Mancomunidades）やコマルカス（Comarcas）、エンティダデス・メトロポリターナス（Entidades Metropolitanas）を形成し共同で業務を負担している。この共同体の構成は、同一県内である必要はなく、近接している必要もなく、関係する自治体同士の規範が許可するならばいつでも形成することができる[8]。

　a．マンコムニダデス（Mancomunidades）
　　市町村の権限に属する公共サーヴィスや事業を複数のムニシピオが共同で実施するための組織で、すべての自治州に存在し、主にゴミ処理、清掃、上下水道、交通整備等を担う[9]。

　b．コマルカス（Comarcas）
　　地理的、経済的または商業的な基準により、複数のムニシピオにより構成される政治・行政単位であり、自治権および固有の法人格を有し、議会が運

営にあたり、地域整備、都市開発、保険、福祉、文化、スポーツ、教育、公衆衛生、環境などの権限を持つ[10]。
ｃ．エンティダデス・メトロポリターナス（Entidades Metropolitanas）
　大都市周辺のムニシピオが、経済的・社会的に連携し、共通の事務や事業を計画・調整するための組織であり、緑地保護、公共都市空間の整備、住宅整備、交通や上下水道など基本的公共サーヴィスの共同運営を行う[11]。

2　スペインの地方公文書制度と法的根拠

(1) 自治州および県が所管するアーカイブ

　スペインの地方公文書制度において重要なのは県単位で設置されている公文書館であるが、その所管は自治州に委ねられている場合が多く、現存する17の自治州が、それぞれ法規を整備し運営に当たっている[12]。この場合に根拠となる法令は、憲法第149条第１項28号と「スペイン歴史遺産法（1985年）」（Ley 16/1985, de 25 de junio, del Patrimonio Histórico Español（《BOE》29/6/1985））であり、それぞれの自治州が独自の運用（場合によっては司法による調整がある）[13] を行っている。現在の根拠法令は2011年に出された「スペイン公文書制度の確立と国家行政による公文書制度や公的機関、そのアクセス体制の規定に関する勅令（2011年勅令1708号）」（Real Decreto 1708/2011, de 18 de noviembre, por el que se establece el Sistema Español de Archivos y se regula el Sistema de Archivos de la Administración General del Estado y de sus Organismos Públicos y su régimen de acceso.（《BOE》25/11/2011）であるが、第３条第２項ａでは、スペイン公文書制度は、国家の一般行政に関する公文書制度とされ、同項ｂでは、それぞれの規範の適用とは別に作成された各地方自治体の原理に基づいて、自治州、県、市町村それぞれの協力関係に応じた公文書制度によって構成され、同項ｃでは、公文書に関する全てのタイプの公共機関や、適合的な合意や協定を通した当該制度に加入している私的団体で構成されていると明記されている。現存するすべての制度は、あくまでも市民が平等により質の良い公共サーヴィスを受けられることを理想としており、それぞれの行政組織やその構成も、安定的かつ整合的な発展がなされなければならない[14]。スペイン国内においてもその他の自治州と比べ広範な自治が認めら

れているカタルーニャ、バスク、ガリシアは、公文書管理についても地域言語を中心に（もちろん一般的にスペイン語と呼ばれているカスティーリャ語でも）行っている所に特徴がある[15]。しかし、歴史的に独立の気運が高いカタルーニャとバスクに比べ、ガリシアは地域主義こそあるもののスペインの中央政府からの独立を目指しているわけではない。このようにそれぞれ別個の地域ナショナリズムの下、国家分断を招く恐れが内在しているのであるから、歴史的な資料の維持・管理に関する制度も自ずと現代の政治状況を反映したものにならざるを得ない。

　以上、自治州について述べてきたが、スペインの地方自治の歴史において自治州は新参者のあつかいであって、県のほうが長い歴史を持っており、それは公文書制度についても同様である。法制度として県の歴史文書館が誕生したのは、スペイン内戦が勃発するより以前のスペイン第２共和政が成立した1931年であった。この年に司法・教育・芸術省によって出された政令（Decreto de 12 de nobiembre de 1931 disponiendo que los Protocolos de más de cien años de antigüedad queden incorporados al servicio del Cuerpo facultativo de Archiveros, Bibliotecarios y Arqueólogos para reorganizarlos como Archivos históricos.《BOE》, 13/11/1931））のなかで、各県の県都に公文書館が設置され、県に存在する100年単位の公式文書の収集が開始され、アーキビスト、司書、考古学者のための課程が外交儀礼歴史文書館に設置された。その後、内戦を挟んで1969年の教育科学省が発した「1969年政令914号」（Decreto 914/1969, de 8 de mayo, de creación del Archivo General de la Administración Civil《BOE》, 26/5/1969））において、行政総合文書館（Archivo General de la Administración）が設置されたことにより、県のアーカイブズも中央で管理されるような仕組みが構築された[16]。そして、新憲法の設置に伴って、新たに設置された自治州にその管理が移行していくのである。当然のことながら独裁体制が崩壊したため、市民が公文書に対してアクセスすることに関しても現行の法制度で保障される[17]。

自治州	関連法規	所管する代表的なアーカイブズ
アストゥリアス州※	「アストゥリアス州の公文書行政に関する制度についての組織と機能を規定する政令」(1996年)	アストゥリアス歴史文書館
アラゴン州	「アラゴン州公文書法」(1986年)	①ウエスカ県歴史文書館、②テルエル県歴史文書館、③サラゴサ県歴史文書館
アンダルシア州	「アンダルシア州公文書法」(1984年)	①グラナダ王立高等法院文書館、②アルメリーア県歴史文書館、③カディス県歴史文書館、④コルドバ県歴史文書館、⑤グラナダ県歴史文書館、⑥ウエルバ県歴史文書館、⑦ハエン県歴史文書館、⑧マラガ県歴史文書館、⑨セビージャ県歴史文書館
エストゥレマドゥーラ州	「エストゥレマドゥーラ州の公文書と文書遺産に関する法律」(2007年)	①バダホス県歴史文書館、②カセレス県歴史文書館
カスティージャ・ラ・マンチャ州	「カスティージャ・ラ・マンチャ州公文書法」(2002年)	①アルバセテ県歴史文書館、②シウダー・レアル県歴史文書館、③クエンカ県歴史文書館、④グアダラハラ県歴史文書館、⑤トレド県歴史文書館
カスティージャ・イ・レオン州	「カスティージャ・イ・レオン州の公文書と文書遺産に関する法律」(1991年)	①アビラ県歴史文書館、②ブルゴス県歴史文書館、③レオン県歴史文書館、④パレンシア県歴史文書館、⑤サラマンカ県歴史文書館、⑦セゴビア県歴史文書館、⑧ソリア県歴史文書館、⑨バジャドリード県歴史文書館、⑩サモラ県歴史文書館
カタルーニャ州	「カタルーニャ州の公文書と記録資料に関する法律」(2002年)	①ジローナ歴史文書館、②ジェイダ歴史文書館、③タラゴナ歴史文書館、④セルベーラ議会文書館
カナリア諸島州	「カナリア諸島州の公文書と文書遺産に関する法律」(1990年)	①ラス・パルマス・デ・グランカナリア県ホアキン・ブランコ歴史文書館、②サンタクルス・デ・テネリフェ県歴史文書館

Ⅲ　地方公文書管理制度の国際比較

ガリシア州	「ガリシア州の公文書および文書遺産に関する制度を規定した政令」(1989年)	①ガリシア王国文書館、②ルゴ県歴史文書館、③オウレンセ県歴史文書館、④ポンテベドゥラ県歴史文書館
カンタブリア州※	「カンタブリア州公文書法」(2002年)	カンタブリア県歴史文書館
ナバーラ州※18)	「ナバーラ州の公文書と記録文書に関する特別法」(2007年)	①ナバーラ王立総合文書館、②特別州の行政文書館
バスク州	「バスク州の公文書サーヴィス規則と文書遺産に関する調整についての規範を承認する政令」(2000年)	①アラバ県歴史文書館、②ビスカヤ県歴史文書館、③キプスコア県歴史文書館
バレアレス諸島州	「バレアレス諸島州の公文書と文書遺産に関する法律」(2006年)	①マジョルカ王国文書館、②マオン県歴史文書館
バレンシア州	「バレンシア州公文書法」(2005年)	①バレンシア王国文書館、②アリカンテ県歴史文書館、③カステジョン県歴史文書館
マドリード州※	「マドリード州の公文書と文書遺産に関する法律」(1993年)	マドリード・プロトコル歴史文書館
ムルシア州※	「ムルシア州の公文書と文書遺産に関する法律」(1990年)	ムルシア県歴史文書館
ラ・リオハ州※	「ラ・リオハ州の公文書と文書遺産に関する法律」(1994年)	ラ・リオハ県歴史文書館

※の自治州は1県のみによって構成される自治州である。
(表はスペイン教育・文化・スポーツ省のホームページ[19]を参考に著者作成)

(2) 自治州および県以外の地方自治体が所管するアーカイブズ

　行政単位として県よりも下位に位置付けられる地方自治体において、一般的な制度としての法整備がなされているのは、カスティージャ・ラ・マンチャ州、バレアレス諸島州、ラ・リオハ州、マドリード州、ムルシア州、ナバーラ州、バレンシア州、バスク州である[20]。さらに、県議会に関する制度を持つ自治州としてアラゴン州、カタルーニャ州、エストゥレマドゥーラ州、ガリシア州等がある[21]。マンコムニダデスに関してはエストゥレマドゥーラ州、コマルカスに関してはカンタブリア州とカタルーニャ州[22]、ムニシピオに関しては[23]ナ

バーラ州とマドリード州が法制度の整備を行っている。それ以外にも、自治体の地域性が反映された公文書館[24]が存在している。

3　スペインにおけるアーキビストの養成

(1) スペインにおけるアーキビスト養成の歴史的経緯[25]

　スペインにおいて後のアーキビストを養成することにつながる教育制度が最初に構築されたのは1856年の「外交官養成学校に関する勅令」（Real Decreto de 7 de octubre de 1856.）にまで遡る。当時のスペインにおいて外交関係の公文書とそれを保管する文書館の必要性が生じ、図書館経営学および文書学（Biblioteconomía y Documentación）を学ばなければならなくなったからである。そして、1900年には大学制度の中に文書の専門家を養成するカリキュラムが登場し、この外交官養成学校で行われていた教育自体がマドリード大学の哲文学部に組み込まれた。また、同時期にバルセロナのような経済的に余裕のある地方自治体で同様の教育課程を大学内に設置する動きがみられた。ところが、スペインはその後、長きにわたる内戦および独裁体制期に突入してしまったため、当該分野の発展が限定的なものになってしまった。それでも1964年、マドリードにある国立図書館に文書整理官養成のための学校が設けられたりもした。もちろん、現代のような体系的制度構築は現行憲法でもある1978年憲法の登場を待たなければならなかった。

(2) 大学における図書館経営学と情報学[26]

　現在の大学教育におけるアーカイブズ教育は、1978年の12月1日に出された「1978年勅令3.104号」（Real Decreto 3.104/1978 de 1 de diciembre por el que se crean en la educación universitaria las enseñanzas de Biblioteconomía y Documentación.（《BOE》9/1/1979））に由来する。スペインにおいて自治州という地方自治体が形成されたのは現行憲法下であるため、新たな地域割りの中で生じる文書管理の問題が生じるのもこの時期からとなる。この勅令は、後の「1991年勅令1422号」（Real Decreto 1422/1991, de 30 de agosto, por el que se establece el título universitario oficial de Diplomado en Biblioteconomía y Documentación y las directrices generales propias de los planes de estudios conducentes a la obtención de aquél.（《BOE》, 10/10/1991））に引き継がれることになる。

　a．学士課程[27]

　学士課程において設置されている科目は、「史料編纂研究の技術（Técnicas de Investigación Historiográfica）」、「アーカイブズ学（Archivística）」、「図書館経営学（Biblioteconomía）」、「文書学（Documentación）」、「情報統合の実践（Práctica en Unidades de Información）」、「情報工学（Tecnologías de la Información）」、「分析と文書言語能力（Análisis y Lenguajes Documentales）」であり、それぞれの大学や課程において自由に選択でき、欧州の大学間でも同様の科目履修が認められている。現在スペインの大学でこれらが設置されているのは、12大学（バルセロナ大学、カルロス3世大学ヘタフェ・コルメナレホキャンパス、コンプルテンセ大学、エストゥレマドゥーラ大学、エル・フェロール大学、グラナダ大学、レオン大学、ムルシア大学、サラマンカ大学、バレンシア大学、ビック大学、サラゴサ大学）あり、地理的要因としての各自治州の立地に配慮している。このうち、マドリード州、カスティージャ・イ・レオン州、カタルーニャ州は自治州の広さや財政規範、人口といった理由で2大学ずつの重点配置になっており、逆にバレアレス諸島州とカナリア諸島州、セウタ市とメリージャ市、カスティージャ・ラ・マンチャ州、ガリシア州以外の北部各州（アストゥリアス州、カンタブリア州、バスク州、ナバーラ州、ラ・リオハ州）は大学がカリキュラムを設置していない。

　b．専門課程[28]

　「大学における文書の専門教育課程に関する指針を設定した勅令（1992年）」によれば、11の大学が1994年（この年は、アルカラ大学、カルロス3世大学ヘタフェキャンパス、グラナダ大学が設置）から2002年（この年は、カルロス3世大学コルメナレホキャンパス、バルセロナ自治大学が設置）までの間に専門課程のプログラムを設置したが、その設置科目は、「情報システム（Sistema Informáticos）」、「統計学（Estadística）」、「情報システムの計画化と評価（Planificación y Evaluación de Sistema De Información）」、「情報への文書応用技術（Técnicas Documentales Aplicadas a la Investigación）」、

「統一的な情報手段に関する行政（Administración de Recursos en Unidades Informativas）」「知識の表現と児童処理に関するシステム（Sistemas de Representación y Procesamiento Automático del Conocimiento）」「情報科学の中の索引化と要約の技術（Técnicas de Indización y Resumen en Documentación Científica）」である。これらの科目は、学士課程において設置されている科目の発展として位置づけられている。

　ｃ．第三課程（課程の継続と他分野の存在）[29]

　この課程は、当然のことながら大学院の修士または博士課程に相当し、専門的な理論を学び学習の継続という観点からも人間科学やジャーナリズム、公共行政と管理、公共機関との関係、翻訳や通訳等の習得が求められ、専門スキルを職に結び付けなければならない段階に入る。

Ⅲ　スペインの地方自治体における公文書制度の検討

1　地方自治体

(1) 自治州

　これまで言及してきたように、公文書制度を構築するための各自治州の対応には統一性が見いだせない。もちろん、1978年の憲法制定を皮切りに1985年の「スペイン歴史遺産法」の成立をもって中央政府がとり得る準備はできたのだが、アンダルシア州のように同法成立前からアーカイブズ関連法規を整備し始めている自治州もあれば、21世紀になる段階で完了していない自治州も存在し、独自財政の下、初めから国家の規範統制の枠外に位置づけられていた自治州もあった。もちろんそれぞれの自治州ごとに状況（財務・立地・歴史・政治・制度等）は異なるのであるから、一概に良し悪しを論じることは難しいが、現在では、すべての自治州が法律を制定し公的記録の管理行政を実施している。わが国のように各地方自治体が実質的には条例レヴェルで対応していることを考えると、制度の現状としては恵まれているような印象も受ける。しかしながら、体系的な公的記録管理の重要性を考えると問題点も少なくないようで、潜在的にスペインでは自治州間対立問題を抱えているため、記録を残すという公文書

行政の良い意味での画一性が損なわれてしまう恐れもある。先に述べた自治州制度では、自治州の設置が義務ではなかったことに対して、結果的には県をはじめとするすべての地方が自治州を設置するにいたった。手続レヴェルで検討した場合、すべての地域が必ずしも積極的な設置意思を持っていなかったため、公文書管理制度に関しても、地域間の差異がある程度残っているものと推察される。

(2) 県

スペインの公文書制度の中核は"県"であると言える。なぜなら、歴史的に文書に関する施設が古くから整備されてきたからである。もちろん管理手法や資料のライフサイクルに関しては時代によってかなりの変遷（例えばデジタル化という現代的な要請）も見られるが、何かを保存するということはある程度のスペースとノウハウを持ち合わせていなければ十分な対応が取れない。重要な点の一つに1931年に各県に歴史文書館が設置され制度としての法的根拠を得たことが挙げられ、不十分な点や地域ごとに格差はあったかもしれないが、文書管理のためにいくつかの分野のスペシャリストが必要になることを一度でも認識したことは意義があったと言うことができるだろう。

(3) ムニシピオ

スペインにおける最小の自治体の単位であるムニシピオは、わが国の地方自治体と比べると小さな団体に過ぎない。スペインの地方自治体には、直接民主制のような住民自らが意思決定をする自治の形もあれば、わが国と同様の間接的決定をする地方自治体も存在するため、文書行政をムニシピオという小さなユニットごとに一律に行うことは不可能に近い。そこで、自治体ごとに広域連合（マンコムニダデス、コマルカス、エンティダデス・メトロポリターナス）を形成し制度を統一して事務を処理するという仕組みが考えだされているのだろう。この制度に関しては、県の枠を超えることも認められているので、上下水道やゴミ処理と同様に、ある程度効率的に公文書行政も行われることになる。しかしながら、すべての地域が広域連合を形成できるかと言えば、それは難しく、複雑な地方自治制度のなかに公文書制度を組み込むことは、簡単ではない。

財政がひっ迫しているムニシピオや地域連合に対し、公文書行政に予算を割り当てることは、地域住民の了解を得られないこともあるだろう。

2　公文書制度に関わる専門家

（1）国家的制度としての専門家の養成と地域的事情

　公文書行政に携わる人材育成の重要性は、国を問わず指摘されることであるが、スペインの労働市場はどの業界も人材が停滞しており、失業率も高止まっている状況である。もちろん、スペシャリストとしての能力を身につけたアーキビストの雇用も例外ではない。教育制度は国家による後ろ盾を得やすいという側面があるが、これはあくまで入口の話であって、スペシャリスト達の出口までを保障したものではない。つまり、順調に自治体の公文書行政が発展を見た場合、大学教育における専門家養成は妥当なものとなろうが、カルロス3世大学がとった統計によると公文書関連の学士を得たもののうち55％が職業の発展性という側面で不満があると考えており、アーカイブズ関連ポストの不足や専門知識の不足、課程の設定レヴェルが低い、経済状況と労働市場の悪化等を41％の者が表明している[30]。更に、スペインの自治州財政の悪化が近年の財政危機と信用不安の原因とも言われている中で、アーカイブズの現状が急激に改善することは難しいと言わざるを得ない。制度的に良いことと実質的に実現可能かどうかはそれぞれ別の問題として考えなければならないだろう。

（2）アーキビストのニーズ

　先にも述べたように、スペインの公文書行政の状況は、自治州ごとに異なり、アーカイブズの数もアーキビストのニーズも一様ではない。それに加えて財政基盤も地域によって異なるため、専門的なスキルを持ちながらも彼らが本来的に望まれるポストに就くことは容易ではない。そこで、アーキビストに望まれる能力もこれまでのものだけではなくなってきているようである。例えば、英語能力やより現代的な情報学の専門知識、幅広い文化理解、自発的で創造的な提言力等、これまで見てきたようなアーカイブズ学や図書館経営学、文書学のような従来からの学問領域を収めるだけでは不十分であると認識されているようである[31]。近年、アーカイブズをめぐる状況はEUの影響もあるため、求め

られているレヴェルも高くなってきている。ヨーロッパレヴェルへの対応という点で見てもスペインの置かれている状況の厳しさが見てとれる。

Ⅳ　わが国への示唆・提言

○アーキビストという専門職の存在の周知について
- わが国では、公文書館の存在やアーキビストという言葉自体が国民レヴェルで周知されているとは言い難い状況にある。
- アーキビストの必要なスキルの一つに、様々な市民向けイベントの企画運営能力が求められており、現在設置されている地方自治体のアーカイブごとに企画コンテスト等で競わせることで、アーキビストの能力向上だけでなく市民に対しアーキビストという職業を周知することに繋げるべきである。

○自治体間の連携
- 財政的に厳しい自治体同士が広域に連携して公文書行政を担う総合施設を設置し文書管理を行うべきである。
- ここで重要なのは、複数の自治体の公文書を収集・整理・保管等の管理業務を専門に行うことのできる質の高いアーキビストの存在であり、文書館という職場移動のない広域自治体の職員として採用することである。
- わが国の場合は、自治体間の連携を促すため、広域的な公文書管理行政の調整を、県や政令指定都市レヴェルの首長が公文書館からの提言を受けるかたちで行えるようにすべきである。

○都道府県の公文書行政に関する権限の強化
- いくつかある地方自治制度改革の一つに道州制に関するものがあるが、多重行政やあまりにも広域である場合の自治体の管理コストを考えてみた場合、メリットよりもデメリットのほうが大きくなる可能性がある。
- 住民意識のなかに定着している行政単位である都道府県に現存する公文書館の機能を有する施設（公文書館がなければ設置を目指す）に専門家を配

置し、徐々に業務の浸透と権限強化を図っていくべきである。

○地域性のある採用試験行う等の工夫
- わが国における公文書採用試験は、地域の事情を考慮して質の高いアーキビストを採用するような仕組みになっているのか疑問の余地がある。
- アーキビストの企画運営能力について前述したが、採用に関しても同様に、市民に向けたコンテストのような方式をとることも考慮の一つとすべきである。
- 市民に対しての情報アクセス機能を果たすこともアーキビストの使命であるという観点に立つと、市民に受け入れられる「わが町のアーキビスト」を探し出すような仕組みを模索すべきである。

1）スペイン憲法第137条は、地方制度について、市町村（Municipio）、県（Provincia）、自治州（Comunidad Autónoma）を自治体と位置づけている。現在、スペインの自治体は、基礎的自治体として8122団体で構成される市とその上部団体として50団体で構成される県、そしてその上の上部団体として17団体で構成される自治州からなり、中央集権国家体制下にあって重層的自治がその特徴として挙げられる。ただし、この他アフリカに二つの自治都市（ciudad autónoma）であるセウタとメリージャが存在する。
2）スペインの国家が管轄する公文書館は、①アラゴン王室文書館（Archivo de la Corona de Aragón）、②シマンカス総合文書館（Archivo General de Simancas）、③バジャドリード王立高等法院文書館（Archivo de la Real Chancillería de Valladolid）、④インディアス総合文書館（Archivo General de Indias）、⑤国立歴史文書館（Archivo Histórico Nacional）、⑥行政総合文書館（Archivo General de la Administración）、⑦サラマンカ歴史記憶文書センター（Centro Documental de la Memoria Histórica）、⑧国立歴史文書館貴族部門（Sección Nobleza Archivo Histórico Nacional）、⑨文化中央文書館（Archivo Central de Cultura）、⑩教育・文化・スポーツ総合文書館（Archivo Central de Educación, Cultura y Deporte）、⑪立法文書館（Legislación Histórica）、⑫文書・情報センター（Centro de Información Documental de Archivos(CIDA)）、⑬文書複製事業部（Servicio de Reproducción de Documentos（SRDAE））が存在する。
3）スペインの公文書管理行政に関しては、野口健格「スペイン公文書法制と歴史記憶法における公文書へのアクセス―市民に対する公的記録へのアクセス保障の進展―」『社会科学研究』第33巻第1号（通巻第62号）中京大学社会科学研究所、（2012年）、217-234頁に現行の制度を紹介している。
4）スペイン憲法第2条「憲法は、スペイン国民の解消不可能な統一性、すなわち、すべてのスペイン人の共通かつ不可分の祖国に基礎を置き、これを構成する諸民族および諸地域の自治権、並びにこれらすべての間の連帯を承認し、かつ保障する」。

5) スペイン憲法経過措置第2号「過去に住民投票で自治憲章草案を承認したことがあり、かつ、本憲法公布の時点において暫定自治体制を有している地域は、その最高意思決定機関である合議制の自治予備機関が絶対多数により決定するときは、内閣にこれを通告して、第148条第2項で定める形式により、直ちに手続をとることができる。憲章の草案は、第151条第2項に定めるところに従い、合議制の自治予備機関を召集して、これを起草する」。ただし、自治州の設置に関してナバーラ州だけは例外的に異なる対応をしており、経過措置の第4号第1項には、「ナバーラの場合、これをバスク政務院またはこれに代わるバスク自治体制に併合するためには、憲法第143条の規定に代えて、その発議権は当該地方機関に属するものとし、この機関が、その構成員の過半数により、併合の決定を採択する。この発議が効力を有するためには、さらに、当該地方機関の決定が、この目的を明示して公示された住民投票により、有効投票の過半数で承認されることを要する」と規定されている。
6) アストゥリアス州、カンタブリア州、マドリード州、ムルシア州、ナバーラ州、ラ・リオハ州、バレアレス諸島州がこれにあたる。なお、バレアレス諸島州は、1州1県ではあるが、島評議会が3つ存在する。
7) わが国の制度と異なり、スペインの地方自治制度では「市」「町」「村」の区別はなく、すべてムニシピオという行政単位で構成されている。
8) 地方制度基本法第44条第5項参照。
9) 山崎栄一「特集3：スペインの地方自治制度—カタルーニャ州の事例」自治体国際化フォーラム 海外事務所特集、一般財団法人自治体国際化協会ホームページ（http://www.clair.or.jp/j/forum/forum/articles/sp_jimu/126_3/INDEX.HTM）参照。アクセス日時：2015年9月8日。
10) 同上。
11) 同上。
12) Véase Leonor Rams Ramos, *El derecho de acceso a archivos y registros administrativos*, (Reus, 2008), pp.289.
13) Idem.
14) 野口健格「スペインの歴史認識と公文書管理」『知と技術の継承と展開—アーカイブズの日伊比較—（中京大学社会科学研究所叢書34)』（創泉堂出版、2014年）、193-194頁参照。
15) これらの特徴的な地域について代表的な文書館の紹介とともに若干の考察を加えたものとして、野口健格「Ⅷ 世界のアーカイブズ（3. スペイン）」『アーカイブズ学要論（中京大学社会科学研究所叢書33)』（尚学社、2014年）、195-202頁、および、野口・同上、181-209頁。
16) Véase a Eduardo Gómez-llera García-nava, Los Archivos Históricos Provinciales; Cuadernos de Historia Moderna (Universidad Complutense de Madrid), Vol 15 (1994), págs. 259-260.
17) 前掲注(3)・野口、230-233頁。
18) ナバーラ州は、独自財源の下、国家財政によらない公文書管理を行っている特異な州であり、国家の公文書体系には属していないが、ここで挙げた情報はあくまで参考資料である。
19) http://www.mecd.gob.es/cultura-mecd/areas-cultura/archivos/informacion-general/gestion-autonomica.html（2015年9月12日閲覧）。
20) 例えば、市議会・島嶼評議会が所管するアーカイブズであるグランカナリア市議会島嶼総合

文書館がある。
21) 例えば、ジローナ議会総合文書館がある。
22) 例えば、コマルカ・デ・コンカ・デ・バルベーラ文書館、コマルカ・デ・レウス歴史文書館がある。
23) 例えば、アルヘシラス自治体文書館（アンダルシア州カディス県）、アリカンテ自治体文書館（バレンシア州アラカント県）、グアダラハラ自治体文書館（カスティージャ・ラ・マンチャ州グアダラハラ県）、ビラデカン自治体文書館（バルセロナ州バルセロナ県）、カナリア自治体文書館、バルセロナ自治体文書館等がある。なお、ビラデカンは、バルセロナ県に共に所在するバホ・ジョブレガ（Bajo Llobregat）とコマルカを形成する都市のひとつであり、バルセロナ市近郊のいくつかの都市とエンティダ・メトロポリターナも形成している。自治体としては、比較的経済力がある自治体として位置づけられている。
24) 例えば、カナリア市民政府文書館、バジャドリード県聖者復活病院文書館、フェロール・サン・シブラオ港湾局歴史文書館、オリウエラ地方歴史文書館、マオン地方歴史文書館、サンティアゴ・デ・コンポステーラ地方歴史文書館等がある。
25) Véase a Carmen Díez Carrera, La formación de los archiveros, bibliotecarios y documentalistas en España desde sus orígenes hasta la actualidad: balance y perspectiva; Boletín de la ANABAD (Universidad De Coruña), Tomo 53, Nº 1, (2003), págs. 124-125. また、大学制度の詳細に関しては、José A. Martín Fuertes, La evolución de la Archivística como disciplina en España (1975-2000): Cuadernos de documentación multimedia, Nº. 10, (2000) (Ejemplar dedicado a: I Congreso Universitario de Ciencias de la Documentación. Teoría, historia y métodologia de la documentación en España (1975-2000).), págs. 697-707. が詳しい。
26) Idem.
27) Ibíd. Carmen Díez, págs. 126-127.
28) Ibíd. Carmen Díez, págs. 128-131.
29) Ibíd. págs. 132.
30) Carmen Díez, Ibíd(25), pag.132-133.
31) Id. Pag.133.

4．カナダ

手塚　崇聡

Ⅰ．はじめに

1．カナダの連邦における公文書管理と各州におけるその多様性

　カナダの連邦における公文書管理の始まりは、1872年にさかのぼる。1912年まで、当時の農務省（Department of Agriculture）の一部門がその業務を担っており、その後正式に国立公文書館（National Archives of Canada、以下「NAC」）が設置された。一方で、カナダ国立図書館（National Library of Canada、以下「NLC」）が1953年に設置され、その後の連邦における公文書等の管理は、これら両機関が担ってきた。そして2004年、「カナダ国立図書館・公文書館法[1]」の制定によりNACとNLCは統合され[2]、情報資源の①評価と収集、②保存、③資源の発見[3]を主な業務とする「カナダ国立図書館・公文書館（The Library and Archives of Canada、以下「LAC」）」が設置された。このように、カナダの連邦における公文書管理は1872年に始まり、現在それは図書館と公文書館を統合したLACによって担われている。

　もっとも、こうした公文書管理は連邦だけではなく各州においても行われているが、連邦における画期的な取り組みと比較して、各州における公文書管理はどのように行われているのであろうか。各州における公文書管理は、連邦の公文書管理制度とは異なり、後述するように極めて多様であり、それぞれが特有の公文書管理を行ってきた。たとえば、最西端のブリティッシュ・コロンビア州では、博物館内に公文書管理を行う機関を設置しているのに対して、首都オタワと大都市トロントがあるオンタリオ州では、そうした機関は大学内に設置されている。その他にも、後述するような相違点が多々あり、各州の公文書管理は非常に多様である。

2．本稿の射程

このようにカナダにおける各州の公文書管理に関しては、それぞれが法制度を構築しながら、独自の公文書管理を行っている。その特徴については、【資料】でまとめたとおりであるが、本稿ではそれを適宜参照しながら、まずは各州の特徴を整理し、カナダの各州における公文書管理制度の特色を明らかにする。その一方で、カナダの各州における公文書管理制度においても、異色な取り組みを行っている、ケベック州公文書館の制度や業務などを参照したうえで、日本に対する簡単な示唆を検討したい。

Ⅱ．カナダの各州における公文書管理の特徴

カナダの各州における公文書管理に関する特徴については、その沿革や目的、そして組織や権限などに着目することで、さまざまな特徴が明らかになる。まずは、カナダの各州における公文書管理の特徴を垣間見ることとし、その中で最も特徴的なケベック州の取り組みを紹介しよう。

1．各州による公文書管理の特徴

(1) 公文書管理の先駆けと図書館との関係

まずカナダでは、すべての州において公文書の管理に関する機関が設置されている。すなわち、各州は連邦とは別に（もちろん各州の保有する記録の種類や量は異なるものの）、独自に州法を制定することによって公文書管理を制度化している。

そもそも公文書管理にいち早く着目し、州立の公文書館の設置を行ったのは、オンタリオ州公文書館であり、創設は1903年にさかのぼる。ただし、そうした機関の設置には至らないものの、文書記録の収集と管理に最も早く着手したのはブリティッシュ・コロンビア州であり、1894年までさかのぼる。同州は最西端の州ではあるが、早くから公文書の重要性に関する認識があり、1915年には議会内部に公文書館を設置している。

そのほかの各州の公文書館について、その設立の沿革を見てみると、図書館

の設立後に公文書館を設置した州もある。たとえば、アルバータ州では1906年に図書館が設置され、その50年後に正式に公文書館が設置されており、その50年間は、図書館が公文書館としての機能を果たしていたことがわかる。またブリティッシュ・コロンビア州では、州図書館の設置後に別の機関として公文書館が同時に設置されている。

(2) 公文書管理に関する組織の類型

　もっとも、こうした公文書管理制度については、すべての州が同様の組織を構成しているわけではなく、各州は全く異なる組織を形成している。そこで、各州における公文書館の組織の特徴を整理してみると、独立型と共存型に分類することができる。まず独立型は、州政府の機関、それとは独立した公的機関、そして民間の機関に分類することができる。まず、州政府の機関として設置されている公文書館を有する州は、アルバータ州、オンタリオ州、マニトバ州（ただし、ハドソン湾公文書会社とは別）、ケベック州、ノバスコシア州、ニューファンドランド・ラブラドール州、ニューブランズウィック州、プリンスエドワード島州である。これらの州においては、公文書館は州の機関として位置付けられており、特定の省の管轄下に置かれている[4]。

　次に、文書管理に関する組織を州政府とは独立、または何らかの形で異なる機関として位置付けているのは、ブリティッシュ・コロンビア州とサスカチュワン州である。ブリティッシュ・コロンビア州では、ロイヤルBC博物館（Royal BC Museum）を公共企業体[5]（Crown corporation）として位置付けている。また、サスカチュワン州公文書館は州政府から距離を置いた（arms length）機関であるとされている。

　他方で、共存型に分類される公文書館については、博物館の内部に設置される「博物館との共存型」、図書館とともに設置される「図書館との共存型」、民間の公文書管理と共存する「民間の公文書館との共存型」に分類することができる。まず「博物館との共存型」の公文書館としては、ブリティッシュ・コロンビア州公文書館があり、ロイヤルBC博物館の内部に設置されている。またその他にもアルバータ州公文書館があり、文化観光省の管轄のもとで博物館の内部に設置されている。さらに博物館だけではなく、美術館とも共存している

のがニューファンドランド・ラブラドール州の公文書館であり、美術館と博物館が一体となった「ルーム」という施設内部に設置されている。次に「図書館との共存型」に分類されるのは、ケベック州である。同州は2004年の法改正により、図書館と公文書館を統合している。これはLACが統合したことと同様の背景によるものであるが、同州の特徴については後述する。最後に「民間の公文書館との共存型」に含まれるのは、マニトバ州である。同州の公文書館は州政府の機関であるものの、州全体の公文書の収集にあたっては、民間企業であるハドソン湾公文書会社も行っている。

　なお、通常公文書館は、各州の一か所に設けられているが、サスカチュワン州とケベック州では複数の場所に設置されている。サスカチュワン州ではサスカトゥーンとレジャイナの2つの都市にオフィスが設けられており、ケベック州では12の機関が同州内に設けられている。

(3) 目的および業務・権限の特徴

　これまで見てきたように、各州ではそれぞれ公文書管理の組織・構成が異なっているが、それは公文書管理の目的においても同様のことが言えるのであろうか。前述のように、カナダのすべての州において、公文書管理に関する法律が制定されており、ほとんどの州において、その目的が明記されている。しかし、そこには多くの共通点がある。その共通点として、まずほとんどの州が公文書の保存と管理を主目的としながら、州民のそれに対するアクセスの向上を図ることもその目的として掲げている。こうした目的は、LACにも見られるところであり、州の公文書管理においても、公文書の保存・管理と州民のアクセスの向上といった2つの目的は、非常に重要な要素として組み込まれていることが分かる。

　これに対して、他の州とは若干異なる特徴的な目的を掲げているのが、ブリティッシュ・コロンビア州とケベック州、ノバスコシア州である。ブリティッシュ・コロンビア州では、公文書管理の目的を未来との対話の実現に求めている点、さらに教育機関に公文書を利用させるようにしていることが特徴的である。なお、未来との対話という点では、マニトバ州も現在と未来の世代のための文書保存を目的としており、また教育への利用については、アルバータ州も

教育研究プログラムや研究への提供を目的として掲げている。さらに、ケベック州でも特徴的な目的を掲げているが、同州については後述する。その他にも、ノバスコシア州ではウェブサイトの開発・維持やアーカイブ・コミュニティ強化のための財政的・戦略的支援を行っている点が特徴的である。なお、「博物館との共存型」を採用しているブリティッシュ・コロンビア州やアルバータ州、ニューファンドランド・ラブラドール州公文書館では、公文書管理のみならず博物館としての機能に関する目的も掲げられている。

(4) 収集、保存および管理の対象

このようにカナダの各州では、公文書の収集、保存、そして管理などが主たる目的とされているが、その収集の対象について、各州ごとの差異はあるのであろうか。ここでは、法律の明文の規定に従って分類を行ってみたい。

まず収集、保存などの対象について、法律上の表現による各州の違いをまとめてみると、おおよそ「アーカイブズ（archives）」「記録（records）」、それ以外の表現に分けることができる。まず「アーカイブズ」という表現を用いている州は、ブリティッシュ・コロンビア州、ケベック州（ただしケベック州では「文書遺産」という表現も用いられている）である。また「記録」を保存対象としている州は、アルバータ州[6]、サスカチュワン州[7]、プリンスエドワード島州[8]であり、カナダの州の大半がこの表現を用いている。

またその他の表現として、まず両者を含む表現を用いている州は、マニトバ州[9]とニューファンドランド・ラブラドール州[10]、ニューブランズウィック州[11]であり、「アーカイブズ」という表現も「記録」という表現も用いられている。さらにその他にも、オンタリオ州[12]、ノバスコシア州[13]では、両者を混在するような表現が用いられている。また、サスカチュワン州やマニトバ州、ノバスコシア州では、裁判記録についても明示的に保存を行うものとされている。

また、こうした「アーカイブズ」「記録」といった表現以外にも、公的なものと私的なものを厳密に分類し、私的なものを収集対象とする州がある。たとえば、サスカチュワン州では州にとって重要な私的記録が、ケベック州では私的文書が、ノバスコシア州では州に関わる重要な私的記録が、プリンスエド

ワード島州では歴史的価値のある私的記録が明示的に保存の対象となっている。さらに現用文書と非現用文書を分け、後者についての記録管理プログラムを整備しているのは、ニューブランズウィック州である。

2. ケベック州公文書館の取り組み

ここまでカナダにおける各州の沿革、組織、目的などから、その特徴を整理してきた。ただし、これまでも指摘してきたように、カナダにおいて極めて特徴的なのは、ケベック州公文書館における取り組みである。同州の公文書館は、その目的や収集の対象において他の州と大きな差異はないものの、その組織や取り組みについては、他の州と大きく異なる取り組みを行っている。そこで、カナダ特有の取り組みとして、ケベック州から示唆を得るべく、ケベック州公文書館（Bibliothèque et Archives nationales du Québec（以下、BAnQ））[14]の取り組みを紹介しよう。

(1) BAnQの沿革

ケベック州における公文書管理の歴史は、今から100年程前にさかのぼる。ケベック州公文書館（Archives de la province de Québec）は1920年に設立され、館長としてピエール・ジョージが任命された。当時は州務長官の管轄下に置かれ、特にフランス政府の公文書の保存を行っていたとされている。翌年の1921年、初の年次報告書（Rapport de l'archiviste de la province de Québec）が作成されたが、同報告書は1975年まで継続して作成された。1931年に同館は、新たに設置されたケベック博物館（Musée du Québec）内に移転することとなった。そしてその30年後の1961年には、文化省（Ministère des Affaires culturelles）が創設され、1967年には同省の管轄下に州立図書館（Bibliothèque et Archives nationales du Québec（以下、BNQ））がモントリオールに設置されることとなった。一方で、1970年にケベック州公文書館は、ケベック州立公文書館（Archives nationales du Québec（以下、ANQ））となり、政府の文書の保存や開示に関する権限が付与された。そして1971年以降、ケベック州はモントリオール公文書センター[15]の開設を皮切りに、ANQの地域分散化を図ることになり、1975年にはトロワリビエールに、1977年にはハル（現在はガティ

ノー)、その翌年にシクーティミ(現在はサゲネィ)に、さらに1979年には、ルーインノランダ、シャーブルック、リムースキに開設した(さらに同年には公文書の管理のIT化がはかられ、SAPHIR systemが採用された)。翌1980年には、ANQの本部としてケベック公文書センターがラバル大学内に設置され、その翌年、セチィルに新たなセンターを開設して、9つの公文書センターのネットワーク化を完了した。その後1983年には、公文書の意義などを定めた公文書法[16]が制定された。1994年には、BNQの所蔵にオンラインでの無料アクセスを可能としたIrisカタログが開始され、一方でANQは、9つの公文書センターが保有するデータバンクへの直接のアクセスを可能とするPistardを採用した。その後、BNQの再編や発展などを経て、2004年に当時のケベック州政府が推し進めていた現代化計画の下で、図書館および公文書館に関する法と公文書法、その他関連法の改正法案が作成された。そして、2006年に同法が施行されたことにより、図書館と公文書が統合され、現在のBAnQが設立された。

(2) BAnQの目的

　図書館および公文書館に関する法(Loi sur Bibliothèque et Archives nationales du Québec)第14条によれば、同館の目的は、①ケベック州外で出版された同州に関連する文書や文化的な価値のある文書を含む、同州の文書遺産を収集、永久的に保存、そして普及すること、②収集品や文化、そして知識によって形成された文書遺産への民主的なアクセスを提供し、ケベック州の文書組織との関係で触媒として作用すること、③特に読書、研究そして知識の獲得の重要性を喚起すること、ケベック州内の出版を促進すること、継続的な独立した学習を支援すること、同州に新たな統合を促進すること、図書館の相互協力と交流を強化すること、そして仮想図書館の開発にあたって、ケベック州の参加を促進するという目的を追求することとされている。ここで、州の文書遺産の収集や民主的なアクセスの向上などは、他の州でも採用されているところであるが、ケベック州において特徴的なのは、図書館との統合によるその相互交流の強化と、仮想図書館の開発という点にある。1970年代から進んだ地域分散化やネットワーク化、その後の図書館との統合は、こうしたBAnQの目的に表れている。

(3) 権限又は業務

　図書館および公文書館に関する法の下で、同館は理事会によって管理されることとされている。理事会は17名のメンバーで構成され、一般的政策や同館の規則などを決定する。また理事会は、執行委員会（監査委員会、図書館および公文書館の収集とサービス委員会、福祉サービス委員会、情報技術委員会）によりサポートされることになっている。そして同館は、ケベック州の遺産や同州に関連する出版物、公文書、そしてフィルムを取得、保存し、それを一般に広める使命がある。

　これに付随して、同館が行う業務は、①文書遺産の保存と普及、②知識の普及と促進、③公文書に関する業務に分類される[17]。まず①文書遺産の保存と普及については、ケベック州の文書遺産だけではなく、それに関連する文書遺産もその対象とされている。また、②知識の普及と促進について、同館の業務は文書遺産への民主的なアクセスの向上のためになされるものであるとされている。具体的には読書・研究・知識の開発の促進、ケベック州の出版物の促進、独立した学習の継続的支援、新規参入物の統合、図書館との協働と対話の強化、そして仮想図書館の開発の促進などであるとされている。そして最後に、③公文書に関する業務として、図書館および公文書館に関する法第15条によれば、管理する事項について公的機関を監督し、またその機関に助言や支援を行うこと、公文書の保存を確実に行い、それらへのアクセスを容易にし、その普及を促進すること、私的文書の保存とそのアクセスを促進することなどとされている。

(4) BAnQの特徴

　ここでBAnQの特徴をまとめると、次の3点に集約されるであろう。すなわち、①公文書センターの地域分散化、②ネットワーク化および電子化、③図書館との統合である。まず①地域分散化については、1970年代からそうした議論が始まり、1980年代には現在の施設とほぼ同様の施設が設置されている。こうした取り組みは、他の州ではサスカチュワン州ぐらいであるが、同州は2つのオフィスを構えるのみであり、その施設数についてもBAnQは他州と比較して圧倒的な数のセンターを抱えている。さらに、BAnQの特徴として特筆すべき

点は、現在では12の施設をすべてつなぐ②ネットワーク化と電子化が進んでいることである。そして、そうしたネットワークはIrisやPasterdといった無料のシステムによって構築されている。こうしたネットワーク化は、法律上の文面による保障だけではなく、実質的な民主的アクセスを保障している。さらにBAnQの特徴として重要な3点目は、③図書館との統合である。これはLACの統合とも関わってくるが、公文書館と図書館の統合は、研究の促進だけではなく、読書や知識の習得の促進にも州民の目を向けさせるものである。図書館との統合とネットワークの構築による電子化は、そうした民主的な関心に応えるべくネットワークを構築することにより、より実質的な利用者の利便性に応えるものであるといえよう[18]。

Ⅲ. カナダ各州の特徴と我が国への示唆

これまでみてきたように、カナダの各州における公文書管理制度には、統一的な制度があるわけではなく、各州による独自の制度が構築されていることが明らかとなった。そしてその特徴としては、カナダの州ごとに明らかになるものと、さらにその中でも特徴的なケベック州の制度を見ることによって明らかになるものがある。そこで、それらについて以下では簡単にまとめ、そこから得られる日本への若干の示唆を検討してみたい。

1. カナダの各州に見られる特徴と日本への示唆

カナダの各州において見られる特徴の第一点目は、各州においても早い段階で公文書管理の意義を明確にしているところが多く、何らかの公文書の保存等に関する施設を設けていることである。この点、日本においては、「公文書等の管理に関する法律」（以下、公文書管理法）34条により、地方自治体に努力義務が課されているものの、公文書管理条例等の制定がなされていない地域や、地方の公文書管理にあたって、そもそも公文書館が存在していない地域もあると指摘されているところである[19]。ただし、そもそもカナダでは公文書管理の意義を早期に見出していることから、それらを日本と並列的に検討することは土台が異なる議論かもしれない。もっとも、カナダの各州の取り組みから得ら

れる示唆は、各州における独自の意義を見出しながらも、最低限の文書管理の在り方を模索するという姿勢ではないかと思われる。

その際に参考になるのは、カナダの各州において、独自の制度設計がなされながらも、その共通点が見いだせる公文書管理の目的である。つまり、その目的が①文書の収集・保存・管理、②州民のアクセスの強化という２点に集約されていることである。もちろんケベック州など、これ以外の目的を掲げる州もあるが、こうした公文書管理の目的設定に見られる特徴は、最低限の文書管理の在り方として、日本の文書管理制度や運用を検討するにあたっても、参考になるのではないかと思われる。

カナダの各州において見られる三つ目の特徴は、組織の多様性である。すなわち、各州における組織の分類で示したように、各州の公文書館は単独の公文書の他に、博物館の内部に設置される「博物館との共存型」、図書館とともに設置される「図書館との共存型」、民間の公文書管理と併存する「民間の公文書館との共存型」に分類することができる。各州は、それぞれの財政状況や文書管理の在り方（公的・私的記録、現用・非現用文書などを分けるなど）を前提としながら、さまざまな組織のあり方を提供している。確かにカナダにおける各州の組織のあり方は、共通点を見出し難く、また現状としてこれらの組織が望ましいとは限らない。しかしながら、カナダの各州の取り組みは、多様な組織のあり方を提供し、それぞれ地域の財政状況や文書管理の目的などとも相談しながら、文書管理制度を検討することの意義と重要性を提供しているように思われる[20]。そうした違いを前提とした上で、上記の類型を参考にしながら制度設計を行うことも有意義であろう。

２．BAnQから得られる示唆

ケベック州の公文書館であるBAnQの特徴は、①公文書センターの地域分散化、②ネットワーク化および電子化、③図書館との統合である。前述したように、これらの背景には、ケベック州における現代化という大きな政策上の目標があったことを忘れてはならないが、これらの特徴は日本の地方公文書管理にあたってどのような示唆を提供してくれるのであろうか。まず、①公文書センターの地域分散化についてであるが、公文書の機能を地域にも分散し、ネット

ワーク化することは、より実効的な公文書の保存や管理という観点からは非常に重要な取り組みであるようにも思われる。ただし、こうした機能は本来、その大本となる本部機能が備わっていなければならない。すなわち、ケベック州では100年以上もの歴史があり、モントリオールに重要な機能を有する本部が存在していたためにできるシステムであるように思われる。そのため、この特徴から得られる示唆は、例えば県の公文書管理が充実しており、その機能とネットワーク化することで効率化するような市町村の公文書管理がある場合など、すべての地域に当てはまるわけではない点に、注意が必要であろう[21]。さらに、②ネットワーク化と電子化についても、そもそも公文書管理制度が構築された上でのネットワークが必要であり、この特徴による示唆も特定の地域に限定されるように思われる。ただし、ここでいうネットワーク化や電子化は、民主的なアクセスの向上のためには非常に重要な機能であり、地域における効率化のためにも重要な機能となるであろう[22]。また電子化にあたっては、適切な保存や管理などが必要となってくるが[23]、この点についてはカナダのLACやケベック州のBAnQによる取り組みが参考となるであろう。最後に、③図書館との統合については、日本においてもさまざまな議論があるものの[24]、図書館や博物館などとの協働は、民主的なアクセスを向上させるものとなりうるであろう。

3．まとめ

上記のことをまとめると下記の通りになる。
・地方公共団体においては、公文書保存の意義を再確認し、公文書の保存に関するルール化とともに、公文書管理にかかわる何らかの施設の創設や対応が望ましい。
・地方公共団体における公文書管理において制度設計を行う場合、カナダの州における実践を踏まえるならば、その目的は、①文書の保存・管理、②市民のアクセスの強化という観点を最低ラインとして行うことが望ましい。
・カナダの各州における公文書館はさまざまな形態があり、博物館や図書館、さらには民間企業との共存型の公文書管理などもあり得る。
・ケベック州における取り組みは先進的なものであるが、地方における公文書

管理の地域分散化とネットワーク化は、民主的なアクセスの向上のためには非常に重要な機能である。
・ネットワーク化や電子化に当たっては、その適切な保存や管理などが必要となるが、これらの方法についてはLACやBAnQの取り組みが参考となり得る。
・図書館との統合は、民主的なアクセスを向上させ、また情報に対するアクセスが困難なものに対しても、情報提供の機会を与え得る。

【資料】 各州における公文書管理（準州については略）

ブリティッシュ・コロンビア州公文書館（British Columbia Archives）	
設立年	1908年
所在	ビクトリア（ロイヤルＢＣ博物館内）
組織・沿革[25]	1894年に新たな州議会をビクトリアに建設する際に、州図書館も設置され、州の新たな文書記録の収集と管理が開始された。その後1908年に、政府は公文書館の重要性を認識し、州図書館とは別の機関として州公文書館を設置し、そしてその館長に州図書館長を任命した。カナダ西部の州ではこうした公文書の重要性に関する認識は珍しく、ブリティッシュ・コロンビア州は西部の州では最も早く公文書館を設置した。1915年には議会内部に移転し、その後1970年にビクトリアにある現在のロイヤルＢＣ博物館内に移転した。2003年には博物館法[26]が制定され、ロイヤルＢＣ博物館を公共企業体（Crown corporation）として設置した。
目的または業務・権限	・ブリティッシュ・コロンビア州の生きた景色や文化に対する理解を深め、人々に未来との対話を実現させること ・学術研究における指導的役割、世界クラスのコレクションを開発、維持、展示すること、革新的なプログラミングやパートナーシップを提供すること 【博物館法第4条】 ①ブリティッシュ・コロンビア州の自然や州民の歴史を示す、標本、人工物そして公文書やその他の物を確保、受入そして保存すること ②政府の公文書を保持し管理すること ③研究、展示、出版その他の方法によって、ブリティッシュ・コロンビア州の自然や州民の歴史に関する知識を増やし、伝えること ④教育機関に提供すること ⑤公衆の関心のある展示品を開発すること ⑥コレクションへのアクセスを管理、保護、そして提供すること ⑦政府によって指定された文化遺産施設の管理を行うこと ⑧通常、博物館や公文書館によって行われる機能を実行すること

アルバータ州公文書館（Provincial Archives of Alberta）	
設立年	1963年
所　在	エドモントン（博物館の内部）
組織・沿革[27]	アルバータ州公文書館の起源は、1906年の州立図書館設立にさかのぼり、同機関は記録資料を収集、保存していた。その後、1963年に州立博物館と州立公文書館の設置を指揮するために州務長官省（Department of the Provincial Secretary）の博物館部（Museums Branch）が設置された。そしてその一年後には、新たに設置された州公文書館によって収集が行われるようになった。1965年には州博物館・公文書館の建設が始まり、1966年には初の州立公文書館法が成立し、技術的専門スタッフの募集が始まった。その一年後、正式に州立博物館・公文書館が公開された。1990年代になると、スペースの確保が困難となったため、現在のアルバータ州のエドモントンに移転した。同館は文化観光省（Culture and Tourism）の管轄下にあり、同省大臣は、「アルバータ州公文書館の運営、維持そして発展のため」に、「公的記録の保存、管理、出版そして公開」、「文書、羊皮紙、写本、記録、書籍、地図、計画、写真、磁気テープ、または物理的形状を問わずその他の物質の取得、保存、出版、公開、そして公共の利益を保存する」ものとされている（歴史記録法[28]第9条h項ⅰ、ⅱ号）。
目的または業務・権限	・同州の集合的記録（collective memory）を保存し、アルバータ州民の権利とアイデンティティを保護すること ・アルバータ州政府や民間の重要な記録を取得、保持し、そしてそれらを利用可能な状況にすること、アルバータ州政府の永続的な価値のある記録を永久的な倉庫として提供すること 【歴史記録法第9条（文化観光省大臣の業務）】 ①アルバータ州博物館の運営、維持、発展に寄与すること ②標本、骨とう品、文書、アルバータ州の歴史を描いた芸術作品、またはその他、随時公益のものとすることができる物を展示すること ③アルバータ州の内外からの使用のために、他の機関からの貸与や展示物の受け入れ、交換、生産などをすること ④同法の目的のために教育研究プログラムを支援すること ⑤情報や研究を公表すること ⑥各種助成や博物館運営を行うこと などを目的とした行為を行うことができる。

サスカチュワン州公文書局（Saskatchewan Archives Board）	
設立年	1945年
所　在	サスカトゥーン、レジャイナ
組織・沿革[29]	1945年に公文書局法[30]が制定され、サスカチュワン公文書局が設置された。同局は政府から距離を置いた（arms length）機関とされており、また同法は、公文書局に対して幅広い権限を同局に付されている。1945年以降もその収集や保存などを継続し、またさまざまなメディアの収集に至るが、1990年代に入ってからは情報技術の進展やプライバシーに対する配慮などに対応するために、新たな枠組みを形成するとともに、近代的なニーズに応えるための取り組みがなされている。また、サスカトゥーンとレジャイナの2つの都市にオフィスを設けており、幅広い記録の提供を行っている。
目的または業務・権限	【公文書局法第4条（目的）】 ①サスカチュワン州にとって重要な公的および私的な記録を取得、保存し、そしてそれらの記録へのアクセスを容易にすること ②公的記録と裁判記録を永久に保存すること ③公的記録と裁判記録の管理を容易にすること ④アーカイブ活動やアーカイブコミュニティを奨励しサポートすること 【業務】 ①公的および私的な資源からすべての形態の記録を収集すること ②公文書局長によりすべての公的および私的記録を調査すること ③公文書局に保存される歴史的価値のある記録を評価し選定すること ④政府によって作成され保存された、情報へのアカウンタビリティの制度を設けること

マニトバ州公文書館（Archives of Manitoba）	
設立年	1870年[31]
所　在	ウィニペグ（州の機関）
組織・沿革[32]	マニトバ州の公文書の収集は、政府と民間部門公文書館（Government Private Sector Archives）、そしてハドソン湾公文書会社（Hudson's Bay Company Archives）という2つの主体が行っている。後者は民間の団体であり、前者は政府の機関であるが、1870年から政府の記録だけではなく私的な記録の収集や保管などを行っている。

目的または 業務・権限	・マニトバ州公文書館は良好な記録管理を促進するための指揮者であり、永続的な価値のある記録を保存し、またその記録へのアクセスを提供するものである ・公文書及び記録保存法[33]の下で、同公文書館は政府及びその機関、裁判所や議会の記録を保存する排他的権限、公的および私的な組織や個人の記録を収集するための権限を有する 【公文書及び記録保存法第5条（公文書館の目的）】 ①現在と未来の世代のために、価値のある公文書の記録の識別と保全を行うこと ②説明責任と政府の効率的な行政を支援するために、政府の記録に関して良好な記録管理を促進し、容易にすること ③促進、出版、展示、貸付の意味で理解される公文書記録を作成し、また法律の定めるところにより、アクセス権を保障するために、その記録へのアクセスを容易にすること ④良好な記録管理によって他の組織の支援と奨励を行うこと ⑤アーカイブ活動やアーカイブコミュニティを支援し奨励すること

オンタリオ州公文書館（Archives of Ontario）	
設立年	1903年
所　在	トロント（ヨーク大学内、州の機関）
組織・沿革[34]	オンタリオ州公文書館は、オンタリオ州の政府及び消費者サービス省（Ministry of Government and Consumer Service）の管轄下にあり、同州政府の記録を収集、管理、維持し、現在および将来の世代に対してその利用を容易にさせることを促進する目的で、1903年に創設された。オンタリオ州公文書館は過去のオンタリオ州民との窓口を、また祖先、地域社会や政府との結び付きを提供している。
目的または 業務・権限	【公文書及び記録保存法[35] 第7条（目的）】 ①公文書的価値のある記録を保存すること ②オンタリオ州の公文書の保管、管理によって記録への公衆のアクセスを提供すること ③公文書的価値のある記録の保存を容易にするために、公的機関による良好な記録管理を進めること ④オンタリオ州における歴史研究を支援し、また同州におけるアーカイブ活動を奨励すること

ケベック州立図書館および公文書館（Bibliothèque et Archives nationales du Québec）	
設立年	1920年
所　在	12の地域に分散
組織・沿革[36]	1920年にケベック州公文書館は設置され、州務長官省（Department of the Provincial Secretary）の管轄下にあった。その後、1961年に文化省が創設された。1983年に公文書の意義などを定めた公文書法[37]が制定され、1989年にはケベック州図書館を設立した。その後さまざまな統合や発展を繰り返し、2006年に図書館および公文書館に関する法と公文書法、その他関連法の改正法が施行されたことで、図書館と公文書が統合され、現在のケベック州立図書館および公文書館が設立された。
目的または業務・権限	【図書館および公文書館に関する法第14条（目的）】 ①ケベック州外で出版された同州に関連する文書や文化的な価値のある文書を含む、同州の文書遺産を収集、永久的に保存、そして普及すること ②収集品や文化、そして知識によって形成された文書遺産への民主的なアクセスを提供し、ケベック州の文書組織との関係で触媒として作用すること ③特に読書、研究そして知識の獲得の重要性を喚起し、ケベック州の出版を促進し、継続的な独立した学習を支援し、同州に新たな統合を促進し、図書館の相互協力と交流を強化し、仮想図書館の開発に当たってケベックの参加を促進するという目的を追求すること 【図書館および公文書館に関する法第15条（業務）】 ①管理する事項について公的機関を監督し、またその機関に助言や支援を行うこと ②公文書の保存を確実に行い、それらへのアクセスを容易にし、その普及を促進すること ③私的文書の保存とそのアクセスを促進することなど

ノバスコシア州公文書および記録管理館（Nova Scotia Archives and Records Management）	
設立年	1929年
所 在	ハリファックス（コミュニティと文化遺産省の一部局）
組織・沿革[38]	公文書館は1929年に設立され、それを収容する建物の完成と公文書館長の任命により1931年から業務を開始した。その主な役割は、歴史的な公的記録を1861年に制定された政府記録法[39]に基づき提供することだった。1966年に公的記録処分法が改正され、州公文書館長に政府記録の最終処分の権限が付与された。その後1997年に、ノバスコシア州公文書および記録管理館と名称が変更された。そして1998年には公文書館法[40]が制定され、その従業員は公務員としての地位を得るようになった。
目的または業務・権限	【業務】文書遺産の機関として ①州の政府の公文書的記録を永久的に保管すること ②民間から提供された州の重要な公文書的記録を収集・保存すること ③専門家にレファレンスサービスを提供すること ④インターネット上に2つのウェブサイト[41]を開発・維持すること ⑤州のアーカイブコミュニティを強化するための財政的支援と戦略的支援を行うこと ※政府記録法によれば、政府の記録は公文書を含むものとされ、裁判所記録や議会の記録なども含まれる 【公文書館法第5条（目的）】 ①政府と民間の州にかかわる重要な記録を収集・保存し、それらへのアクセスを容易にすること ②効果的な政府の記録管理のために、政策、基準、手続きそしてサービスの開発を行うこと ③公的機関の記録を永久保存すること ④アーカイブ活動やアーカイブコミュニティの奨励と支援を行うことと

ニューファンドランド・ラブラドール州公文書館（The Rooms Provincial Archives division）	
設立年	2005年（ルーム内の公文書館について）
所 在	セイントジョンズ（ルーム内）
組織・沿革[42]	ルームはニューファンドランド・ラブラドール州最大の公共文化空間であり、州公文書館、美術館・博物館と一体となっている。2005年のルーム法[43]により、公文書館（Provincial Archives division）は、法的・財政的・証明的または研究的価値のあると判断される州政府の記録の保存が義務付けられている。

目的または業務・権限	【ルーム法第4条（ルームの目的）】 ①州の重要な歴史や自然遺産を表現し、示すような自然の歴史的標本や公文書的記録を収集、保存、提供、展示し、さらにそれらを研究のために利用できるようにすること ②そのために、州の歴史、自然の歴史、文化そして遺産に関する研究を行うこと ③州内、国内の、そして国際的な現代的・歴史的芸術を収集し、提供すること ④アーティストの仕事を促進すること ⑤文化産業の発展を支援すること ⑥州の文化を強化すること ⑦顧客サービスやパートナーシップを強化することなど 【ルーム法6条（ルームの権限）】 ・公文書の購入や提供による取得、パートナーシップなどの契約の締結、財産権の貸し出しなど ※歴史的に永続的な価値を有する私的記録も収集する

ニューブランズウィック州（Provincial Archives of New Brunswick）	
設立年	1967年
所在	ニューブランズウィック
組織・沿革[44]	ニューブランズウィック州公文書館は1967年に設立され、それ以来、州民、機関、政府の記録を収集し、保存してきた。そして同公文書館は、公文書法[45]の下で、ニューブランズウィック州の歴史につながる記録や研究を収集する責任と、そうした研究を得ることができる状況にする義務が課されている。同公文書館で行われる記録管理プログラムは、恒久的な法的・歴史的な価値を有するすべての非現用の政府記録の定期的な移転と保存を行うことを保障している。また個人や協会、企業や団体の記録は、寄付により取得されている。公文書館内の文書は州の宝とされており、その多くは州民の権利利益を保護する根本的なものであり、または遺産や文化を理解し維持するために不可欠なものであるとされている。
目的または業務・権限	【公文書法第5条（州の公文書館長の義務）】 ①公文書を保護、保管、管理すること ②公的記録を公文書館に移転したり、保存したり、破壊する際のレコードスケジュールを予定すること ③公的記録のための保管施設を提供し、その施設の利用を促進すること

	④重要な政策やプログラムをより充実したものにするために、政府や自治体、そして地域コミュニティにおける近代的記録や分類システムの使用を奨励すること ⑤ニューブランズウィック州の歴史に関する記録を発見、収集、保存すること ⑥ニューブランズウィック州の歴史に関する記録を複製すること、およびそれを出版すること ⑦保存している記録の分類などを行うこと ⑧寄付や貸付などによる記録の保存など

プリンスエドワード島州公文書及び記録局（Public Archives and Records Office）	
設立年	不明
所　在	プリンスエドワード島州（政府機関の一部）
組織・沿革[46]	公文書記録法[47]の下で、公文書及び記録局は、民間の歴史的価値のある記録と同様に、プリンスエドワード島州政府の記録を収集、保存し、また公共の研究のために、利用可能にさせることをその目的としているとされている。
目的または 業務・権限	【公文書記録法5条1項（目的）】 ①州の重要な私的・公的記録の収集と保存、そしてその記録へのアクセスの保障をすること ②政府の効果的な記録管理のための方針、基準、手続き、およびサービスを開発すること ③公共機関の記録を永久に保存し、アーカイブ活動やアーカイブコミュニティの奨励と支援を行うこと 【公文書記録法6条1項（公文書及び記録局長の権限）】 記録の収集と保存・管理を行い、それら記録を分類し、記録へのアクセスを提供することなど ※業務の中でも公文書ユニットは、公文書へのアクセスを行おうとする政府や公務員に対するレファレンスサービスを提供し、また教育に従事するなどのアーカイブ機能を実行するものとされている。また一方で、記録情報管理ユニットは、プリンスエドワード島州政府のすべての部門、機関、企業、および委員会を支援し、また記録情報管理サービスを提供するプログラムを管理する責任があるとされている。

1) *Library and Archives of Canada Act*, S.C. 2004, c. 11.
2) 同法の前文には「(a) カナダの文書遺産（documentary heritage）を現在および将来の世代の利益のために保存すること、(b) 自由で民主的な社会であるカナダの文化的、社会的および経済的発展に貢献するすべての人がアクセス可能な、永続的な知識の源である機関を提供すること、(c) その機関がカナダ国内における知識の収集、保存、普及に関する地域社会間の協力を促進すること、(d) その機関が、カナダ政府およびその機関の継続的な記録として役立つこと」が規定されている。
3) Library and Archives Canada, *Report on Plans and Priorities (RPP) 2013-14*, online: Library and Archives Canada < http://www.bac-lac.gc.ca/eng/about-us/report-plans-priorities/rpp-2013-2014/Pages/rpp-2013-14.aspx >. なお、本稿で用いたウェブサイトの最終閲覧日はすべて2015年8月31日である。
4) たとえば、アルバータ州では文化観光省、オンタリオ州では消費者サービス省、ノバスコシア州ではコミュニティと文化遺産省の管轄下にある。
5) 連邦法や州法に基づいて設置される企業体であり、その出資はすべて政府が負担している。なおこの点については、カナダ学会ウェブサイト（http://jacs.jp/dictionary/dictionary-ka/09/19/599/）を参照。
6) そのほか、「集合的記録」「アルバータ州政府の永続的な価値のある記録」などの表現が用いられている。
7) 具体的には、「サスカチュワン州にとって重要な公的および私的な記録」「公的記録」「裁判記録」といった表現が用いられている。
8) 具体的には、「私的・公的記録」「公共機関の記録」という表現が用いられている。
9) 具体的には、「価値のある公文書の記録」「永続的な価値のある記録」といった表現が用いられている。
10) 「州政府の記録」という表現が用いられている一方で、「公文書」といった表現も用いられている。
11) 具体的には、「公文書」「公的記録」「歴史に関する記録」などの表現が用いられている。
12) 具体的には、「公文書的価値のある記録」という表現が用いられている。
13) 具体的には、「公文書的記録」「州の公文書記録」「公的機関の記録」という表現が用いられている。
14) BAnQの沿革については、ウェブサイト上に詳細が掲載されている。See. Bibliothèque et Archives nationales du Québec, *About BAnQ*, online: Bibliothèque et Archives nationales du Québec
⟨http://www.banq.qc.ca/a_propos_banq/index.html⟩.
15) 現在モントリオールには3つの施設があり、これらを合計すると12の施設がある。
16) *Loi sur les archives*, RLRQ c A-21.1.
17) *Supra* note 14. なお、BAnQのウェブサイトは、他の州よりも明らかに詳細に作成されており、その点からも仮想図書館としての普及に力点が置かれていることがうかがわれる。
18) なお、LACの設立背景にも、知的集約を生み出す必要性が提起されていたこと、近年のインターネットの発達による電子化が二つの統合を要求したこと、両機関が補完的な関係を築いて

いたこと、そして利用者の利便性を向上させることなどが関係している。この点については、内閣府「諸外国における公文書等の管理・保存・利用にかかる実態調査報告書」(http://www8.cao.go.jp/chosei/koubun/kako_kaigi/kenkyukai/houkokusho/houkokusho.html) 95-96頁を参照。

19) この点について、本村慈「地方自治体における公文書の管理に関する最近の取組」アーカイブズ49号 (2013年) 47頁、中島淳「地方公共団体に対する公文書管理法の影響 公文書を後世に伝えるための体制に係る考察」彩の国さいたま人づくり広域連合事務局政策管理部政策研究担当編『Think-ing : 彩の国さいたま人づくり広域連合政策情報誌』40頁などを参照。

20) こうした地方の違いに着目した上で、「標準条例」を示さないことの意義を示したものとして、地方公共団体公文書管理条例研究会「公文書管理条例の制定に向けて～より良い公文書等の管理を目指して～」(http://www.jsai.jp/linkbank/tmpdata/linkbank110629.pdf) 3頁。

21) 国や地方との連携についても、これらの話は当てはまり得るが、ウェブサイトのリンクで連携をはかるだけではなく、BAnQのようにデータベースへのアクセスを可能にするシステムがあれば、より民主的なアクセスを向上させることになるであろう。なお、日本では、国立公文書館デジタルアーカイブズのウェブサイト (https://www.digital.archives.go.jp/globalfinder/cgi/start) で、埼玉県や東京都を含めた地方公共団体の公文書の横断的な検索を行うことができる。

22) なお、電子自治体化による業務の効率化の促進を背景とする埼玉県の事例を紹介しながら、電子自治体の取り組みの課題等を検討したものとして、原口智洋「地方自治体における電子公文書等の管理について―埼玉県立文書から考える現状と展望―」文書館紀要第27号 (2014年) 158頁を参照。

23) 独立行政法人国立公文書館「電子媒体による公文書等の適切な移管・保存・利用に向けて―調査研究報告書―」(http://www.archives.go.jp/about/report/pdf/hourei3_12.pdf) を参照。

24) こうしたMLA連携 (博物館 (Museum)、図書館 (Library)、公文書館 (Archives) の間での連携) については、古賀崇「「MLA連携」の枠組みを探る：海外の文献を手がかりとして」明治大学図書館情報学研究会紀要2巻 (2011年) 2頁などを参照。

25) Royal BC Museum, *About BC Archives,* online: Royal BC Museum <http://royalbcmuseum.bc.ca/bcarchives/>.

26) *Museum Act,* SBC 2003, c 12.

27) Provincial Archives of Alberta, *About the Provincial Archives,* online: Provincial Archives of Alberta <http://culture.alberta.ca/paa/about/default.aspx>.

28) *Historical Resources Act,* RSA 2000, c H-9.

29) Provincial Archives of Saskatchewan, *About the Archives,* online: Provincial Archives of Saskatchewan <http://www.saskarchives.com/about-archives>.

30) *The Archives Act,* 2004, SS 2004, c A-26.1.

31) ウェブサイト上では、マニトバ州公文書館の設立年は記載されていないが、マニトバ州が1870年に成立してから、記録を保存してきた旨が記載されている。

32) The Archives of Manitoba, *About Us,* online: The Archives of Manitoba <http://www.gov.mb.ca/chc/archives/about.html>.

33) *The Archives and Recordkeeping Act*, CCSM c A132.
34) Archives of Ontario, *About Us*, online: Archives of Ontario <http://www.archives.gov.on.ca/en/about/index.aspx>.
35) *Archives and Recordkeeping Act*, 2006, S.O. 2006, c. 34, Sched. A.
36) *Supra* note 14.
37) *Loi sur les archives*, RLRQ c A-21.1.
38) The Nova Scotia Archives, *About Us*, online: The Nova Scotia Archives <http://archives.novascotia.ca/about>.
39) *Government Records Act*, SNS 1995-96, c 7.
40) *Public Archives Act*, SNS 1998, c 24.
41) 公文書館のウェブサイトのほか、ノバスコシア州歴史人口動態統計のウェブサイトを管理している。Nova Scotia Historical Vital Statistics, *Nova Scotia Historical Vital Statistics*, online: Nova Scotia Historical Vital Statistics <https://www.novascotiagenealogy.com/>.
42) The Rooms Provincial Archives of Newfoundland and Labrador, *About Us*, online: The Rooms <https://www.therooms.ca/about-us>.
43) *Rooms Act*, SNL 2005, c R-15.1.
44) Provincial Archives of New Brunswick, *About PANB*, online: Provincial Archives of New Brunswick <http://archives.gnb.ca/Archives/default.aspx?culture=en-CA>.
45) *Archives Act*, SNB 1977, c A-11.1.
46) Prince Edward Island Public Archives and Records Office, *About the Archives*, online: Prince Edward Island Public Archives and Records Office <http://www.gov.pe.ca/archives/index.php 3 ?number=1017206&lang=E>.
47) *Archives and Records Act*, RSPEI 1988, c A-19.1.

5．台湾

東山京子

はじめに
I　台湾における檔案管理の特徴
　I-1　「国家檔案」と「機関檔案」について
　I-2　檔案管理と文書管理について
　I-3　檔案の公開利用について
II　台湾の地方自治体における檔案管理
　II-1　台中市政府における檔案管理
　II-2　檔案管理の事例－台中市市政府、西屯区公所
おわりに

はじめに

　台湾の文書管理制度は、1999年（中華民国88）年12月15日に制定された「檔案法[1]」によって確立した。この「檔案法」では、「檔案」は、各公的機関が管理手続に依拠し、収録管理した文字または非文字資料及び附属資料であると定義し、それを「国家檔案」と「機関檔案」に分類してそれに基づき管理するように定めている。この法によると、「国家檔案」は、永久に保存する価値を有する重要な公文書として国家発展委員会檔案管理局（以降、檔案局と略記する）が保存管理するものとされ、「機関檔案」は、各機関が作成した永久保存と有期保存のすべての檔案のこととし、各機関において保存管理するものとされている。したがって、前者の「国家檔案」とは、日本でいうならば、国立公文書館が保存管理する特定歴史公文書となり、後者の「機関檔案」とは、各機関、つまり、檔案局を含め、政府のそれぞれの機関や地方自治体が作成する公文書のすべてが「機関檔案」に属しているということになる。
　現在、台湾の檔案は、この「国家檔案」の所蔵目録（檔案局の所蔵）と「機

関檔案」の所蔵目録(各機関の所蔵)とに分けて検索できる各行政機関共有のデータベースを構築しており、さらに、国史館・中央研究院・故宮博物院などの国家機関と連携して、「ACROSS」という総合検索プラット・フォームを立ち上げたことにより、これらの国家機関所蔵目録の横断検索が可能となっている。

ここでは、まず、台湾の檔案管理の特徴をみるために、「国家檔案」と「機関檔案」の収集および保存管理、現用と非現用の文書における業務、檔案運用などについて、2013年に行政院の組織改革に伴い研究発展考核委員会から国家発展委員会へと改編された檔案管理局(以降、檔案局と略す)が実施している業務内容からみていく。次いで、台湾の地方自治体の檔案管理を見ていくために、2010(同99)年より台中市と台中県が合併し行政院の直轄市となった台中市における「機関檔案」の管理について、台中市政府と台中市西屯区公所における檔案管理の実態についてみていきたい。

Ⅰ 台湾における檔案管理の特徴

Ⅰ-1 「国家檔案」と「機関檔案」について

「国家檔案」を収集し、保存と運用を行っている檔案局は、2001年11月23日に正式に設立され、行政院研究発展考核委員会(以下、研考会という)に属していた。しかし、行政院の組織改革に伴い、研考会と共に国家発展委員会に編入され、2014年1月22日付を以て正式に国家発展委員会の所属機関へと改編されている。この国家発展委員会は、行政院経済建設委員会、行政院研究発展考核委員会、行政院公共工程委員会、行政院主計処の一部の業務を統合することによって設立されたものであり、同委員会は、各種政策の企画、協調、審議、資源分配などを掌り、それにより政策全体の目標を統括して、政府による決断効果の強化を図る目的で組織されたのである。国家発展委員会には、下部組織として、総合企画処、経済発展処、社会発展処、産業発展処、人力発展処、国土区域離島発展処、統制査定処、情報管理処と法制協調中心ならびに秘書室、人事室、政風室、主計室を設置している。

【写真１】「国家檔案」が保存されている檔案局（新荘市合同庁舎）

　改組された「国家発展委員会檔案管理局組織法[2]」に基づき、檔案局は次の10項目を掌理することとなった。その項目とは、①檔案の法規および管理制度の検討と制定、②各機関における檔案管理、利用の指導、評価および目録の整理と公開、③各機関における檔案の保存年限および檔案の廃棄に関する審査、④檔案の判定、分類、保存期限およびその他論争事案の審議、⑤国家檔案の収集、整理、保存、公開、利用および施設展示などの企画および推進、⑥個人または団体が所有する文書ならびに資料の受贈、受託保管、買取、⑦公文書および檔案管理情報システムの企画および推進、⑧檔案管理と運用の研究、出版、技術発展、学術交流、国際提携および檔案管理要員の教育、⑨行政院と所属各機関の公文書の時間的制限の管理に関する企画および推進、⑩その他檔案に関する事項、である。この項目の内、⑦の公文書のシステム構築と、⑨の現行文書における時間制限の管理[3]を厳重に行うという二点が組織改編により重要事項として加わっている。

　この檔案局では、設立された年から檔案法に基づき「機関檔案」のなかから国家として永久に保存すべき価値のあるものと判断した檔案を「国家檔案」として収集してきた[4]。

　現在、「国家檔案」の移管は、国家檔案徴集計画を定めて、期間を分けて大局的視点および系統的に「国家檔案」を審査し、選定を行っている。この「国家檔案」の審査選定の実施にあたっては、まず檔案局において、各機関の組織機能および業務職掌を分析し、檔案審査選定の原則および必要事項を策定する

と共に、専門家を招聘して檔案審査選定チームを立ち上げて選定原則や必要事項を確認した上で、檔案目録の初期審査並びに檔案の内容審査において選定作業を実施し、その後、檔案保存価値鑑定委員会[5]により審査選定結果の確認を行っている。このようにして、すでに府院政策制定機関（例えば総統府、行政院および経済部等の機関）保有の永久に保存する価値のある檔案に関する審査選定が優先的に行われ、所定のタイムスケジュールに従って移管作業が順次行われている。

　檔案局における「国家檔案」の収集は、国家・経済・政治の檔案を優先的に行っているが、公的機関だけでなく、一般の国民の生活にかかわる檔案の収集も活発に実施している。そのため、国家、個人、団体の檔案を収集する際には、資料の欠損がでないように、テーマまたは年度毎に収集したりと、臨機応変に対応している。災害などの特定の檔案の場合は、どのような檔案が国家レベルの災害に関する檔案であるのか、国家の観点からみて重大性がどれだけあるのか、といったことを基準に檔案審査を実施する。特に、大災害の場合は、臨時的な災害救助再建計画による機関が設けられ、災害救助および再建に関わる檔案はそれらの機関によって作成され、災害地域の再建が終わると機関は解散されてしまうことから、速やかにそれらの機関が所蔵する檔案の移管を積極的に実施しないと散逸する危険性がある。しかし、災害の再建に関わった個人や民間団体の檔案は、強制的な移管を望めないため、再建に関係した個人やそれらの団体と個別交渉して檔案を購入するという方法を採っている[6]。

　現在、檔案局に移管された檔案を総書架延長でみると、総書架延長は177,118メートルで、その内の16,650メートルが紙媒体の檔案、その他が468メートルであることから、7、8階の所蔵庫の収蔵限度年は凡そ2021年であろうと見ている。この所蔵庫の問題を解決するためにも、檔案管理局による徹底した檔案管理を実施するための計画が、文書庫を新たに設置するという檔案館建設と、「国家檔案」の収集および管理という二大プロジェクトである。これは、国家檔案の収集、管理、情報の公開を強化するというプロジェクトであり、現在、最初の段階となる「深化国家記憶第1期計画（105-108年）」（深化国家記憶第1期プロジェクト（民国105年〜108年）が認可され、2016年度に施行される見通しであるという。

Ⅰ-2　檔案管理と文書管理について

　台湾の国家および地方の各機関では、行政院により「文書処理手冊[7]」(文書処理手引き)が発行されており、この手冊には、公文書作成プログラム、公文書の構造、表現方法、処理手順および手順管理、公文書発送からファイルに綴じるまでの文書に関する手順について、関連する作業規定が掲載されている。「国家檔案」に関しては、「国家檔案管理作業手冊[8]」(国家檔案管理作業手引き)が、「機関檔案」に関しては、「機関檔案管理作業手冊[9]」(機関檔案管理作業手引き)がある。

　前行政院研究発展考核委員会は、組織改革の進捗状況に合わせて、さらに文書檔案情報の一本化政策を推進すべく、2012年1月1日より、公文書フロー統制業務を檔案局へ移管すると共に、「行政院及所属各機関処理人民陳情案件要点[10]」等の改正に合わせて、檔案管理作業の関連規定を適宜改正することで、各機関からの要求に応えてる。

　現在、檔案局における公文書フロー管理手続上の主な業務の重点は、①毎月、行政院および所属各一級機関における公文書の時間の制限[11]に関する統計データを整理し、3ヶ月ごとに報告すること、②行政院が指定した案件の進捗データに合わせて整理分析を行い報告すること、③各機関における公文書の処理時間の制限に関する統計データおよび実際の必要性に応じて行政院所属各機関について検査を行うこと、の3点である。そのために、各機関に対して訪問調査を行い、検査した結果に応じて、改善提案などを行っている。例えば、2013年には、内政部・行政院原住民族委員会・財政部・公平交易委員会、2014年には国家通訊伝播委員会・文化部・衛生福利部・労働部、2015年には金融監督管理委員会・大陸委員会・交通部・原子能委員会へと出向いて檔案の管理状況を調査して、改善提案を行っている。

　これだけではなく、より積極的な施策も行っている。例えば、2013年11月19日に、国立台湾図書館国際会議庁(国際会議ホール)において、各機関における公文書の処理効率向上のための文書流程管理研習会[12](文書フロー管理ワークショップ)が開催された。このワークショップのカリキュラムでは、文書フロー管理メカニズム、公文書の処理時間の制限や検査などであったが、207人

もの参加者を得ている。

このように、檔案局は、各機関に対して手引きを配付し、公文書処理に関する審査を実施するとともに改善の提案、年に一度のワークショップなどにより、公文書の処理効率向上への強化を図っているのである。

ここで、改めて台湾の檔案および公文管理について重要な点を整理したい。

台湾でいう「檔案」とは、稟議された文書が決裁され施行された文書のことで、保存年限に達するまで文書庫で保管される。つまり、決裁後、施行された時点で「檔案」となるという点である。決裁を経て施行されるまでの現行の文書[13]は、「公文」と呼ばれ、決裁を経て施行された文書は、文書庫に移動された後に、保存年限満了までの期間に原課において使用する可能性のある現用または半現用文書も、永久に保存管理する非現用文書も、「檔案」と呼ばれる。各機関は、年に2回「機関檔案」の所蔵目録データを檔案局へ送付している。

各機関における檔案管理は、次の第1図に示すように、「機関檔案」の永久保存の中から、25年を経た後に、「国家檔案」として永久に保存する価値の檔案は檔案局へ移管するか、機関が保存するかの選別が行われる。定期（有期）

第1図 「機関檔案」の保存と運用

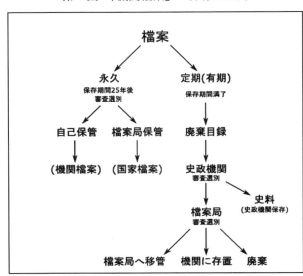

保存に対しては、保存機関が満了し、廃棄する場合には、廃棄目録を作成し史政機関へと送る。史政機関が必要と認めた檔案は、史政機関へ移管される。史政機関へと移管された檔案は、「機関檔案」の目録から削除される。史政機関が必要としない檔案は、最後に檔案局が審査し、①檔案局へ移管されるか、②機関に存置するか、③廃棄されるかのいずれかの処置が決定される。廃棄される檔案は、「機関檔案」の目録から削除される。ここでいう史政機関とは、例えば、中央機関ならば国史館、台北市は台北市文献会、直轄市は文献会又は文化局、県は文化局であるが、台中市や南投市の場合は、南投市に国史館台湾文献館（以下、台湾文献館と略す）があるため、この台湾文献館が史政機関としての役割を果たしている。このようにして、史政機関へと移管された「機関檔案」は、「檔案」ではなく「史料」と称される。

次に檔案局に移管された檔案の公開および利用についてみていく。

Ⅰ-3　檔案の公開利用について

檔案局では、「国家檔案」を収集するだけでなく、国家檔案付加価値研究、出版および展示の実施保存特色を有するテーマの檔案についての研究なども行っている。例えば、二二八事件檔案関連専門議題選集、台湾産業経済檔案デジタル保存関連専門議題選集および1949年前後軍事檔案特集等（電子書籍含む）の編纂・出版が挙げられる。日常生活と密接に関わるテーマの「国家檔案」を選択し、物語的叙述スタイルによって紹介文を作成し、「探尋国家宝蔵（国の宝を探し求めて）」などを出版し、また、「光陰物語－穿梭檔案国度（光陰物語－檔案の国を超えて）」および「鑑往知来－探尋国家宝蔵（歴史から未来を知る－国の宝を探し求めて）」等の宣伝用ショートフィルムを制作し、「国家檔案」の多元的マーケティングを行っている。

さらに、高等学校・高等専門学校の歴史課程に合わせて、「檔案支援教学網（檔案支援教育サイト）」（Archival Resources for Teaching、略称ART、サイトアドレス：http://art.archives.gov.tw）を構築し、2014年9月1日付でオンライン化している。年ごとにテーマを決めて素材を檔案から選択しそれらを編集して、歴史教育の参考資料として提供することによって、教育への檔案利用を深化させ、国民全体に檔案利用の概念を広めようとしており、檔案法の立法

精神を具現化するために、檔案を一般に開放することで、国民が一緒になって檔案を資産として大切にするように促している。このほか、重要または国民の生活との関連が高く、檔案数が豊富なテーマ、例えば、教育・衛生・経済・運輸等を選定して、それぞれの機関との提携によって、毎年、展示を開催している。これまでの9回におよぶ展示は、いずれも各界の好評を博しており、2014年7月末までに累計で19万人以上の参観者を得ている。

このほか、2014（同103）年1月に、檔案局は新荘市の合同庁舎に移転したのを機に、一階には広い閲覧室を設けて、檔案利用に供しており、展示スペースも設置していた。この展示スペースでは、テーマを設定し、関連する檔案（複製物）等を展示することで、国民の檔案への理解を促す社会教育の場としての役割を果たしている。さらに、小学生から大学生まで教員とともに、檔案を利用した歴史および社会教育を行う教室も設けられている。

このように、檔案局では、収集した「国家檔案」を利用することで、実際の学校教育や社会教育に使用できる場所やデジタル画像の公開による教育の場を提供するだけでなく、自ら研究書なども刊行している。「機関檔案」については、各機関において「檔案」として利用に供され、史政機関において「史料」として公開利用されている。

Ⅱ　台湾の地方自治体における檔案管理

Ⅱ－1　台中市政府における檔案管理

次に、台湾の地方自治体における檔案管理を見ていくために、今回は、2010年に行政院の直轄市となった台中市を取り上げる。そのため、まず台湾の行政区について見ていきたい。

かつて台湾は、中華民国政府の下、地方自治体である台湾省と福建省の二つの省政府が存在するほか、県や市、そして行政院に直属する直轄市[14]が設置されていた。1997年の「中華民国憲法第四次増修条文[15]」の規定により、省政府は中央政府の出先機関として改編され、実際の行政区分には存在していない。しかし、「中華民国地方制度法[16]」では省の下部に県または市を設置すると規

定されており、それによると、台湾省は一二の県と三つの市を管轄し、省政府は南投県南投市中興新村に位置するとされ、もう一方の福建省は、二つの県を管轄し、省政府は金門県金城鎮に位置するとされていた。

だが、既に1996年に福建省が自治体としての機能を凍結されており、次いで、1998年に台湾省も自治体としての機能が凍結されたことによって[17]、その全ての機能が中央や市、県に分散されることになる。

その後、2007年に地方制度の大改正が行われる。この改正理由の一つに挙げられるのが、財政上の問題である。財政上においては、直轄市が厚遇されており、県や省轄市には十分な予算が回らないという問題が続いていた。そのため、2007年に地方制度を改正することにより、人口200万以上の県市に、直轄市並みの財政処置が可能となったのである。2009年に再度法律が改正され、2010年末から台北県が新北市と改称されて直轄市に昇格し、さらに台中市と台中県、台南市と台南県、高雄市と高雄県がそれぞれ合併し、新たに台中市と台南市が直轄市になった。同時に、桃園県の人口が200万人を超えたため、事実上直轄市扱いとなっている。市の下部には、区が設置され、区の下部には里、里の下部には鄰が設けられている。

このように、地方行政組織についてはめまぐるしい改革が行われたが、これを纏めると、それまでの台湾区域における行政区分は、二つの直轄都市と五つの市と一六の県に区分されていたものを、現在は、直轄市である台北市・新北市・桃園市・台中市・台南市・高雄市の六市と、基隆市・新竹市・嘉義市の三市、新竹・苗栗・彰化・南投・雲林・嘉義・屏東・宜蘭・花蓮・台東・澎湖の一一の県に区分されたことになる。ちなみに、県の下部には県轄市・鎮・郷が、県轄市と鎮の下部には里を、郷の下部には村が設けられ、里と村の下部には鄰が置かれている。

この度、調査を実施した台中市は、2010年12月25日に台中県と合併し行政院の直轄市となった。台中市の下には、中区・東区・南区・西区・北区・西屯区・南屯区・北屯区・豊原区・大里区・太平区・東勢区・大甲区・清水区・沙鹿区・梧棲区・后里区・神岡区・潭子区・大雅区・新社区・石岡区・外埔区・大安区・烏日区・大肚区・龍井区・霧峰区・和平区の29区が設置されている。

檔案局では、直轄市となった地方自治体に対して移管の指示はしておらず、

その代わりに、行政区画が変更された元の行政単位に対して、新しい行政区画の首長へ檔案を移管するように通知している。このほかには、高雄市に対して、高雄県から移管された檔案の中で「国家檔案」として相応しい檔案があれば、檔案局へ移管するようにとの協力を要請している。それは、檔案局が保存管理する檔案はあくまでも「国家檔案」のみであり、地方行政機関の檔案は、その機関において保存管理することが義務づけられているからである。なお、この「機関檔案」は、「機関檔案目録査詢網[18]」からの検索が可能であり、海外からアクセスすることができ、各機関が保存管理している檔案を調べることが可能である。

そこで、「機関檔案」の檔案処理作業を台中市の例から見ていく。台中市が保存管理するのは、台中市および所属機関、市立各級学校、市営事業機構の檔案である。これらの機関における檔案の保存管理は、「文書処理流程[19]」の文書処理作業図を参考にして作業が進められる。この文書処理には、順に「檔案点収作業流程」（檔案収受作業フローチャート）、「檔案立案作業流程」（檔案保存処理作業フローチャート）、「檔案編目作業流程」（檔案目録編纂作業フローチャート）、「檔案検調作業流程」（檔案貸出作業フローチャート）、「受理申請檔案応用作業流程」（檔案公開閲覧作業フローチャート）、「檔案銷毀作業流程」（檔案廃棄作業フローチャート）の六つの工程がある。

「檔案点収作業流程」は、檔案を収受するまでの工程であり、「檔案立案作業流程」では、収受した檔案の中で同類の文書をまとめるという「檔案立案作業」を行い、新たに番号を付し保管箱にいれて、スキャニング作業を行う。その後、規則により定められた厚さのファイルに収納するが、檔案の量により数冊に分けたり、それらが終了した段階で書庫に配置する「檔案管理作業」を行う。次の「檔案編目作業流程」は目録編纂業務である。まず、目録があるかどうかを確認の上、目録がなければ分類されたフォイル内の一件ごとの檔案の目録を作成する。内容は、発信または受信者・文書の形式・機密の等級と保存年限・関連の番号・日付・ファイル形式・檔案の外観・関連項目などを附し、半年内に同様の案件がないと認めた場合にはファイルごとの目録を作成する。その目録項目とは、収録したファイル名・檔案作成者・機密の等級と保存年限・関連の番号・日付・ファイル形式・檔案の外観・関連項目・テーマと付記事項

で、ファイルと数量を確定した後にファイル内容を確認し、修正が必要ならば修正して目録統計報告表を作成する。「檔案検調作業流程」は、機関内の檔案貸出業務であり、「受理申請檔案応用作業流程」は、檔案を一般に公開する閲覧業務である。

　最後の「檔案銷毀作業流程」では、保存年限に達した檔案をまとめて檔案廃棄目録を作成し、それぞれの檔案に関連する機関へ保存年限延長の必要があるかどうかの問い合わせをする。延長の必要があると認めた檔案に関しては理由を必要とし、理由書がない場合には廃棄に同意したものとみなされる。延長の必要がないと機関が認めた檔案は、檔案鑑定を受け保存価値があると鑑定された檔案は新たに保存年限を定める。延長する必要が無いと判断された檔案は、廃棄計画を定め廃棄目録を作成し、史政機関にこの廃棄目録を送り精査される。史政機関により保存価値があると選定された檔案には廃棄目録の中に注記が入れられ、檔案局の審査を受ける。つまり、選定されなかった檔案も選定された檔案も檔案局が再審査することから、廃棄する際には二重のチェックを受けることになる。檔案局が廃棄目録およびファイル目次表内に注記を入れることで廃棄される檔案が確定する。ここで廃棄が執行されるが、廃棄目録と廃棄が確定した檔案および廃棄を執行する際の写真は永久保存となる。

　台中市における檔案の廃棄は、まず台中市文化局に、次に台湾文献館に廃棄目録を送り鑑定を受ける。廃棄目録から重要だと判断した檔案は、それぞれの機関へと移管される。その後、廃棄を決定した廃棄目録を檔案局へ送付し、檔案局からの異議がなければ廃棄を行うが、廃棄を行う際には秘書処長の許可を得る必要がある。廃棄檔案は、檔案管理の職員の立会のもとで再生紙工場へと送られる。したがって、檔案を廃棄する際の最終的な判断は、実際に檔案を取り扱っている機関に委ねられているということになる。

　このように、地方自治体の「機関檔案」は、法令に則り「機関檔案管理作業手冊[20]」などのマニュアルに準拠して各機関により作業が行われるが、保存年限満了後の檔案の廃棄に関しては、まず関連する部局、機関内の業務担当者、次いで地方自治体に設置された文化局および近隣の檔案管理機関、最後に檔案局が審査を行うことから、二重三重のチェックを行い慎重に檔案の廃棄を行っていることがわかる（第1図参照）。

次に檔案の保存年限について見ていく。台中市秘書処の檔案は、永久保存のほか定期保存（有期保存）として1年、3年、5年、10年、15年、20年、25年、30年の八つに分けられ、「台中市政府秘書処檔案分類及保存年限区分表[21]」により分類されている。分類区分は、類、綱、目、節[22]の四つであり、次の第1表は、台中市の同区分表から類・綱・目までを取り出して表にしたもので、目の（　）内が節の数である。

第1表　台中市政府秘書処檔案分類及保存年限区分表

類	綱	目
1秘書類	1行政	1総目（13）、2研考（10）、3議事管理（2）、4対外聯繋（6）、5文書管理（7）、6檔案管理（12）、7採購（11）、8出納管理（6）、9財産管理（30）、10物品管理（3）、11車輌管理（3）、12庁舎管理（10）、13総務管理（2）、14房舎管理（3）、15工技与技工管理（11）、16法令規章（3）
	2人事	1総目（3）、2組織編制（6）、3考試（3）、4任免遷調（15）、5考績奨懲（14）、6訓練進修考察（6）、7差勤管理（2）、8保障（6）、9俸給待遇（5）、10福利文康（5）、11保険（3）、12退休資遣撫卹（13）、13人事資料管理（5）、14法令規章（3）
	3主計	1総目（2）、2予算（5）、3会計（7）、4決算（5）、5統計（3）、法令規章（3）
	4政風	1総目（4）、2予防（10）、3査処（10）、4公務機密維護（5）、5機関安全維護（4）、6公職人員財産申報（3）、7法令規章（3）
	11公共関係	1総目（4）、2訪視（3）、3公共関係業務（9）、4法令規章（3）
	12国際事務	1総目（3）、2国際事務業務（11）、3両岸事務（2）、4外賓接待（8）、5法令規章（3）
	13機要	1総目（3）、2首長交弁（3）、3公務日程（2）、4機要業務（7）、5法令規章（3）

筆者作成

これらの中で、永久保存の檔案は、1－1－5「文書管理」の「印信啓用与製換発」および1－1－6「檔案管理」の「檔案移交」、「本機関檔案銷燬移転」、「文号与檔号対照表」である。つまり、檔案の転送、檔案の廃棄計画と廃

棄目録、檔案の移管目録などに関連する檔案、現用である文書番号と書庫に収納する際に附せられた檔案番号との対照表が永久保存として秘書処で保存管理されていることになる。

既に文書管理と檔案管理の違いは述べたが、立案から決裁を経て施行されるまでの段階は現行文書と言い、施行された文書を文書庫において保管し、保存年限に達するまでの定期（有期）檔案と、永久保存の檔案は、いずれも檔案という。これらの「機関檔案」は、10年ごとに保存年限などの見直しがなされている。

次に、台中市の合併後における檔案の整理はどのように執行されたのかについては、聞き取り調査[23]から纏めてみたい。

Ⅱ－2　檔案管理の事例－台中市市政府、西屯区公所

台中市が合併する際には、まず、各機関が所蔵していた檔案を統合する必要があったため、それぞれの機関が定めていた規則に従って保存されていた檔案は、統合された後に文書の性質に応じて分類されることになった。現在、分類された檔案は、28の各機関（部署）へと振り分けられて、各機関により保存管理されている。合併後の檔案の統合および分類はスムーズに行われ、略1年で作業が完了している。これらの作業は、檔案管理に従事する職員によりなされたが、この檔案管理担当職員は、28の機関[24]全体で、151人である。このほか台中市には、既述したように行政区画が29区あり、それぞれの区公所（日本の区役所）にも檔案管理担当者が配置されており、29の区公所全体で、51人である。

調査を行った台中市秘書処は、常勤職員12人、非常勤職員22人であり、檔案管理を行っている部署は、「文檔科」という科であり、現行文書と檔案を取り扱っている。檔案管理を担当しているのが2人で、現行文書を取り扱っているのが5人であった。

市政府の各機関が檔案を廃棄する際には、同処を通して檔案局へ送付するため、必ずこの秘書処において檔案審査を行っているが、最終的には、廃棄するか保存年限を延期するかの判断は各機関により決定されるという。

公文書は、種類により、絶対機密・極機密・機密・密・普通の五種類に分類され、重要度により、最速件、速件、普通件と分けられ、最速件は1日で、速

【写真1】台中市政府秘書処（檔案書庫のある3階から撮影）

件は3日で、普通件は6日で処理される。次の資料1は、普通件の公文書である。この書類には、立案した日時、文書番号、重要度、種類、添付資料、議案、説明文、原本と副本を所持する者または部署が記入されて、合議部署へと回議される。

　しかし、この紙の文書だけでなく、2012（民国101）年から行政機関では電子公文書が全面的に推進されており、電子決裁と紙ベースの決裁が並行して行われている。7割から8割程度は電子決裁であるが、ただし、重要なものは印刷している。電子公文書を作成する際には、国が発行した「自然人憑証」を使用して公文書を作成するため、課長決裁・所長決裁などと檔案の種類によりアクセス権限が定められている。このほか、防止システムが作動するため外部から見られるという恐れはなく、これらの電子公文書の保存管理は、台中市政府の情報センターが行っている。最近では、電子会議も実施していることから、さらに公文書の電子化が進むことが予想される。

　檔案管理の教育は、1年に2回、内部と下部組織である区役所の檔案管理関係者に対して行われており、檔案局の専門官が指導を担っている。この2回の檔案管理教育には申し込みが多いものの、実施している部署と実施していない部署とがあるという。

　住民や一般の利用者が公文書を閲覧する際は、本人に関係する公文書のみの公開となっている。規則上、文書の閲覧は、改竄を防ぐために、秘書処の事務所内で公文書係の監視の下で行われることになっている。尤も実情では、この

資料1

　4年間の現用文書に対する閲覧申請はなく、檔案の公開についての利用状況も実際に閲覧されたものは1回しかないといった状況であり、公文書の閲覧という特殊性もあり、市民の利用には限界があるように思われる。
　次に、文書が保存管理されている文書庫について見ていく（写真2−1と2−2）。台中市政府の文書庫は、各部署にそれぞれ設置されている。秘書処の所蔵庫は、市政府の3階にあり、所蔵庫の前には檔案室を設けて檔案を整理するスペースとして使用している。このスペースが設けられたのは、年に2回、所蔵庫内で虫の燻蒸を行うことから、人が作業する仕事場とを分けるためであるという。文書棚には写真2−1と2−2のようにファイルに納められ配架されている。配架順序は、「檔案排架作業[25]」により定められており、檔案番号の小さいものから順に、左から右、上から下への排列されている。秘書処では、定期保存の檔案が多く、デジタル化が進んでいるため保存している檔案は多くない。

写真2－1　台中市政府秘書処3階の文書庫
　　　　　（合併後の檔案）

写真2－2　台中市政府秘書処3階
　　　　　の文書庫（合併前の檔案）

　文書ファイル（中性紙の箱）の厚さは原則3センチと規則で定められているため、関連文書を集めて3センチの厚さになるまで、表紙や背表紙を付せずに保管しておく。このように檔案を待っている状態が写真3であり、まだ空間のある保存用ファイル置き場が「檔案待成巻区」という棚（写真4）である。

写真3　保存用ファイル

写真4　「檔案待成巻区」

3センチの厚さに集められた檔案は写真5のように背表紙が付せられて永久または定期（有期）保存の棚へと配架される。

写真5　背表紙が付せられた檔案

写真6　「附件区」添付資料棚

　このほかに、公文書に添付されていた紙以外のCDなどあるいは廃棄文書の目録などは、枚数が多いため、公文書と同じ3センチファイルでは納まらないことから、別のファイルに収納する。この場合は、分類番号により認識できるように公文書のファイルと同じ番号をファイルに明記する。これらの添付用ファイルは、写真6の「附件区」と呼ばれる棚に配架されている。
　檔案の書庫の隣には、檔案展示の場（写真7－1と7－2）を設けており、檔案管理の理解と普及などへの工夫がなされていることがわかる。

写真7－1　「檔案応用展」檔案の展示コーナー1　　写真7－2　「檔案応用展」檔案の展示コーナー2

　台中市政府における檔案管理については、各局処委員会に秘書室が設けられており、それぞれの部署により檔案管理がなされているため、台中市政府全体としての檔案管理の実態を把握することはできないが、今回調査を行った市政府の秘書処での檔案管理の実態を見る限りにおいては、合併後一年間で檔案を整理していることや檔案の書庫および展示コーナーなどから、文檔科の職員の努力と檔案管理という業務に対する理解の深さを感じることができた。檔案管理が非常に的確になされており非常に目を見張るものがあった。

　次に、台中市政府の下部組織である区公所を見ていくが、西屯区公所（写真8）に至っては、檔案管理業務を住民にアピールし、周知するための工夫がなされていた。例えば、階段や化粧室などの住民の目に入りやすい場所に「機関檔案」に関する張り紙やポスターなどを貼っているといった具合である（写真9）。この張り紙には、「檔案を大切にせよ、これらは歴史の記憶の伝承である」と記されており、檔案を管理することや檔案を運用すること、さらに檔案は歴史の記憶であり、大切にしていくことが重要であることを、住民へ周知し、住民の理解と普及に努めている姿をみることができた。

　区公所内には、西屯区の歴史「西屯故事」、区の地名の変遷、歴代区長の写真、大事件の写真などの展示コーナーが1階および4階に設けられており、それとともに、西屯区公所の檔案閲覧室西屯区公所の「金檔奨[26]」受賞における交流会の開催案内（写真10）や檔案閲覧室入り口の壁には、檔案管理業務活動の写真（写真11）が展示されており、檔案管理業務に関する住民に向けて、檔

写真8　西屯区公所

写真9　「重視機関檔案・伝承歴史記憶」張り紙
　　　「公文書を大切にせよ、これらは歴史の記憶の伝承である」

写真10　現在は、区公所4階の檔案閲覧室内にある西屯区公所の「金檔奨」受賞における交流会開催ポスター
（以前は一階の入口に置かれていた）

写真11　民国103年における檔案管理業務活動の展示

写真12　檔案の運用手引

案の運用手引などのパンフレット（写真12）なども作製し、PR活動が積極的に行われていた。檔案閲覧室に飾られていた「金檔奨」受賞交流会の案内からは、檔案管理行政を行っている各機関にとって受賞交流会を開催し、住民へ受賞をアピールすべき名誉ある賞であることがわかる。

最後に西屯区公所の文書庫を見ていく。西屯区公所においても台中市政府と同様に、檔案を永久保存と定期（有期）保存とに分けて配置されていた。写真13が文書庫内の配置図である。右上が添付資料置き場である「附件区」、その左側が定期（有期）保存檔案を、下段の右側には永久保存檔案が配置されている。

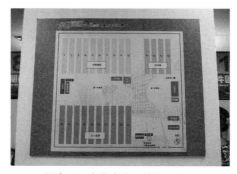

写真12　文書庫内の檔案配置図

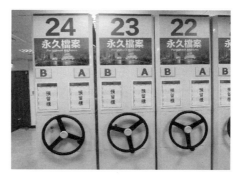

写真13　永久檔案

檔案は、台中市政府と同様に保存分類表により分類されており、檔案に添付された資料は、添付資料として別置されている。それぞれの檔案の配置は、永久保存の檔案（写真13）と定期（有期）保存の檔案と写真14の附件区（添付資料）および機密檔案櫃（機密文書棚）に分けられて配置されている。写真15の左側の永久檔案と右側の定期檔案の間にある3段の引き出しに機密檔案が収納されている。

写真14　附件区（添付資料）

写真15　機密檔案

　台中市政府の管理と同様に、背表紙が貼付されて3センチのファイルに収納された檔案が秩序正しく配架されていた（写真16）。なお、写真17は、3センチのファイルに収納できない添付資料であり、このように規定のファイルに収

写真16　背表紙が貼付され、3センチのファイルに収められた檔案

納できないほど分量が多い。そのため、附件区に別置されており、檔案とは分類番号により紐付けされている。

　このことから実際の行政文書の保存は定形化したものの考え方では充分ではないことが判る。文書とは行政行為を記したものであることから、事業によってさまざまなものがあり、それを最も合理的で統一的に管理するにはどのような方法が良いのかということを実際的に考えていくという柔軟さが求められよう。つまり、文書管理というものは、理論の受入ではなく実際の現場から発想するという実践論的思考が求められよう。

写真17　「附件区」にある民政類環境衛生目の添付資料

　檔案ファイルの表紙（写真18）には、檔案番号には、年度、檔案分類番号、

案次号、巻次号、目次号および保存年限の年数が書かれている。これらは、日本の例えでいうならば、門類別に分類されており、「檔案分類番号」が門の番号、「案次号」が類の番号、「巻次号」がその類の内の何冊目であるのかということである。

写真18　檔案ファイルの表紙

　西屯区公所では、1951年以降の文書はデジタル化され、目録はすべて檔案局に送られており、檔案を廃棄する際には、規則通りに、史政機関である台湾文献館に廃棄目録を送付し、その後に檔案局へ送付し、檔案目録審査を行っている。

おわりに

　これまで見てきたように、台湾では、檔案の保存管理法を定めた「檔案法」に準拠して檔案管理がなされている。檔案局が所蔵する「国家檔案」とは、檔案局が選別して移管されたり、檔案局が積極的に収集した歴史的にも特別な檔案であるため、檔案局を含めた各機関や地方自治体が所蔵する「機関檔案」とは文書の性質や内容が非常に異なっている。この「機関檔案」も、地方自治体

における「機関檔案」と、中央の各機関の「機関檔案」とも異なっている。それは、地方自治体が直接住民に接する公的機関であるだけに、その業務内容は多岐にわたるためで、これに従い檔案も非常に細かく分類しなければならなくなるからである。

　地方自治体の機関檔案は、10年毎に見直され、その状況により臨機応変に改められている。それは、社会の変化とともに作成する公文書においてもその作成経過が変化していくためである。現在は、電子公文書が7割から8割占めることから、檔案管理には新たに情報管理が加わり、情報センターによる檔案管理がなされている。今後の檔案管理は、紙ベースの檔案とデジタル檔案と両方の檔案管理に精通した専門家が必要となる。それ故に、各行政機関の業務に精通した公文書の作成から保存までのプロセスを熟知した専門職の職員と情報システムに精通したデジタルアーカイブの専門員が各機関において必要となろう。

　今回のテーマである「地方公文書管理制度の国際比較」の中で台湾を担当し、檔案管理局と台中市政府および台中市西屯区公所の調査を行ったが、特筆すべき点を挙げると、台湾は、文書の作成・合議・決裁・保存・管理・運用・廃棄までを「公文書のライフサイクル」としてトータルで考えているという点である。そのために、檔案局では、各機関に対して檔案管理に関する冊子「文書処理手冊」や「機関檔案管理作業手冊」を配付し、職員が規定を遵守し、文書処理の効率向上を目指して、文書の取り扱いに関するワークショップを開催している点である。地方自治体においては、自ら住民に関する檔案管理と檔案の公開そして運用を積極的に推進し、住民へのPR活動を行っている点である。つまり、それぞれの機関において、文書を取り扱う現場や檔案を利用する住民に向けて、「檔案」というものに関心が生まれるような取り組みが行われているということである。

　我が国においても、公文書への意識や関心が現場の中で生まれ、実際に文書を取り扱う職員の意識改革が行われていくことが必要であろう。昨年12月3日に訪問した太宰府市役所[27]では、新入職員への教育として公文書を廃棄する作業を行ったとのことであった。この作業は、「公文書とは何か、廃棄するということはどういうことか」といったことを実際に公文書を手に取り体験するなかで理解していくという非常に有意義な試みといえよう。文書を取り扱う現

場にとって大切なことは、「公文書とは、どのようなもので、どのように取り扱うべきなのか、なぜ、重要なのか」といったことを知ることであろう。

まず、公文書に関心を持つことではなかろうか。

1）「檔案法」（『アーカイブズ学要論』資料編・外国の法令⑥台湾、中京大学社会科学研究所叢書33、2014年、P317-P320所収）を参照。
2）「国家発展委員会檔案管理局組織法」中華民国102年8月21日、総統華総一義字第10200156131号令制定公布、103年1月22日施行、http://www.archives.gov.tw/Publish.aspx?cnid=1626&p=452。
3）現行文書の処理過程における時間制限に関する管理のこと。
4）根拠は、檔案法第11条に「永久保存に関わる機関檔案は、檔案主務官庁に移転して管理しなければならない」と、「国家檔案移転処理法」（中華民国90年12月12日、檔秘字第0002054-4号令公布；94年1月3日檔徴字第09400000012号令修正）第2条に「各機関の永久保存に関わる檔案は、文書作成の日から起算して満二五年となった場合、その翌年に檔案主務官庁に移転されて管理されなければならない」とある。まず、「檔案法」第4条より、社会的に重大な檔案、「二二八事件」、「美麗島事件」を収集。その後、公営事業民営化政策により、産業の経済発展における記録を保存するために、2004年から2008年までの間に18の公営事業機構が民営化する前の檔案、147の中央と129の地方の各機関の1949年（民国38）以前の檔案を選定し移管を実施。同年、民間団体の檔案収集を始め、1949年以前の檔案を優先的に収集。
5）檔案保存価値鑑定委員会：「檔案管理局檔案保存価値鑑定委員会設置要点」（中華民国91年2月18日施行）、委員会は2年ごとに改選。
6）例えば、「八八水害**2」は、台風の記録をテーマに収集。救援・救助を行った臨時機関や団体（救済活動を実施した「中華民国紅十字会」（台湾赤十字組織）など）に対して移管交渉を行う。このほかに1999年に発生した「九二一大地震*4」は、「国家檔案」を中心に各機関から移管。
7）「文書処理手冊」民国74年12月24日制定公布、最近の改正は民国93年6月19日。
8）「国家檔案管理作業手冊」檔案管理局編印刷、民国95年（2006）年11月。
9）「機関檔案管理作業手冊」檔案管理局編印刷、民国99年（2010）年12月。
10）「行政院及所属各機関処理人民陳情案件要点」民国62年（1973）年1月3日制定公布。
11）註3同。
12）2014年は新荘合同庁舎で2013年と同様のカリキュラムにて開催、参加者194人。
13）現行文書は、「政府資訊公開法」（2005年制定、日本でいう情報公開法）により利用条件が定められている。
14）人口125万以上で、政治・経済・文化の発展に重要な地域が直轄市として指定される。
15）「中華民国憲法第四次増修条文」、1997年7月21日公布。「中華民国憲法第六次増修条文」、2000年4月25日公布。
16）「中華民国地方制度法」は2014年2月3日公布。
17）そのため、台湾省文献委員会は国史館の傘下となり、2000年1月1日に、国史館台湾文献館となる。

18) 檔案管理局「機関檔案目録査詢網」https://near.archives.gov.tw。IE8.07以上が必要。
19) 『檔案法令彙編』（檔案管理局編印、中華民国99年12月）に準拠して台中市が作成している。
20) 「機関檔案管理作業手冊」檔案管理局編印刷、中華民国99年12月。
21) 「機関檔案管理作業手冊」の第2章編訂機関檔案分類表から第3章編訂機関檔案保存年限区分表（2－1から3－17）に準拠して檔案の分類および保存年限を制定している。
22) 「機関檔案管理作業手冊」の3－17では、類・綱・目までの参考範例であるが、地方自治体は節の分類まで区分を設けている。
23) 2015年7月10日台中市政府にて訪問調査実施。
24) 台中市の28の機関とは、秘書処・民政局・財政局・教育局・経済発展局・建設局・交通局・都市発展局・水利局・農業局・観光旅遊局・社会局・労工局・警察局・消防局・衛生局・環境保護局・文化局・地政局・法制局・新聞局・地方税務局・主計処・人事処・政風処・研究発展考核委員会・原住民族事務委員会・客家事務委員会である。
25) 「機関檔案管理作業手冊」第12章入庫管理、12－1から12－21。
26) 「台湾」（『アーカイブズ学要論』Ⅷ世界のアーカイブズ、中京大学社会科学研究所叢書33、2014年、P225）を参照。
27) 2015年12月3日に太宰府市役所と太宰府市公文書館への訪問調査を実施。

　本稿は、2014年9月1日の国家発展委員会檔案管理局、2015年7月10日の台中市政府、2015年11月25日の台中市西屯区公所における調査が基となっていることから、2016年1月現在の各機関の状況である。これらの調査では、前国史館台湾文献館陳文添研究員、国家発展委員会檔案管理局蘇曉玲専員（現在、台北栄民総医院総務室文書組専員、この医院は、2016年に第14届機関檔案管理金檔奨を受賞した。）、聯誠国際専利商標聯合事務所職員臼井進、台中市政府秘書処文檔科の黄金蘭科長・邱純芳股長・李春同股長・林妍岑専員・陳毅璇科員・羅麗華科員・張淑華助理員、台中市西屯区公所秘書室陳秀珍主任（現在、台中市政府参議）、清華大学陳宗儒博士候選人にご協力を戴いた。ここにお名前を記すことにより感謝の意を表したい。

　本研究は、JSPS科研費JP25370753、JP16K03006の助成を受けたものです。

執筆者紹介

檜山幸夫（中京大学法学部教授）
早川和宏（東洋大学法学部教授、弁護士）
桑原英明（中京大学総合政策学部教授）
佐藤正五（相模原市立博物館長、前相模原市総務局総務部情報公開課長）
酒井恵美子（中京大学国際教養学部教授）
八木寛元（豊田市総務部庶務課文書担当長）
内藤千枝（豊田市総務部庶務課文書担当主査）
上代庸平（武蔵野大学法学部准教授）
湯上　良（人間文化研究機構　国文学研究資料館研究部特任助教）
野口健格（中央学院大学法学部専任講師）
手塚崇聡（中京大学国際教養学部准教授）
東山京子（中京大学非常勤講師、中京大学社会科学研究所研究員）

[編者]　中京大学社会科学研究所アーカイブズ研究プロジェクト

地方公共団体における公文書管理制度の形成－現状と課題　Ⓒ2017年

2017年（平成29年）4月27日　初版第1刷発行

定価はカバーに表示してあります

編　　者	中京大学社会科学研究所アーカイブズ研究プロジェクト
発 行 者	大　田　昭　一
発 行 所	公　職　研

〒101-0051
東京都千代田区神田神保町2丁目20番地
ＴＥＬ　03-3230-3701（代表）
　　　　03-3230-3703（編集）
ＦＡＸ　03-3230-1170
振替東京　6-154568

ISBN978-4-87526-373-9 C3031　http://www.koshokuken.co.jp/

落丁・乱丁はお取り替え致します。　Printed in Japan　印刷　日本ハイコム㈱
ISO14001取得工場で印刷しました